마가복음 산책

이레서원

마가복음 산책

이석호 지음

초판1쇄 2006년 6월 27일
초판3쇄 2011년 3월 24일

발행처 도서출판 이레서원
발행인 김기섭
등록번호 제1-1147호
등록일자 1990년 12월 20일
편집장 최창숙
편집 이혜성
영업 장향규, 임성빈
총무 김애자

121-809 서울특별시 마포구 대흥동 161
전화 02)402-3238, 406-3273/ 팩스 701-9386
jireh@changjisa.com

값은 표지에 있습니다.
ISBN 978-89-7435-382-2 03230

마가복음 산책

이석호

이레서원

목 차

추천의 글 …6

머리말 …9

1부 마가복음 산책의 시작 …15

마가복음 이해를 위한 역사적 산책 …17

마가복음 둘러보기: 영적인 이해와 헌신의 제자도 …19

2부 구원 사역을 시작하신 예수님 …25

제 1 장 | 마가복음 서언 …27

제 2 장 | 종교지도자들의 불신앙적 배척 …60

제 3 장 | 예수님의 참된 가족 …72

제 4 장 | 토양, 등불, 그리고 겨자씨 비유 …84

제 5 장 | 예수님의 치유와 신앙적 반응 …97

3부 배척 당하시는 예수님 …113

제 6 장 | 복음 선포와 불신앙적 배척 …115

제 7 장 | 바리새인의 외식과 이방 여인의 믿음 …140

제 8 장 | 제자들의 영적인 무지와 오해 …157

CONTENTS

제 9 장 | 제자들의 불신앙과 무능력 …179

제 10 장 | 외형적 제자와 참된 제자의 삶 …197

4부 구원을 성취하신 예수님 …213

제 11장 | 예루살렘 입성 …215

제 12 장 | 불신앙적 배척과 신앙적 헌신 …218

제 13 장 | 종말론 강화 …241

제 14 장 | 제자들의 배신과 회복 …255

제 15 장 | 십자가를 향한 불신앙적 조롱 …268

제 16 장 | 예수님 부활과 제자들의 회복 …272

마가복음을 마무리하며 …276

참고문헌 …280

미주 …283

이석호 교수는 토라사관학교 공동체에서 보석과 같은 사람이다. 어릴 적부터 하나님 앞에 자신을 성결하게 세우는 일에 철저하였고, 하나님 나라를 섬기는 일을 명백한 일생의 목표로 삼고 캐나다와 남아프리카공화국에서 공부하였다. 신학에 대한 기본적 훈련을 받는 동안 인간의 내면세계 치유에 깊이 관심을 가졌고, 훈련 이후에 영성이 얼마나 중요한가를 자각하고 몰두했다. 그리고 그는 하나님 나라를 위한 실천적인 고민과 해결책은 성경 자체로 다시 돌아오는 것이라는 결론을 내렸고, 조금 특이한 주제인 "마가복음의 주제로서의 불신앙"(Unbelief as a Theme in Mark's Gospel, Ph.D. diss. Pretoria, 2006)이라는 제목으로 학위논문을 썼다. 이것은 예수님 시대에 만연한 불신앙의 실체가 무엇이었던가를 마가복음에서 명확하게 규명함으로써, 역설적으로 참된 믿음이 무엇인가를 나타내는 것이 마가복음의 중요한 주제라는 것을 아주 잘 설명한 논문이다.

이제 출판하게 되는 「마가복음 산책」은 이석호 교수 개인적 차원의 삶에 대한 진지한 고민과 성경을 통한 집요한 해결의 추구, 그리고 이 시대의 하나님 나라를 향한 애통과 사랑을 열정적으로 쏟아 부은 노력이 고스란히 배어 있는 책이다. 이 책의 특징은 다음과 같다.

첫째, 「마가복음 산책」의 핵심은 토라사관학교의 근본적 기초가 되는 소위 '배신의 제자도'와 – 스승은 예수님처럼 제자의 배신을 받고 죽어야 제자도가 완성된다는 원리 – 상응한다. 이처럼 무서운 예수님의 제자도는 교육 역사가 깊은 한국 사회에서 일반적으로 알고 있는 제자도와 판이하게 다르다. 또한 한국 교회 목회의 하나의 방법론으로 전락된 제자도도 아니다. 그것은 어느 시대에나 실천적으로 적용해야 할 가장 중요한 원리이다.

둘째, 사복음서는 예수님의 제자도의 실제적 내용을 다양한 각도로 그리는데, 그 중에서 마가복음은 더욱 선명하게 그리고 있다. 「마가복음 산책」은 선명함을 더욱 선명하게 드러내고 있다.

셋째, 「마가복음 산책」은 읽기가 매우 쉽다. 저자의 준비된 학문적 연구가 자연스럽게 본문에 배어 나오고 있어서 결론에 도달하는 과정을 쉽게 알 수 있다.

넷째, 「마가복음 산책」은 마가복음의 순서를 따라가고 있어서 무리 없이 성경본문을 읽어 가면서 바로 공부할 수 있다. 그리고 각 장에서 그 원리를 현대적 상황에 맞게 적용했기 때문에 마가복음이 현대인에게 더욱 가까이 다가갈 수 있다.

다섯째, 「마가복음 산책」은 각각의 작은 단락만이 아니라 그것을 마가복음이 설정한 거대 단락 안에서 묶어 다루었기 때문에 마가복음 전체를 아주 쉽게 이해할 수 있다.

그러므로 이석호 교수의 「마가복음 산책」을 독자 여러분 개인과 한국교회가 예수님의 제자도를 잘 이해하고 적용하는 데 매우 중요한 책으로 생각되어 강력히 추천하는 바이다.

토라사관학교 교장 송 제 근

프랑스 역사 속에 등장하였던 수수께끼 정치범 철가면을 루이 14세의 쌍둥이 형제로 설정한 알렉산드르 뒤마Alexandre Dumas의 소설 「브라쥐롱 자작」은 우리에게 「철가면」으로 더 유명하다. 그 소설을 각색하고 레오나르드 디카프리오Leonardo Dicaprio가 쌍둥이 형제로 1인 2역을 맡은 아이언 마스크The Man in the Iron Mask가 1998년에 제작되어 국내에 상영되었다. 영화에서 쌍둥이 동생은 실제로 그의 신분이 왕자였지만 철가면을 쓰고 감옥에 있는 동안 자기 자신을 흉악범으로 알고 살아갔다. 삼총사가 그를 왕자로 대우했지만 그는 자신의 신분을 인정하지 않았다. 비록 그는 프랑스의 왕자였지만 그의 부정적인 패러다임paradigm은 자신을 최악의 신분으로 전락시켜 절망 속에서 살아가게 했다.

일반적으로 패러다임은 세상과 주변을 보는 방식, 관점, 인식의 틀 즉 신념을 말한다. 이런 패러다임은 완전하지도 정확하지도 못할 때가 있기 때문에 어떤 현상, 우리 자신에 대해서, 혹은 다른 사람들에 대해서 너무 성급하게 결론을 내리고, 평가하며, 확고한 신념을 만드는 것에 주의해야 한다. 숀 코비Sean Covey는 그의 저서 「성공하는 10대들의 7가지 습관」에서 패러다임을 안경에 비유하였다. 현상과 타인에 대한 불완전한 패러다임은 도수가 맞지 않은 안경을 끼고 있는 것과 같다. 자기 시력에 맞지 않는 안경이 모든 것을 보고 이해하는 데 영향을 끼치게 된다. 그렇다면 지금 우리가 끼고 있는 안경은 우리들의 삶에 유익한가? 내 삶을 이끌고 있는 그 원인이 과연 정당한가? 무엇이 나를 사로잡고 있는가? 만일 불신앙적이고 잘못된 패러다임이 우리의 삶을 이끌고 있다면 분명한 전환을 추구해야 할 것이다.

복음서 서두에 등장하는 세례 요한은 '이스라엘의 남은 자'로 자칭하는 자들이 모여 살았던 광야에서 오랜 세월을 보냈다(참고, 눅 1:80). 세례 요한은 오랜 세월 동안 광야의 폐쇄적 공동체 속에서 하나님의 토라를 익히고 세상을 잊고 사는 경건한 자들의 삶으로 살았다. 그러나 하나님의 말씀이 광야생활에 젖어 있던 요한에게 임했을 때 그에게는 패러다임의 전환이 일어났다. 이 사실에 대해 성경은 직접적으로 언급하고 있지는 않지만 눅 3:2-3이 보이고 있는 그의 변화된 행동을 통해 우리는 충분히 짐작할 수 있다. 그는 자신을 둘러싸고 있던 광야의 삶을 뒤로하고 도시 형성의 근원지인 요단 강으로 나왔다. 그리고 그 강을 따라 올라가면서 주변 도시에 거주하는 사람들에게 삶의 전환을 촉구하는 회개를 선포하였다. 요한에게 있어서 수십 년 이상을 끌어왔던 삶의 구조를 포기하고 새로운 패턴의 삶을 살아간다는 것은 매우 힘든 일이었을 것이다. 그러나 하나님의 말씀은 그것을 가능하게 하였고, 새로운 삶에 확신을 갖게 만들었다. 요한은 헤롯에게 죽임을 당하기 전까지 짧은 선지자적 삶을 살았지만 이전의 수십 년보다 더 값진 삶을 살았다.

불신앙적 패러다임에 젖어 살았던 사울 왕과 이스라엘 백성에게 거대한 골리앗은 넘을 수 없는 산이었고, 두려움의 대상이었다. 그러나 하나님 중심의 시각으로 현상과 대상을 바라보던 다윗은 고대 중동의 전쟁에서 가장 강력한 무기로 사용되던 물맷돌(slingstone)을 던져 골리앗을 쓰러뜨렸다(참고, 삼상 17:41–54). 이런 관점은 우리의 잘못된 불신앙적 패러다임의 삶을 각성케 만든다.

하나님께서는 우리에게 당신을 아버지로 부를 수 있는 자녀의 신분을 주셨다(요 1:12). 이것은 당신의 아들로 호칭하신 다윗 왕(시 2:7)과 예수님께 부여하셨던 능력과 권세를 우리에게도 부여하셨음을 의미한다(막 1:9–11). 그럼에도 불구하고 부정적이고 불신앙적인 패러다임으로 자신과 세상을 바라볼 때 정복하고 다스려야 할 세상은 크고 두렵게 느껴지고 자신은 무능하게 보여지게 된다. 깊이 생각해보면 우리가 고민하고 두려워하는 문제들 대부분은 그 현상들보다는 불신앙적 패러다임 때문이라는 것을 쉽게 알 수 있을 것이다. 우리는 앞에 놓인 상황을 피하기 위해 여러 가지 핑계를 대지만 사실은 우리 자신에 대한 잘못된 패러다임 때문이고 사탄은 그것을 교묘히 이용하여 우리들을 무기력하게 만든다.

오늘날 그리스도인들이 무기력하게 세상의 조류에 휩쓸려 살아가고 있는 것은 그들 속에 하나님이 부어주신 능력과 권세가 없기 때문이 아니다. 사탄의 유혹으로 그들 속에 내재된 능력을 인식하지 못하고 있기 때문이다. 사탄은 그리스도인들이 세상을 두려워하게 만들고 교회나 다른 미시적 공동체의 울타리 안에만 머물도록 만든다. 경건의 모양은 있지만 경건의 능력을 발휘하지 못하고 있는 무기력한 자들로 전락하는 그리스도인들의 모습을 보면 애통한 마음이 든다.

우리 그리스도인들은 구원의 초보적 단계에 머물며 기뻐하는 데 그쳐서는 안 된다. 세상의 모든 영역으로 보냄 받은 하나님 나라의 군사들이라는 사실을 인식해야 한다. 그리고 우리에게는 가정, 교회, 사회의 영역을 붙잡고 있는 어두움의 영들을 철장으로 깨부술 수 있는 능력과 권세가 있다. 하나님께서 우리에게 주신 것은 두려워하는 마음이 아니다. 세상 가운데 기생하는 어둠의 세력을 물리칠 능력이다. 바벨론 귀환 후 자신의 집 앞에 보이는 무너진 예루살렘을 보면서 애통해하며 그것을 재건하기 위해 적극적으로 뛰어들었던 이스라엘처럼, 지금 우리는 하나님의 능력으로 이 민족 가운데 무너진 하나님 나라를 일으켜야 한다. 각 영역 가운데 무너진 하나님 나라의 기초를 다시 세우는 위대한 과업에 하나님께서는 우리 모두를 보내셨다. 그러므로 이제 우리는 우리가 서 있는 그 곳이 땅 끝이라고 확신하고 그곳에 하나님 나라의 기초를 세워나가야 할 것이다.

우리는 우리에게 주어진 가정, 교회, 그리고 또 다른 영역을 다른 사람의 것과 비교하면서, 열등감에 빠지거나 교만해서는 안 된다. 그곳은 우리가 능력과 권세로 기초를 놓아야 할 땅 끝이다. 하나님께서는 시대마다 당신의 나라를 재건할 사람들을 부르시고 각 영역에 배치하셨다. 예수 그리스도는 우리에게 어떤 분이신가? 우리는 역사의 선상線上 위에서 지금 어디에 서 있는가? 이 본질적 질문에 대해 우리는 분명한 대답과 함께 능력으로 그 영역에 하나님 나라의 원칙들을 실현시켜야 할 것이다. 이런 관점에서 마가복음은 우리로 하여금 수많은 잘못된 불신앙적 패러다임에서 벗어나 믿음의 자리로 나아가게 한다. 마가복음의 메시지를 듣는 동안 우리는 태산 같은 현상들이 단지 그림 속에 호랑이처럼 보일 것이며 하나님의 능력과 권세를 소유한 자녀로서의 나 자신을 보게 될 것이다. 마지막으로 이 책이 출간될 수 있도록 허락해주신 이레서원 대표 김완섭 목사님과 편집에 심혈을 기울여주신 편집국장 윤상문 목사님께 깊은 감사를 드린다.

2006년 6월 성남에서 **이석호**

1부

마가복음 산책의 시작

마가복음 이해를 위한 역사적 산책

마가복음 둘러보기: 영적인 이해와 헌신의 제자도

take up his cross and follow me

마가복음 이해를 위한 역사적 산책

일반적으로 마가복음은 사복음서 가운데 가장 먼저 예수님의 삶을 소개한 책으로 알려져 있다. 베드로의 통역자인 마가는 네로의 박해를 경험한, 로마에 있는 그의 공동체에게 그들의 연약해진 신앙을 지적하고 믿음의 회복을 촉구하기 위해 이 복음서를 저술(혹은 낭송)하였다.

내부적 증거 자료의 부족으로 우리는 마가복음의 기록 시기와 장소를 정확히 알 수는 없다. 그러나 대체로 학자들은 마가복음이 주후 70년 예루살렘이 멸망하기 전, 네로 황제가 통치하던 시기에 로마에서 기록되었다는 데에 일치된 견해를 보이고 있다. 특히 이 복음서는 로마에 휘몰아친 박해와 관련이 있는 역사적 사실을 찾아볼 수 있다. 4장의 비유 강화 속에서, 특히 4:17(이 비유 속에서 돌 밭은 환난이나 핍박으로 인해 곧 넘어지는 자들을 비유한다)은 예수님을 따르는 자들이 당하게 될 박해를 암시하고 있다. 그러나 동일한 비유 속에서 누가는 "시험"testing/temptation이라는 단어로 묘사한 반면에(눅 8:13) 마가는 "고통," "박해"라는 단어를 사용하였다. 또한 10:30은 마가복음 초대 독자들의 상황을 어느 정도 반영하고 있다. 곧 복음을 위해 전토와 어미와 자식을 버린 자들은 금세에 있어 집과 전토와 아비와 자식을 백 배나 받되 핍박을 겸하여 받게 될 것이라고 말하고 있다(병행 구절인 눅 18:30에서는 "핍박과 함께"라는 어구가 생략되어 있다). 결국 마가는 자신만의 독특한 어구를 사용하며 자신이 속한 교회의 상황을 투사하고 있다.

주후 64년에 로마에 화재가 발생하여 로마 도시가 잿더미로 변한 사건이 있었다. 그때에 로마 사람들 사이에 네로 황제가 그 화재를 일으켰다는 소문이 떠돌기 시작했다. 왜냐하면 네로는 불이 발생한 근원지에 자신의 거대한 궁전을 짓기 원했고, 그것을 세우기 위해 방화를 명령했다는 것이었다.[1] 이 일로 인해 원망의 소리를 듣게 된 네로는 로마 시민들의 원성을 피하기 위해 비난의 화살을 당시 로마인들 사이에 적개심을 불러 일으키고 있던 기독교인들에게 돌렸다.[2] 그리고 그는 로마와 이탈리아 일부에 살고 있던 기독교인들에게 잔혹한 박해를 가했다. 이로 인해 그곳에 살고 있던 기독교인들은 순교의 위험에 직면하였으며 그 순교는 어느 때라도 일어날 수 있는 일이었다. 이런 상황에서 마가는 언제 죽을지 모르는 위험 앞에서 두려워하는 기독교인들에게 그 위험을 극복하고 신앙을 지키기 위해서 위로와 용기를 갖게 할 필요성을 느꼈다. 그래서 마가는 순교와 박해의 위협을 당하던 로마의 기독교인들에게 하나님의 아들이신 예수님께서 종의 몸을 입고 세상에 오셨으며 그들과 같이 모욕을 당하시고 십자가에 달려 처형되셨다는 사실을 강한 어조로 재진술하였다. 그는 그들에게 주님의 진실된 제자들은 박해와 순교의 위협 속에서도 자기를 부인하고 자기 십자가를 지고 주님을 좇아야 한다는 사실을 강조했다. 당시에 수많은 기독교인들이 담대하게 순교할 수 있었던 이유는 이러한 마가복음서의 격려가 있었기 때문일 것이다. 이런 이유로 마가복음은 사복음서 가운데 가장 짧지만 매우 강렬한 필체로 쓰여 있다.

마가복음 둘러보기: 영적인 이해와 헌신의 제자도

1세기 지중해 연안(팔레스타인을 포함)의 작가들은 글을 시작함에 있어 첫 번째 문장에서 자신의 저술 목적을 분명하게 밝힌다(참고, 눅 1:1-4). 마가도 그의 복음서 첫 문장에 핵심 주제가 무엇인지 함축적으로 표현하고 있다. "하나님의 아들 예수 그리스도의 복음의 시작이라." 이것은 사실 마가복음 중반부에서 예수님이 제자들에게 던진 질문, "너희는 나를 누구라 하느냐?"(8:29)에 대한 올바른 대답이라 할 수 있다. 이 질문이 제자도를 교훈하고 있는 단락(8:27-10:52)의 초반부에 제자들과 독자들에게 심도 있게 던져졌다는 사실은 예수 그리스도에 대한 올바른 이해가 제자도의 골격임을 암시한다. 이런 문학적 구조에 기초하여 생각할 때 예수님이 누구이신지에 대한 정확한 이해와 신앙고백을 갖춘 자들만이 예수님의 진실된 제자로서 헌신하게 될 것임을 알 수 있다.

마가는 4종류의 등장인물 그룹들을 통해 하나님의 아들인 예수님의 신분과 하나님 나라의 메시지에 대한 여러 종류의 반응을 제시하고 있다.

무리들: 탁월한 가르침을 통한 예수님의 신적 계시에도 불구하고 무리들이 보인 반응은 단순한 놀라움이었을 뿐 그를 하나님의 아들로 인식하지는 못했다(1:27). 또한 예수님의 신적인 이적들을 목도하고 하나님께 영광을 돌렸지만 정작 예수님의 하나님 되심은 깨닫지 못하였다(2:12).

결국 계속되는 예수님의 이적과 가르침 속에서도 예수님이 어떠한 분이신가를 알지 못했던 무리들은 뒤에 예수를 십자가에 못 박으라 외치는 배척의 무리로 돌변하고 말았다(15:13). 그러나 무리 가운데서도 영적 분별력과 함께 예수님의 신분을 자각하고 그의 메시지를 받아들인 자들은 하나님의 가족의 한 일원으로 영입되었다(1:31).

종교지도자들: 2:1-3:6은 갈릴리에서 일어난 예수님과 종교 지도자들과의 다섯 가지 충돌 사건에 대해서 기록하고 있다(신성모독적인 언행과 죄인들과 교제한 일, 그리고 금식문제와 안식일문제). 이 연속적인 논쟁 기사 속에서 마가는 예수님을 하나님의 아들로 받아들이기를 거절하는 종교 지도자들의 불신앙적 행위를 적나라하게 밝히고 있다. 특히 3:5-6에서 마가는 그들의 영적 무지가 예수님을 죽음으로 몰아갔다고 지적하고 있다. 예수님께서는 이적과 치유, 토론적 가르침을 통해 하나님 아들로서의 자신의 신분을 증거하였으나 마음이 둔한 종교 지도자들은 예수님을 거부하였다. 이러한 종교 지도자들의 계속되는 불신앙적 태도에 대해 예수님께서는 무화과나무를 저주하시고 성전을 청결케 하시는 상징적 행동들(11:12-25)과 악한 포도원 소작인의 비유(12:1-12)를 통해 하나님의 심판이 임박해 있음을 경고하셨다. 만일 그들이 예수님의 경고를 무시하고 불신앙을 고집한다면 그들은 임박한 하나님의 심판을 피할 수 없을 것이다. 특히 13장은 이런 종교 지도자들과 그들의 주 무대인 예루살렘의 멸망을 예고하고 있다. 실제로 이 예고는 주후 70년 로마에 의해 예루살렘이 멸망함으로 1차적으로 성취되었다. 그러나 그들 가운데서도 주님의 복음을 받아들이고 그분의 정체성을 깨닫고 믿음으로 따랐던 자들은 하나님 나라를 상속받을 수 있었다(참고, 12:28-34).

외형적 제자들: 이제 종교 지도자들로부터 발에 먼지를 완전히 털어 버리신 예수님께서는 당신이 택하신 열두 명의 제자들에게 비유적 가르침과 이적을 통해 하나님 나라를 이 땅에 가져오신 하나님 아들로서의 자신의 신분을 증거하셨다(3:14). 그러나 다른 등장인물들과 마찬가지로 제자들 역시 예수님의 신분을 정확하게 이해하는 데는 실패하였다. 마가복음에 기록된 세 번의 항해 기사(4:35-41; 6:45-52; 8:14-21)는 그들의 영적인 무지와 불신앙을 적나라하게 드러내고 있다. 첫 번째 항해 기사(4:35-41)에서 제자들은 풍랑이라는 현상 앞에서 두려워 떨며 원망의 소리를 발하였으며, 풍랑을 잔잔케 하시는 예수님을 보고도 하나님의 아들이심을 인식하고 경배 드리지 못하고 "그가 누구인가?"라는 의구심만을 가졌다. 두 번째 항해 기사(6:45-52)에서 그들은 물 위를 걸어 자신들을 향해 다가오시는 예수님을 보고 "유령이다"라고 소리 지르며 그들의 영적인 무지를 드러냈다. 그리고 마지막 항해 기사(8:14-21)에서 예수님은 제자들에게 누룩과 같은 바리새인과 헤롯의 불신앙적 태도를 닮지 말라고 경고하셨으나 그들은 경고의 의미를 깨닫지 못하고 누룩을 떡과 관련해서 이해하였다. 그들은 이미 오병이어와 칠병이어의 이적을 체험한 바 있다. 그럼에도 불구하고 그들은 예수님의 신적인 능력을 깨닫지 못하고 배 안에 떡이 없다고 근심하고 있었던 것이다. 이런 무지한 제자들을 일깨우기 위해 예수님께서는 이중의 수사적 질문을 통해 그들을 혹독하게 책망하셨다. "아직도 알지 못하며 깨닫지 못하느냐? 너의 마음이 둔하냐? 너희가 눈이 있어도 보지 못하며 귀가 있어도 듣지 못하느냐? 또 기억지 못하는냐?"(8:17-18).

마가복음 전반부(1:16-8:26)에서 제자들은 그리스도로서 예수님의 정체를 이해하지 못하고 있었다. 그러나 마가복음 중반부(8:27-33)에서 처음으로 베드로가 예수님을 그리스도로 고백한다(8:29). 물론 8:30-33에 근거할 때 베드로의 고백이 진실한 고백이 아니었음을 알 수 있다. 그는 예수님을 고난의 메시아로 이해한 것이 아니라(8:33), 다윗 계통의 정치적인 메시아로 오해했던 것이다. 이런 오해는 제자들로 하여금 자신들의 관점에서 예수님을 바라보고 평가하게 만들었다. 그들은 세 번에 걸쳐 드러난 고난의 메시아에 대한 예수님의 말씀에는 전혀 관심을 두지 않았던 것이다(8:31; 9:31; 10:33-34).

예수님께서 두 번째 자신의 수난과 죽음에 대하여 예고하셨을 때(9:31) 제자들은 이 신중한 주님의 예고에도 불구하고 천국에서 누가 더 큰지에 대해 토론하고 있었다(9:33-34). 영적인 분별력이 부족한 그들은 인간의 욕망에 이끌려 예수님께서 예루살렘으로 행하심을 보고 정치적인 왕국이 세워질 때에 누가 더 높은 위치를 차지할 것인가에만 관심을 쏟았던 것이다. 예수님께서 세 번째 자신의 수난과 죽음에 대해 예고하셨을 때도(10:33-34) 제자들은 십자가를 지기 위해 예루살렘으로 향해 올라가시는 주님의 마음과는 전혀 다른 생각을 하고 있었다. 그들은 주님께서 정치적인 왕으로서 새로운 나라를 건설하실 때 주어질 왕좌의 좌편과 우편을 생각하며 서로의 눈치를 살필 뿐 예수님의 마음을 이해하지 못하고 있었던 것이다. 특히 예수님의 수제자라고 하는 야고보와 요한이(마 17:1; 26:37) 선수를 쳐 예수님께 은밀하게 접근하여 하나님 나라의 가장 높은 자리를 요청하였다(10:35-45).

예수님의 제자들은 주님과 함께 죽음을 당해도 절대로 주님을 배반하지 않을 것이라고 다짐했다(14:29-31). 그러나 고난의 메시아이신 예수님의 신분을 이해하는 데 실패한 그들은 그로부터 불과 몇 시간도 지나지 않아서 주님께서 수난 당하실 때에 그를 버리고 도망하였으며, 호언장담

하던 베드로 역시 주님을 부인하다 마지막에 저주까지 하면서 주님을 떠나고 말았다(14:72). 결국 예수님은 하나님 아들로서 신적인 능력을 행하실 뿐만 아니라 수난의 길을 가셔야 할 고난의 메시아임을 이해하지 못했던 것이 제자들로 하여금 수난 현장에서 도망치게 만들었다.

모범적 참된 제자들: 외형적인 제자들과는 대조적으로 거지 소경 바디매오(10:46-52)와 향유를 부은 여인(14:3-9)은 영적 분별력과 함께 믿음으로 예수님을 좇은 참된 제자도의 표본을 보여준다. 바디매오는 제자들과 부자 청년같이(10:17-22) 예수님을 뒤로하고 자신의 길을 가지 않았다. 예수님께서 그의 시력을 회복시켜 주셨을 때 그는 자신의 모든 세상적 가치를 뒤로하고 예수님이 가시는 십자가의 길을 따라갔다. 마리아 역시 자신의 전부인 옥합을 깨트려 향유를 예수님의 머리에 부을 수 있었던 것은 그녀가 예수님의 죽음에 대한 깊은 의미를 바로 이해하고 있었기 때문이다. 이처럼 예수님의 수난의 본질을 올바로 깨달은 자는 현실의 두려움에 사로잡혀 주저하지 않고 섬김과 헌신의 자리로 나아가게 된다. 한 사람이 자신의 전 재산을 팔아 쓸모없는 땅을 살 수 있는 것은 그 땅에 숨겨진 보물을 발견했기 때문이었다(13:44). 마가는 그의 복음서를 통해 영적 분별력과 함께 예수님의 신분과 메시지를 올바로 깨닫고 진실된 그의 제자로서 십자가를 지고 죽기까지 예수님을 따라가도록 그의 독자들을 격려한다.

현대를 사는 우리들도 8:29에서 제자들에게 주어진 "너희는 나를 누구라고 하느냐?"는 예수님의 신분에 대한 질문에 대답을 요구받는다. 마가는 독자들이 수난과 죽음의 길을 가야 하는 하나님의 아들로서 예수님의 신분을 깨닫도록 촉구한다. 만일 수난 당하신 하나님의 아들로서 예수님의 신분에 대한 확실한 고백과 깨달음이 없다면 우리도 예수님을 따르는 제자라는 명목하에 높은 자리만을 탐하게 될 것이다. 그때나 지금이나 복음의 실체인 예수 그리스도의 죽음과 부활을 바로 깨닫는 자만이 자기를 부인하고 십자가를 지고 믿음으로 희생의 삶을 살 수 있다. 이렇게 볼 때 예수님의 사역과 가르침을 통해 계시된 예수님의 신분을 바로 볼 줄 아는 영적 분별력이야말로 주님을 따르는 진실된 제자들의 필수조건이라 할 수 있을 것이다.

2부

구원 사역을 시작하신 예수님

제 1 장 | 마가복음 서언

제 2 장 | 종교지도자들의 불신앙적 배척

제 3 장 | 예수님의 참된 가족

제 4 장 | 토양, 등불, 그리고 겨자씨 비유

제 5 장 | 예수님의 치유와 신앙적 반응

take up his cross and follow me

제 1 장 마가복음 서언

마가복음의 주제(1:1)

다른 복음서들이 서론에 많은 지면을 할애하는 것과는 달리 마가복음은 천둥 같은 저자의 선포로 시작한다. 마가는 1:1에서 마가복음의 주제를 이렇게 밝히고 있다. "하나님의 아들 예수 그리스도의 복음의 시작이라." 몇몇 학자들은 이 '복음'이 예수님께서 선포하신 복음인지, 혹은 예수님에 관한 복음인지를 구별하려 하였다.[1] 그러나 본서에서 이것은 문제가 되지 않는다. 왜냐하면 예수 그리스도께서 선포하신 복음은 자신의 죽음과 부활을 내포하고 있기 때문이다.

마가복음 서론(1:1-15)의 처음과 끝은 '복음'이라는 단어로 둘러싸여 있다. 이것은 1:1과 1:15 사이의 내용들이 실제로 복음의 실체를 서론적으로 밝히고 있음을 암시한다. 마가가 그 실체를 서론적으로 서술하고 있는 것은 복음에 대한 분명하고도 확실한 독자들의 반응을 촉구하기 위함이다. 곧 핍박 가운데 있는 교회가 열두 명의 제자들처럼 복음의 실체이신 예수님을 배반하여 떠나지 말고 믿음에 굳게 서서 그를 죽기까지 따라가기를 촉구하고 있는 것이다.

복음에 대한 어휘적 이해를 위해 우리는 복음서 이전에 쓰인 고전 15:3-4의 정의를 참고해볼 필요가 있다. 바울은 고린도 교회에서 자행되고 있는 음행, 분쟁, 우상숭배, 그리고 성도간의 관계문제를 지적하고 난 이후에 복음의 핵심을 정의하고 있다. 왜냐하면 잘못된 행동이 복음에 대한 잘못된 믿음에서 야기된 것이라고 생각했기 때문이었다. 그들은 복음을 믿는다. 하지만 실제로 복음의 실체이신 예수 그리스도를 알지 못했던 것이다. 바울은 이것을 지적하고 복음에 대한 올바른 인식과 믿음을 촉구하였던 것이다.

우리는 복음에 대한 믿음을 통해 하나님 나라의 백성이 되지만 백성이 된 이후에는 그 복음에 합당한 삶을 살아야 할 의무가 있다. 그러나 고린도 교인들은 복음에 대한 헛된 믿음(고전 15:2)으로 인해 옛 삶을 포기하지 않고 오히려 옛 것과 복음을 혼합하여 살아갔기에 바울은 그들에게 복음에 대한 새로운 확신을 촉구했다. 오늘날 많은 그리스도인들이 삶의 문제로 고민한다. 하지만 내면의 세계로 깊이 들어가보면 그 문제들은 피상적인 것일 뿐 실상은 복음의 실체이신 예수 그리스도에 대한 확고한 믿음이 부족하거나 없기 때문인 경우가 많다. 그러므로 우리는 연약한 삶의 모습이 수면 위로 떠오를 때 하나님 앞에서 정직하게 믿음 없음을 고백하고 그분의 도우심을 구해야 할 것이다.

그렇다면 왜 마가는 그의 독자들에게 다시 한 번 복음에 대해서 강조해야 했는가? 서신서만으로도 복음에 대해 충분히 증거될 수 있었는데 왜 복음의 본질인 예수님에 대해 다시 이야기해야만 했는가? 바울은 고린도전서를 통해 복음과 믿음을 주로 성도의 생활문제와 관련하여 설명하였다. 그러나 이로부터 10여 년이 지난 주후 64년 이후, 박해로 인해 죽음에 직면한 성도들이 하나둘씩 신앙을 저버리게 되자 마가는 이들을 새롭게 결단시키기 위해서 서신서와 같은 사변적이며 논리적인 전개 방식이 아닌 새로운 이야기 형식이 필요했던 것이다.

1:1은 마가복음 전체를 "하나님의 아들 예수 그리스도의 복음"으로 이해하도록 독자들을 안내한다. 예수 그리스도, 하나님의 아들 그 이름들의 각각의 개념들은 매우 중요하다. 예수는 유대 사회 속에서 평범한 이름이었다(참조, 마 1:21). 그러나 그의 복음서에서 마가는 나사렛 예수가 평범한 인간이 아니라 하나님의 아들이심을 역설하고 있다. 하나님의 아들이란 호칭은 성자로서 예수님의 속성에 대해 좀더 깊은 의미를 제공하고 있다. 마가복음 안에서 예수님은 하나님에 의해(1:11; 9:7), 귀신들에 의해(3:11; 5:7), 그리고 백부장에 의해(15:39) "하나님의 아들"로 호칭된다. 이 고백들은 마가복음에서 세 가지 중요한 사건들과 관련이 있다. 곧 예수님의 세례받으심(1:11), 예수님의 변형(9:7), 그리고 십자가의 죽으심(15:39)이다. 세례 사건은 목수이셨던 예수님께서 하나님의 아들로 신분이 전환되는 놀라운 사건이었다. 그 현장에서 예수님은 하나님의 아들로서 선포되고 그리스도로 취임하게 된다. 하나님께서는 예수님을 당신의 아들로 각인刻印하셨다. "너는(2인칭) 내 사랑하는 아들이라." 또한 변화산 사건에서 하나님은 예수님의 수난에 대한 예고로 인해 실의에 빠져 있는 제자들을 각성시키기 위해 그들에게 하나님의 아들로서의 예수님의 정체성을 각인刻印시키셨다. "이는(3인칭) 내 사랑하는 아들이라." 십자가 죽음 이후 하나님의 아들이라는 예수님의 정체성은 백부장에 의해 다시 한 번 고백된다. "이 사람은(3인칭) 진실로 하나님의 아들이었다." 이것은 하나님의 아들이신 예수 그리스도의 역할로서 십자가의 죽음을 확증하는 백부장의 고백을 통해 마가는 예수님을 자신의 죽음과 부활을

통해 많은 사람을 구원한 하나님의 아들로 증거하고 있다.

여기서 우리는 1세기 유대 사회에 널리 알려져 있던 아버지와 아들의 관계를 이해해야 할 필요가 있다. 당시에 아버지는 아들에게 자신이 소유한 모든 재능, 재산, 사회적 위치를 계승케 하고 자신이 하던 일을 지속하게 만들었다. 이런 맥락에서 아들이신 예수님께서는 아버지이신 하나님으로부터 모든 권세와 능력을 부여받으셨으며(참고, 시 2편), 그것을 통해 하나님께서 행하신 구원의 역사를 지속하셨다. 뿐만 아니라 예수님께서는 기도를 가르치시면서 당신의 제자들(성도들)에게도 하나님을 아버지라 부를 수 있는 특권을 부여하셨다(마 6:9). 바울은 기독교인들이 "양자의 영"을 통해 하나님의 아들이 되었음을 서술하지만(롬 8:13-15) 사도 요한은 가족과 관련된 수많은 어휘(탄생, 아버지, 아들 등등)를 통해 기독교인들이 '새로운 출생'에 의해 하나님의 아들이 되었음을 묘사하고 있다(요 3:5). 하나님께서는 지금 당신의 아들 예수 그리스도 위에 부으셨던 능력과 권세를 동일하게 우리에게도 부어주시면서 예수님께서 행하셨던 그 나라의 일을 수행하도록 명하신다. 우리가 새로운 신분으로서 하나님의 자녀 즉 아들딸들이 되었다는 것은 축복인 동시에 의무가 주어짐을 말한다. 곧 하나님의 자녀 된 우리에게는 세상의 모든 영역에서 하나님의 통치를 세워갈 능력이 주어졌으며 또 그것을 이용하여 이 땅에 하나님 나라를 세워야 한다. 그러므로 우리는 두려워하거나 낙망하지 말고 담대한 믿음으로 나아가야 할 것이다.

세례 요한에 대한 예언(1:2-3)

1:1에 명시한 복음은 예수님이 가셔야 할 길을 예비하는 세례 요한의 사역으로부터 시작된다. 6:14-29이 묘사하고 있는 것처럼 세례 요한은 회개를 촉구하는 메시지와 그의 죽음을 통해 주의 길을 예비하였다. 마가는 세례 요한의 역할을 분명하게 표명하기 위해서 구약의 구절들을 인용하고 있다.

> 선지자 이사야의 글에 보라 내가 내 사자를 네 앞에 보내노니 저가 네 길을 예비하리라. 광야에 외치는 자의 소리가 있어 가로되 너희는 주의 길을 예비하라. 그의 첩경을 평탄케 하라(1:2-3).

1:2은 말 3:1과 출 23:20의 예언을 인용하여 주의 길을 예비하는 엘리야의 초상으로 세례 요한을 나타내고 있다. 예수님 당시 지중해 연안에 살고 있던 유대인들은 출 23:20에 언급된 언약의 메신저를 종말에 주의 앞에 나타날 엘리야로 확신하였다(말 3:1).[2] 하나님께서는 가나안으로 가는 길목에서 이스라엘을 보호하고 약속의 땅으로 그들을 인도할 당신의 메신저를 보내셨다. 하나님의 보호와 가나안 땅의 유익함을 맛보기 위해서 이스라엘 백성들은 그 메신저의 선포된 말씀에 주의를 기울이고 순종해야만 했다. 만약 그들이 그 메신저의 말씀을 거절하고 불순종한다면 그들에게는 약속의 땅은 고사하고 불순종에 따른 죄의 대가로 심판을 피할 수 없었다(출 23:21). 그러기에 그들에게 주어질 축복은 그들의 신앙과 순종에 달려 있었다. 이런 갈림길에서 마음이 완악해진 이스라엘 백성들은 하나님께 불순종하였고 우상숭배의 길을 택하고 말았다(출 32-33장).

그러므로 그들에게는 약속의 땅 대신에 하나님의 심판이 임한 것이다.

말 3:1은 많은 유대인들에게 종말에 하나님의 사자가 출현할 것을 기대하게 하였다. 더욱이 말 4:5-6의 맥락에서 하나님의 사자는 엘리야와 같은 자였다(참고, 왕상 17-21장; 왕하 1-2장). 이스라엘 백성들이 바벨론으로부터 귀환하여 예루살렘에 재입성했을 때 그들은 새로운 출애굽을 기대하였다. 그러나 그들을 막상 기다리고 있던 것은 젖과 꿀이 흐르는 약속의 땅이 아닌 메뚜기 떼와 가뭄으로 황폐한 성읍뿐이었다(말 3:1-11). 의로운 사람들은 약화되고 대신 악인이 득세하고 번성하는 죄악의 성읍으로 변해버렸던 것이다. 이런 상황 속에서 사람들은 하나님을 섬기는 자들에게 주어지게 될 축복을 의심하고 불신앙적 불평에 사로잡혔다(말 2:17; 3:14). 그러나 민족의 죄 때문에 하나님의 영광의 재현이 계속 지연되고 있었던 것이지 약속이 없어진 것은 아니었다. 그러기에 말라기는 하나님께서 종말에 엘리야와 같은 하나님의 사자를 보내실 것이며 그 사자는 메시아 앞에서 길을 준비할 것이고 곧이어 이스라엘 백성이 그토록 기다려 왔던 메시아가 그들 가운데 임하실 것이라고 예언했다. 이 예언은 어려운 상황 가운데서도 신앙을 지키고 살아가는 사람들에게는 소망을 주었지만, 불신앙의 사람들에게는 심판의 경고가 되었던 것이다(말 3:13-4:3).

또한 1:3에서 마가는 사 40:3을 인용하여 세례 요한의 역할을 광야의 외치는 자의 소리로 비유하고 있다. 사 40-55장에서 선지자는 새로운 출애굽을 통해 바벨론으로부터 이스라엘을 구원할 하나님의 구속사적 행동을 예언하고 있다.[3] 곧 하나님께서는 광야에서 적들을 물리치시고 승리의 대로를 만드실 것이며, 그 길을 통해 그의 백성들을 약속의 땅으로 인도하실 것이고,[4] 그것을 위해 하나님께서는 자신의 사자를 보내 광야의 거룩한 전투에서 승리하신 당신을 맞도록 그의 백성을 준비시킬 것이라고 하신다. 광야와 같은 바벨론의 포로생활 가운데 선지자들은 광야의 외치는 자의 소리가 되어 구원을 가져오실 하나님, 특별히 메시아에 대해 예언하면서 그들로 하여금 죄를 회개하고 메시아 출현을 준비시켰다.

이와 같은 역사적인 배경이 있는 성경들을 마가가 인용한 것은 예수님의 출현으로 예언의 성취의 때가 도래하였음을 보여주기 위한 것이었다. 다시 말해 죄와 사탄의 포로가 된 사람들을 구속하기 위해 오신 예수 그리스도를 맞이하도록 외치는 자의 소리로서 세례 요한의 역할을 강조하기 위한 것이었다. 세례 요한의 사역은 동전의 양면처럼 구원과 심판을 동시에 가져온다. 그의 메시지를 듣고 순종하여 죄를 회개하는 자들에게는 하나님 나라의 축복이 주어지지만, 그 메시지를 거절하는 자들에게는 하나님의 심판이 임하게 된다.

세례 요한이 하나님 나라를 위한 예수님의 사역을 위해 광야의 외치는 자로서 사람들을 준비시켰던 것처럼, 우리도 예수님의 재림을 부끄러움 없이 맞이할 그분의 백성들을 준비시키는 데 이 시대의 소리로서 살아가야 할 것이다. 세상을 대변하는 소리가 아니라 이 시대의 징조를 알리고 언약 백성이 걸어가야 할 길을 선도先導하는 소리로 살아가야 할 것이다.

세례 요한과 예수(1:4-8)

본문에서 마가는 앞 단락에서 소개한 광야의 소리가 바로 세례 요한임을 확증하고 있다. 이사야의 예언과 같이 세례 요한은 광야에서 죄 용서를 위한 회개의 세례를 선포하였다(4절). 세례 요한의 선포적 행위는 실제로 회개를 촉구하고 메시아의 도래를 예고하던 선지자들의 행위와 동일한 것이었다(욘 1:2; 3:2, 4; 사 61:1; 슥 9:9-10).[5] 구약의 마지막 선지자로서 세례 요한은 사람들이 자신들의 죄를 회개하고 예수님을 영접할 마음을 가지도록 미리 준비시키고 있었던 것이다.

1:5-6은 죄 용서를 위한 회개의 세례 선포 뒤에 사람들의 반응을 묘사하고 있다. 세례 요한의 메시지를 듣고 온 유대 지방과 예루살렘 사람들이 다 나아와 그들의 죄를 회개하고 세례를 받았다. 유대인들의 눈에는 세례 요한이 말라기 선지자 이후 400년 동안 단절된 하나님의 역사를 재현하는 메시아로 보였던 것이다. 그래서 그들은 하나님의 도래와 함께 그들에게 임할지도 모르는 심판을 피하기 위해 즉시 자신들의 죄를 회개하고 세례를 받기 위해 나왔다. 누가는 그의 복음서에서 이 사람들에 대한 세례 요한의 평가를 덧붙이고 있다. 곧 세례 요한은 심판을 피하기 위해 세례를 받으려는 사람들을 향해 "독사의 자식"이라 외쳤다(눅 3:7).

현대의 많은 기독교인들은 예수님을 믿고 하나님 나라의 백성이 되는 것을 장차 임할 하나님의 진노를 피하기 위한 수단으로 생각하여 내세를 준비하는 정도로만 여길 뿐 현실에 있어서 하나님의 백성으로서 행해야 할 의무는 망각하고 있다. 우리가 죄 용서를 위해 회개의 세례를 받은 것은 하나님 나라에 입문하기 위한 초보적인 일에 불과하다. 아기가 성장하면서 그의 부모를 기쁘게 하는 것처럼 이제 우리 역시 아버지 되신 하나님을 기쁘시게 해드릴 의무가 있다. 세례 요한을 역사의 중요한 시점에 보내시고 그에게 임무를 부여하신 하나님께서 이제 우리를 부르시고 각자에게 독특한 역할을 부여하셨다. 그러므로 우리는 신앙의 초보적인 단계에 머물러 만족하면서 하나님께서 우리에게 부여하신 역할을 망각해서는 안 된다. 오늘 나에게 주어진 역할이 무엇인가 고민하며 그것을 행함으로 우리를 불러주신 그분을 기쁘시게 해야 할 것이다.

그 다음으로 마가는 세례 요한의 복장과 음식을 서술하고 있다. 그는 광야에서 약대털 옷을 입고 허리에 가죽띠를 띠고 메뚜기와 석청을 먹으면서 살았다(1:6). 세례 요한의 이러한 옷 차림은 구약의 엘리야의 모습과 매우 흡사하며(왕하 1:8) 회개를 촉구하던 선지자들이 입었던 복장이기도 했다(참고, 슥 13:3-4). 이렇듯 세례 요한은 복장에 있어서도 엘리야와 비슷할 뿐만 아니라 삶에 있어서도 비슷한 모습을 보였다. 곧 엘리야가 아합 왕 때에 우상숭배에 빠져 있는 이스라엘 백성들에게 회개를 촉구하는 메시지를 선포하였으며(왕상 18:21), 광야에 기거하였던 것처럼(왕상 17:3; 19:3-18) 세례 요한은 종말론적 엘리야로서 이스라엘 백성들에게 죄 용서를 위한 참된 회개를 촉구하였다.

제사장 계열인 사가랴와 엘리사벳 사이에서 태어난 세례 요한이 제사장의 직분을 감당하기보다는 선지자적 직분을 감당하고 있는 것이 우리의 시선을 끈다(참고, 눅 1장). 그리고 1:6 이후에 묘사되고 있는 복장 역시 제사장의 복장이 아니라 구약의 선지자 엘리야의 복장이었다. 이런 것들을 감안해보면 우리는 광야에 있는 세례 요한에게 하나님의 말씀이 임했을 때 그에게 어떤 전환이 일어났었음을 짐작할 수 있다. 예수님에 의해 도래할 하나님 나라에서는 형식적인 제사 제도보다는 회개와 믿음이 필요하며 동물 제사를 이끌 외형적 제사장보다는 회개와 믿음을 선포할 선지자로서의 삶이 요청된다고 볼 수 있다. 더 정확하게 말한다면 구약의 사회적 배경에서 나타난 제사장과 선지자의 직무가 이제는 한 사람 가운데 통합되었음을 암시한다. 그런 의미에서 벧전 2:5, 9에 언급된 거룩한 왕 같은 제사장으로서의 우리의 삶은 중개인 없이 개인적으로 하나님께 나아갈 수 있는 신분 획득의 의미를 넘어 선지자적 직분을 감당할 의무가 있음을 보여준다.

엘리야는 어두운 광야와 같은 아합 시대에 광야의 외치는 소리로서 그 시대의 죄악을 지적하고 회개를 촉구하며 하나님만을 섬길 것을 권면하였다. 그리고 모든 능력과 함께 자신이 했던 사역을 그의 제자 엘리사에게 계승하고 이 세상을 떠났다. 세례 요한 역시 자신에게 부여된 사명을 완수하고 역사의 무대를 떠나면서 모든 하나님 나라의 일을 예수님께 계승하였다(참고, 1:14). 예수님께서도 이 땅을 떠나시면서 자신이 부여받은 능력과 권세를 우리를 포함한 당신의 모든 제자들에게 부여하시고 하나님 나라의 역사를 이어갈 것을 명하셨다(마 28:29-30). 그러므로 우리는 이 세상을 떠나기 전에 우리에게 부여된 능력과 권세를 가지고 허물어진 하나님 나라를 재건해야 한다. 물론 우리는 그 완성된 하나님 나라를 우리가 사는 동안 보지 못하고 이 역사의 무대를 떠날 수 있다. 그러기에 하나님 나라의 재건과 동시에 확고한 신앙으로 우리가 못다 이룬 그 사명을 완성할 참된 주의 제자들을 세워가야 할 것이다.

1:7-8은 세례 요한의 확고한 역사 의식을 증거하고 있다. 말라기 이후 400년 동안 단절된 선지자의 활동이 세례 요한의 출현과 함께 재현되었을 때 이스라엘 백성들은 세례 요한을 그들이 기다리던 메시아로 오해하였다. 그래서 세례 요한의 회개의 메시지 선포 이후 수많은 사람들이 물세례를 받기 위해 그 앞에 몰렸던 것이다. 분명 사람들은 그를 자신들이 생각하는 메시아로 추앙하고자 했을지도 모른다. 세례 요한은 자신에게 부여된 역할을 분명히 밝히며 자기 뒤에 능력이 많으신 분이 오실 것이라고 선포한다. 그리고 자기는 그분의 신발 끈을 매고 풀 자격조차 없다고 말했다. 세례 요한은 또한 자신은 물로 세례를 베풀지만 자기 뒤에 오실 분은 성령으로 세례를 베푸실 것이라고 표명했다. 요한복음에서 세례

요한은 강한 부정어를 통해 자신에 대한 사람들의 오해를 부정하고, 광야의 외치는 소리로 자신의 존재를 분명하게 증거하였으며(요 1:21-23), 또한 예수님은 흥해야 할 존재이고 자신은 쇠하여야 할 존재로 밝히고 있다(요 3:30). 그는 자신을 아침에 잠시 비추다가 동녘에 떠오르는 아침 햇살에 사라지는 샛별과 같은 존재로 여겼던 것이다

우리는 혼탁한 세상의 대해大海 가운데서 수많은 유혹에 넘어져 우리의 정체성과 역할을 상실하고 있다. 물질과 명예의 유혹 앞에 넘어져 우리의 존재 가치를 상실하고 그것들의 노예로 살아가는가 하면 일부 기독교인들은 구원의 감격에만 젖어 하나님의 백성으로 살아가야 할 본분을 잊고 살아간다. 하나님께서 생명을 연장시키시며 역사의 무대 위에 우리를 존속시켜 나가시는 것은 분명한 목적이 있기 때문이다. 그러므로 우리 모든 성도들은 하나님께서 우리에게 부여하신 역사적 사명을 다시 한번 되짚어보고 그 사명을 충실히 감당해야 할 것이다.

세례 받으신 예수님(1:9-11)

앞 단락에서 세례 요한의 등장과 예수님의 길을 예비하는 그의 사역을 소개한 마가는 이제 예수님께서 세례 요한으로부터 세례를 받으신 사건을 언급한다. 이미 유대 공동체 내에서는 세례와 유사한 물에 잠기는 종교 의식이 행해지고 있었다. 공동체의 한 구성원이 되기 위해서 입회자는 일정 기간 교육을 받고 관례를 배운 후에, 물에 잠기는 예식을 통해 이전 삶을 청산하고 새로운 공동체의 구성원으로 전환되었다. 이런 사회적 관점에서 생각할 때 분명 세례는 신분의 전환을 규명하는 의식이었

다. 예수님도 세례받기 전 목수의 신분에서 세례받은 후 하나님의 아들로 신분이 전환되었다. 세례 사건을 기점으로 예수님은 더 이상 나사렛의 평범한 목수 청년이 아니라 새로운 하나님 나라를 이 땅에 도래하게 할 하나님의 아들로 신분의 전환을 맞이하게 된 것이다.

예수님께서는 세례를 받으시고 물 위로 올라오실 때, 하늘이 갈라지고 성령이 비둘기같이 자기에게 내려오시는 것을 보았다(1:10). 구약에서 하늘이 열리는 것은 하나님께서 당신의 선지자를 부를 때 나타나는 현상이었다(겔 1:1; 참고, 요 1:51; 행 7:56; 계 4:1; 11:19; 19:11).[6] 그런데 마가는 여기서 "하늘이 열린다"는 표현 대신에 "하늘이 찢어졌다"to be torn open는 표현을 사용한다.[7] 이것은 우리와 하나님 사이에 막혔던 담이 무너지고 우리가 하나님께 가까이 갈 수 있게 됨을 상징한다. 이 현상은 분명 사 64:1의 예언이 실제로 예수 그리스도를 통해 실현될 것을 암시하는 것으로 예수님께서는 하나님으로서 인간의 몸을 입고 이 세상에 오셔서 죄로 막혔던 담을 허시고 인간의 죄 문제를 해결하셨다.

여기서 마가는 분명히 비둘기같이 생긴 성령이 아니라, 비둘기가 선회하며 내려오듯이 성령께서 예수님 위에 내려왔다고 말한다. 태초에 혼돈한 물 위를 운행하신 성령께서 혼돈의 세상을 자유롭게 하기 위해서 지금 예수 그리스도 위에 강림하신 것이다(참고, 창 1:1-3).

바로 그때에 또 다시 하늘에서 음성이 들려왔다. "너는 내 사랑하는 아들이라. 내가 너를 기뻐하노라"(1:11). 이 소리는 예수님께서 하나님의 아들로서 신적 권위를 갖고 계신 분이라는 사실을 공적으로 인준하는 하나님의 음성이다. "너는 내 아들이라"는 말씀은 시 2:7을 인용한 것으로 이 시편 구절은 이스라엘에서 왕이 대관을 수행할 때 사용하던 시였다. 하나님께서는 구약 시대에 다윗과 그 후손들에게 왕위 계승을 약속하셨고, 그들을 "아들"로 칭하셨다. 그리고 아버지로서 당신이 갖고 계신 모든 권세와 능력을 그에게 계승하시고 당신의 이스라엘을 정의롭게 통치하도록 명하셨다(시 2:7-9). 이제 동일하게 하나님의 권세와 능력을 부여받은 예수님께서 능력과 가르침을 통해 이 땅에 도래한 하나님 나라를 선포하신다. 그리고 예수님께서는 그의 제자들에게 당신이 부여받은 능력과 권세를 그대로 전수하시고 하나님 나라를 선포하도록 명하셨다(막 6:7-13; 참고, 마 28:19-20). 이런 맥락에서 예수님을 믿고 하나님의 자녀로서 권세를 얻었다는 것은 이전에 사도들에게 부여된 하나님의 능력과 권세가 예수님을 믿는 우리에게도 동일하게 부여되었음을 말해준다(참고, 요 1:12). 그러므로 우리는 그 능력과 권세를 갖고 하나님 나라의 원칙들을 모든 영역 가운데 충분히 이뤄갈 수 있다. 그러나 수많은 주의 백성들이 이 사실을 인식하지 못하고 어두움의 영에 사로잡혀 무능하게 살아가고 있다. 우리 손에 수억 원 수표가 있다 한들 그것의 가치를 깨닫지 못한다면 초라하게 살 수밖에 없다. 그러므로 우리는 먼저 우리 자신에게 부여된 권세와 능력을 확신하고 담대하게 우리가 속한 세상의 영역을 하나님 나라로 전환시켜 나가야 할 것이다.

"내가 너를 기뻐하노라"고 한 말씀은 예수님이 하나님의 아들로서 구속 사역을 성취하실 분이심을 선언하는 것이다. 이 선언은 사 42:1로부터 인용한 것인데, 이 구절에서 이사야는 하나님께서 당신이 기뻐하시는 종에게 성령을 부어주실 것이라고 예언하였다. 그러면 하나님께서 기뻐하시는 종은 누구인가? 뒤에 나오는 사 52:13-53:1은 그 종의 모습을 보여주고 있다. 하나님께서 기뻐하시는 종은 백성들을 위해 고난을 받고, 백성들의 죄를 대속하기 희생양이 될 자이다. 그러므로 "내가 너를 기뻐하노라"는 하나님의 선언은 예수님께서 자기 백성들의 죄를 대속하기 위해 고난을 받고 죽임 당할 하나님의 아들이심을 증거하고 있는 말씀이다.

이것은 또한 창 22:1-2에서 아브라함이 자신의 사랑하는 아들 이삭을 제물로 바치는 사건을 반영하고 있다. 아브라함이 사랑하는 아들을 하나님께 드리려고 했듯이 하나님께서도 사랑하는 독생자 예수 그리스도를 인류의 구속을 위한 대속물로 내어주셨다. 한편 예수님께서 열두 제자들에게 자신의 고난과 죽음에 대해 반복적으로 예고하셨지만(8:31; 9:31 10:32-34), 그들은 예수님을 고난의 메시아로 받아들이기를 거부하고 자신들의 가치 기준으로 그를 영광의 메시아로 생각하였다. 그래서 제자들은 수난의 길을 가고 계신 예수님을 만류하고 세상적 명예를 추구하려 하였다(9:32-35; 10:35-45).

우리는 예수님의 세계관과 동일한 세계관을 갖고 살아가는가? 예수님께서는 제자로서 걸어가야 할 고난을 말씀하고 계시는데, 우리는 열두 제자들처럼 세상의 부귀, 명예와 안락을 위해 예수님을 따르고 있지는 않은지 깊은 통찰을 해야 한다. 오늘 이 시대에 예수님의 제자로 살아가기를 원하는 자들이라면 분명 예수님께서 가신 고난의 길을 믿음으로 함께해야 할 것이다. 물론 오늘 우리의 기독교 현실은 박해를 동반한 신앙을 요구하는 것은 아니다. 그러기에 더더욱 자발적 고난을 요구한다. 즉 예수님의 제자 된 우리는 고난의 현장에 직접 찾아가 그곳에서 고난과 함께 하나님의 통치를 세워가야 한다.

예수님의 시험(1:12–13)

공관복음서 모두가 예수님께서 광야에서 유혹받으신 사건을 기록하고 있지만 마가복음은 이 사건을 묘사함에 있어 흥미롭고 독특한 특성을 보인다. 마태(마 4:1–11)와 누가(눅 4:1–13)는 "예수께서 성령에게 이끌리어"라고 부드럽게 표현했지만, 마가는 예수님께서 세례 요한에게 세례를 받으신 후에 성령이 "곧(즉시) 예수를 광야로 몰아내셨다"라는 강한 표현을 사용하고 있다. '즉시'라는 말은 마가복음에서 매우 많이 나타나는데 이 말은 앞서 발생한 사건에 따라서 일어나야 할 일이 지체 없이 이루어졌다는 것을 의미한다.

이런 수사적 기법은 분명 앞 단락, 예수님의 세례 사건과 사탄의 유혹에 어떤 문학적 연계성이 있음을 시사한다. 마가는 예수님께서 당하신 유혹의 내용을 구체적으로 묘사하고 있지는 않는다. 다만 문맥상 그 유혹이 하나님의 아들로서 예수님의 정체성을 희석시키기 위한 사탄의 전술임을 알 수 있다. 이것에 대해 마태도 "하나님의 아들"을 반복적으로 사용하여 그 시험이 하나님의 아들이신 예수님의 정체성과 관련된 유혹임을 밝히고 있다(마 4:1–11). 예수님은 수난, 죽음, 그리고 부활을 통해 많은 사람을 구원할 하나님의 아들 메시아셨다. 이것은 동시에 사탄의 멸망을 가져오는 길이기에(요일 3:8) 사탄은 예수님께서 세상의 왕 같은 정치적인 메시아로 사람들의 존경을 받으면서 십자가의 길을 망각하도록 유혹한 것이다. 그러나 고독과 역경의 장소인 광야에서 예수님은 사탄의 유혹으로부터 승리하셨다. 이런 상황은 아담이 거주하였던 에덴 동산의 상황과 정반대의 모습이다. 에덴 동산에서 아담은 사탄에게 패배하여 모든 사람들을 멸망에 빠트렸다. 하지만 예수님께서는 광야에서 사탄에게 승리하셨으며 인류를 회복하고 그들에게 새 생명의 길을 열어주셨다. 예수님이 광야에서 들짐승들과 함께 지내면서 사탄의 시험에 승리하신 사건은 사탄을 굴복시키시고 하나님 나라를 건설하실 메시아가 도래하였음을 선포하는 행위이다.

결국 첫 번째 유혹에 실패한 사탄은 8:32-33에서 예수님의 수제자인 베드로를 통해 예수님을 다시 한 번 유혹한다. 8:31에서 예수님은 첫 번째로 자신의 수난에 대해 예고하셨다. 그러나 예수님의 정체성을 이해하지 못한 베드로는 예수님의 죽음을 만류하였다. 그때에 예수님께서는 그런 베드로를 향해 "사탄아 내 뒤로 물러가라"고 꾸짖으셨다. 여기서 분명 예수님을 따르는 제자로서 베드로는 예수님의 뒤에 있어야 했다. 그러나 그는 사탄의 유혹에 넘어져 예수님이 가시는 길을 가로막으려 했다. 그러기에 예수님께서는 베드로에게 사탄의 유혹에 빠지지 말고 제자의 위치로 되돌아갈 것을 명하셨다.

우리도 역시 베드로처럼 하나님을 향한 열심이 아닌 우리 자신을 위한 열심으로 하나님께서 하실 일을 가로막고 있지는 않은지 깊이 숙고해야 한다. 베드로가 예수님의 죽음을 만류한 이유는 그분의 죽음이 안타까워서라기보다 명예를 추구하고 열정적으로 따랐던 자신의 노력이 물거품이 될까 봐 두려웠기 때문이었다. 그 증거로 베드로의 예수님에 대한 부인 행위를 들 수 있다. 그는 자신의 기대가 무너졌을 때 허무주의적인 태도로 예수님을 부인하고 말았다. 우리도 잘못된 열심으로 허무주의적 열심 당원의 삶이 되지 않도록 경각심을 가져야 한다.

왕국의 복음 (1:14–15)

예수님께서 세례를 받으시고 하나님의 아들로서 취임하신 후, 바로 하나님 나라의 복음 선포 사역을 시작하시지 않고 사탄의 유혹을 이기신 후에야 하나님 나라의 사역을 시작하셨다. 이것은 우리가 다양한 영역에서 하나님 나라의 사역자들로 일하기 전에 반드시 거쳐야 할 조건이 있음을 시사한다. 곧 우리의 정체성을 흔드는 사탄의 유혹에 승리해야 함을 말해준다. 만약 그 유혹을 넘어서지 못한다면 분명 우리는 무늬만 그리스도인인 사람으로 살아가게 될 것이다.

예수님께서는 1:14–15에서 하나님 나라에 들어가기 위한 전제조건으로 회개와 믿음을 촉구하셨다. 공관복음서 저자들은 세례 요한이 잡힌 사실을 예수님의 공적 사역의 시작과 연결시키고 있다. 마가 역시 세례 요한이 옥에 갇힌 후에야 예수님께서 본격적인 사역을 시작하셨다고 말한다(1:14). 마가가 세례 요한의 투옥을 예수님의 공적 사역의 시작과 연결시킨 것은 이 둘 사이에 독특한 관계가 있기 때문이다. 즉 마가는 세례 요한이 예수님의 선구자로 와서 자신의 사명을 다했고, 이제부터는 그가 소개한 예수님이 등장하여 하나님 나라를 건설하기 시작했다는 것을 부각시키고 있는 것이다.

세례 요한은 헤롯이 그의 동생의 아내를 취하여 결혼한 죄를 공개적으로 비난하다가 헤롯에게 체포되어 투옥되었다(6:17–18). 마가는 이 사건을 바로 선구자로서 세례 요한의 사역이 마감되고 예수 그리스도의 시대가 열리는 전환점으로 보았다. 특별히 마가는 자신만의 독특한 단어인 "넘겨짐"to be handed over을 통해 세례 요한의 사역을 예수님의 사역과 동일시 하고 있다. 복음의 메시지를 선포한 후 죽음으로 넘겨진 세례 요한의 운명처럼(1:14), 예수님께서도 하나님 나라의 복음을 선포하시다가 죽음으로 넘겨지셨다(8:31; 9:31; 10:33; 14:21).[8] 또한 13:11에서 예수님은 제자들과 기독교인들이 자신과 복음 때문에 공회와 사람들에게 넘겨지게 될 것을 예고하셨다. 여기서 우리는 복음 선포가 신앙적 반응을 야기하기도 하지만, 때때로 불신앙적 배척도 야기하여 고난과 환난에 넘겨질 수 있음을 상기해야 한다. 그러나 예수님께서는 복음을 위해서 전토와 세상의 욕심을 뒤로하고 살아가는 자들에게 내세의 영생과 금세今世에서 백 배의 축복을 약속하셨다(10:29-30).

예수님께서는 갈릴리에 오셔서 "때가 찼고 하나님 나라가 도래했으니 회개하고 복음을 믿으라"고 전파하셨다(1:15). 이것은 예수님께서 자신의 가르침과 행동을 통해 보이신 모든 메시지의 총체적 요약이다. 예수님께서 세상에 선포하신 메시지의 핵심 내용은 바로 '하나님 나라의 복음'이었다. 예수님께서 "때가 찼다"고 말씀하셨을 때 여기서 "때"Time는 헬라어로 '카이로스' καιρος 인데 이것의 의미는 하나님의 구원 역사가 시작되는 매우 중대한 순간을 의미한다. 이것은 단순히 흘러가는 시간을 말하는 것이 아니라 예수 그리스도께서 하나님 나라의 도래를 위해 사역을 시작하는 중요한 순간을 말한다.

우리 그리스도인들에게 모든 시간과 순간들은 카이로스로 존재한다. 지금 각 영역에서 훈련을 받고 사역을 하는 모든 시간이 하나님 나라의 역사의 순간에 가장 필요한 시간인 것이다. 이 중요하고 의미 있는 시간들을 평범하게 흘려보낸다면 다음 시간과 순간들 역시 의미 없이 다가오게 될 것이다. 그러므로 우리들은 역사 의식을 갖고 오늘이라는 순간에 중요성을 부여하고 살아가야 할 것이다.

복음에 대한 반응 (1:16-20)

"회개하고 복음을 믿으라"(1:15)라는 예수님의 촉구 뒤에 제자들의 첫 번째 부르심 사건이 뒤따른 것은 우연의 일치가 아니다. 이것은 죄를 회개하고 복음을 믿어 하나님 나라의 백성이 되었다는 것과 예수님의 제자가 된다는 것이 불가분의 관계임을 암시하는 것이다. 누가는 행 20:21에서 "회개와 믿음"을 제자도의 기초로 제시하고 있다. 예수님께서 1:15에서 하나님 나라를 선포하시고 즉시 그의 나라를 위해 하신 사역은 치유나 축사가 아닌 갈릴리 해변에서 제자들을 부르시고 그들에게 사람 낚는 어부가 될 것을 약속하신 것이다(1:16). 이 제자들은 세상에 흩어져(참고, 행 8:1-2) 있는 모든 족속에게 하나님 나라의 복음을 전파하고 그들로 하여금 회개케 하여 복음을 믿게 할 사람들이었다. 그러나 그 이전에 그들 자신이 먼저 회개하고 믿음을 가져야 했다.

회개는 죄에 대한 단순한 고백이 아니라 삶의 전환을 의미한다. 이전의 우리 자신을 얽어매고 있던 구습을 벗어버리고 예수님을 따르는 새로운 삶을 의미하는 것이다. 그러므로 회개에는 분명한 포기와 결단이 포함되어 있다. 열두 제자들은 자신들의 구습을 상징하는 그물을 포기하고 즉시 예수님을 따르는 삶을 선택하였다.

마가는 이미 전에 바울을 통해 강조되었던 복음의 문제를 다시 언급하면서(참고, 1:1) 복음에 대한 분명한 믿음을 강조하였다. 그 당시 기독인들 대부분은 복음을 사변적으로만 받아들였기에 죽음과 삶의 총체적 위기라는 실제적인 문제 앞에서는 예수 그리스도를 부인하는 불신앙을 드러냈다(마가복음에서 제자들의 두려움은 독자들의 상태를 반영하고 있다). 그러므로 마가는 복음이신 예수 그리스도에 대한 확신을 중요한 제자도의 첫걸음으로 제시하였다.

현대인의 제자 삼기

종종 우리는 하나님 나라를 생각하고 그 나라를 위해 일한다고 하지만 제자 삼는 일을 본업이 아닌 부업 정도로 생각하는 경향이 있다. 그래서 수많은 시간들을 개인생활을 위해 사용할 뿐 주님의 일을 위해서는 사용하지 않는다. 그러나 예수님의 사역이 반영하고 있듯이 제자 삼기는 우리 영역 가운데 가장 중요한 부분이다. 특히 여기서 제자를 삼는다는 것은 단순한 성경공부를 의미하는 것이 아니다. 예수님께서 하나님으로부터 부여받은 능력과 권세를 제자들에게 동일하게 부여하시고, 하나님 나라를 위해 당신 이상의 일을 하도록 사역을 위임하신 것처럼 우리도 그렇게 하는 것을 의미한다. 6:7-13에서 예수님은 귀신을 제어하는 권세와 복음 선포의 능력을 제자들에게 부여하셨다. 그리고 제자들은 실제로 그 능력과 권세를 체험하고 돌아와 예수님에게 보고하였다. 사도행전에서는 그들의 능력과 권세를 통해 하나님 나라가 확장되는 모습이 더 명확히 드러나고 있다. 예수님께서 추구하셨던 제자도는 단순히 가르치고 배우는 정도가 아니라, 하나님 나라를 위한 전투적인 제자들을 세우는 거대한 작업이다. 그리고 실제로 그들은 예수님의 기대에 부응하여 누가, 마가, 혹은 디모데와 같은 3세대 제자들을 배출하였다. 우리가 이 역사의 무대를 떠나 하나님 앞에 섰을 때 우리에게 양육되고 하나님 나라의 군사로 세워진 그들이 우리를 위한 증인으로 서게 될 것이다.

사람 낚는 어부

예수님께서는 갈릴리 해변으로 지나가시다가 바다에서 고기를 잡기 위해 그물을 던지는 시몬(베드로)과 안드레를 보셨다. 예수님은 그들에게 단도직입적으로 "나를 따라오너라. 내가 너희를 사람 낚는 어부가 되게 하리라"(1:17)고 말씀하셨다. 1세기 지중해 연안의 사회에서 생도들은 먼저 훌륭한 스승의 명성을 듣고 찾아가 제자로 받아 줄 것을 요청하였다. 그러면 스승은 그의 재능과 인격을 살펴본 후에 그를 제자로 받아들일 것인지 아닌지를 결정하였다. 그러나 예수님께서는 당시의 관례를 초월해서 복음 전파에 필요한 제자들을 당신이 선택하시고 부르셨다. 참된 제자도의 시작은 제자들이 자신들의 취향에 맡는 선생을 선택하여 그에게 값을 지불하고 지식을 배우는 것이 아니라 선생이 직접 적합한 제자들 선택하는 것이다(요 15:16).

여기서 예수님의 뒤를 좇는다는 것이 단지 문자적으로 팔레스타인 전 지역을 따라다닌다는 의미는 아니다. 종교 지도자들은 끝까지 예수님을 따라갔지만 그 목적은 예수님을 죽일 음모를 꾸미기 위한 것이었고 무리들도 따랐지만 그들은 하늘로부터 내려오는 빵을 얻기 위한 것이었다. 심지어 제자들조차도 세상의 명예를 얻기 위해 예수님을 따랐다(참고, 10:28). 그러나 예수님께서는 제자들에게 자신의 가르침을 따르고, 자기를 부인하고 십자가를 지라고 요구하셨다(8:34). 이런 점에서 진정한 제자도의 모습은 육신의 정욕과 이생의 자랑을 포기하고 죽음을 각오한 채 예수님의 뒤를 따르는 삶이라고 할 수 있다.

앞부분 –"나를 따라 오라"– 이 제자로 부름받은 자의 의무라면 뒷부분 –"사람을 낚는 어부가 되게 할 것이라"– 은 제자 된 자에게 주어진 권리이다. 구약 성경을 근거로 할 때 "사람을 낚는 어부"의 모집은 하나님의 심판의 때가 가까이 왔음을 상징한다(렘 16:16; 겔 29:4-5; 암 4:2).[9] 즉 하나님의 심판의 때가 도래하였기에 택한 백성들을 구원하기 위해 일꾼을 동원하고 있는 것이다. 여기서 예수님의 말씀은 그 선지자들의 예언들이 성취되고 있음을 나타낸다. 이제 이들이 해야 할 일은 하나님 나라의 도래를 선포하여 사람들이 죄를 회개하게 하고, 예수 그리스도의 복음을 믿어 구원에 이르게 하는 일이다. 이들의 메시지를 받아들이고 예수님을 믿는 자들은 하나님 나라의 백성이 될 것이며, 이를 배척하고 멸시하는 자들은 하나님의 심판을 피할 수 없을 것이다.

예수님은 지금도 자신을 따르고 제자가 되기를 원하는 자들에게 "사람 낚는 어부"로 만들어 주시겠다고 약속하신다. 구약의 선지자들은 이스라엘 백성들이 쇠사슬에 묶여 바벨론으로 끌려가는 장면을 어부들이 작살에 물고기를 꿰어 짊어지고 오는 모습으로 묘사하였다(참고, 암 4:2). 이때에 사람 낚는 어부의 모습은 심판적 의미를 내포한다. 그러나 마가복음은 심판적 의미보다는 구원의 의미가 더 강하다. 바벨론 사람들이 이스라엘을 강제로 끌고갔던 것처럼 지금 사람 낚는 어부들은 사탄의 나라에 묶여 있는 자들을 불러내어 강하게 하나님 나라로 이끌어가는 것이기 때문이다.

시몬과 안드레는 예수님의 부르심을 받은 "즉시 고기를 잡던 그물을 버려두고 주님을 따랐다"(1:18). 여기서 '즉시'라는 말은 이들의 응답이 즉각적이고 신속했다는 것을 보여주는 것으로 그들은 그의 부름에 주저하거나 뒤돌아보지 않았다. 이렇게 그들의 반응에는 과거와 생업을 포기하겠다는 희생과 헌신이 포함되어 있었다. 곧 주님의 부름에 전적으로 충성하겠다는 것을 보여주고 있다.

마가복음에는 다른 복음서보다 이러한 제자도가 매우 강조되고 있다. 마가복음에서 말하는 진정한 예수님의 제자는 고난 가운데서도 믿음을 저버리지 않고 지속적으로 예수님을 따르는 자들이다. 이것은 당시 상황을 잘 반영한 것으로 당시 기독교는 네로의 핍박 가운데 있었으며 신앙을 지키고 예수님을 따르기 위해서 가족과 자신의 생명까지도 포기해야만 했었다. 그러기에 마가복음에서는 예수님의 제자가 되기 위해서 "자녀와 아내, 자신을 부인하고 자신의 십자가를 지고 목숨을 걸고 주님의 뒤를 좇아야 한다"는 요구가 자주 등장하고 있다. 오늘날 우리도 주님의 제자가 되기를 원한다면 강한 의지와 결단이 필요하다.

한편 처음에 이런 열정적인 모습으로 예수님을 따랐던 제자들이 후에는 이 열정에 대한 대가로 세상의 위치를 요구하였다(10:28). 그뿐만 아니라 예수님께서 수난과 죽음에 넘겨지자 그들은 모든 것을 후회하며 예수님을 떠나고 말았다. 그들은 한 마디로 허무주의적 열심 당원에 불과한 자들이었다. 그렇다면 우리는 어떤가? 우리가 열정적으로 주님을 따르고 헌신의 모습을 보이지만 그 배후에는 보상에 대한 기대를 갖고 있지 않는가? 그렇다면 그것은 참다운 제자의 길을 가고 있지 않은 것이다. 세상의 목적을 가지고 예수님을 따른다면 우리는 제자들처럼 허무주의적 열심 당원으로 전락하고 말 것이다.

예수님의 권세 (1:21-28)

첫 번째 부르심 사건(1:16-20)이 예수님의 권위적 부르심에 대한 사람들의 응답을 보여주었다면, 1:21-28은 어떻게 그의 권위가 악한 영의 세계에까지 확대되었는지를 보여준다. 예수님께서는 제자들과 함께 가버나움에서 안식일에 회당에 들어가셨고, 거기서 가르침을 위한 초대를 받으셨다(1:21). 그 당시에 회당의 지도자들은 백성들을 가르칠 자격이 있는 자들을 회당에 초대하는 관습이 있었다(행 13:15). 비록 본문은 예수님께서 가르치신 내용이 무엇이었는지 밝히고 있지는 않지만, 1:14–15의 문맥과 관련하여 그가 하나님 나라의 복음을 가르치셨음을 짐작할 수 있다. 그곳의 사람들은 예수님의 교훈을 듣고 놀랐다. 마가는 사람들이 놀란 이유를 "주님의 가르치심이 권세 있는 자와 같았고 서기관과 달랐기 때문"이라고 말했다(1:22). 예수님은 하나님의 아들로서 권위를 가지고 가르치셨기 때문에 그 가르침에는 하나님의 권위가 있었으며, 장로들의 유전을 인용하여 가르치는 서기관과는 다를 수밖에 없다(1:21–22). 그러나 그들은 하나님의 능력을 목도하고도 예수님을 하나님의 아들로 믿지 못했다. 단순히 놀라는 정도에 그쳤다. 현대 신앙인들 역시 성경의 탁월한 해석과 설교에 감동하여 놀라움을 표현하기는 하지만 그 말씀을 통해 역사하고 계신 하나님의 능력은 믿지 못하고 피상적인 삶을 살아가고 있는 것과 같다. 우리에게 필요한 것은 감탄의 모습이 아니라 하나님의 능력을 믿고 나아가는 삶이다.

마침 그때에 회당 안에는 더러운 귀신 들린 사람이 있었다. 그 더러운 귀신은 예수님을 보고 그를 향해 "당신이 우리와 무슨 상관이 있습니까? 당신은 우리를 멸망시키러 오셨습니다"(1:24)라고 외쳤다. 귀신은 예수님께서 하나님을 대적하는 마귀를 멸하고 하나님 나라를 세우기 위해서 오신 분임을 알고 있었다. 사탄은 예수님으로 인해 자신의 세력이 점차 쇠하여지고 결국 없어져 버릴 것을 두려워하였다. 그러기에 귀신은 사람들로 하여금 예수님을 세상의 정치적인 메시아로 믿고 십자가의 죽음을 만류하도록 독려하기 위해서 주변 사람들이 듣도록 주님을 "하나님의 거룩한 자"라고 불렀다(1:23–24).[10] 우리는 이 구절을 귀신이 신앙을 고백한 것으로 봐서는 안 된다.

괴롭히지 말아 달라는 귀신의 요청은 아무런 설득력을 가지지 못했다. 예수님께서는 귀신을 엄히 꾸짖으시며 "잠잠하고 그 사람에게서 나오라"고 명하셨다. 예수님께서 귀신을 책망하시고 침묵을 명하신 후, 쫓아내신 일은 이미 사탄에 대한 주님의 심판이 시작되었음을 보여준다. 그런데 여기서 예수님께서 치유받은 자로 함구를 명하신 이유는 그 당시 사람들의 잘못된 메시아 개념, 즉 정치적인 메시아 개념을 바로잡을 때까지 자신이 메시아라는 사실을 공개적으로 드러내기를 원치 않으셨기 때문이었다. 예수님의 단호한 꾸짖음과 명령 앞에서 더 이상 귀신은 그 사람에게 붙어 있을 수 없었다. 그러므로 그에게 경련을 일으키고 큰 소리를 지르며 떠나갔다(1:25-26). 이 사실은 사탄의 나라가 물러나고 예수님을 통해 하나님 나라가 도래하였음을 시사한다. 예수님의 명령 앞에서 귀신이 떨고 굴복하는 것을 보고 마을 사람들은 "이는 어찜이뇨 권세 있는 새 교훈이로다. 더러운 귀신들을 명한즉 순종하는도다"(1:27)라고 외쳤다. 이처럼 1:22이 예수님의 권위 있는 가르침으로 인한 놀라움을 보여주고 있다면 24절 이하에서는 귀신까지 복종하는 신적 권위로 인한 놀라움을 보여주고 있다. 유대 사람들은 훌륭한 랍비들을 통해서 많은 가르침을 받았지만, 지금까지 들어왔던 교훈들과는 전혀 달랐으며, 귀신을 쫓아내는 방법에 있어서도 일반적으로 행해져오던 방법과는 다른 것이었다. 그러므로 그들은 이러한 일들을 직접 목격하고 나자 놀라지 않을 수 없었다. 여기서 '새 교훈'은 유대 전통 가운데 알려지지 않은 낯선 교훈을 말한다(참고, 행 17:19). 예수님의 새 교훈은 유대 전통을 흔들고 전통을 고수하고 가르쳐왔던 유대 종교 지도자들의 사회적 신분을 위협하였다. 그러기에 종교 지도자들은 예수님의 권위를 배척하고 불신하였다(참고, 3:5-6).

여기서 우리는 또 한번 가버나움 사람들의 불신앙적 특성을 엿볼 수 있다. 그들은 예수님의 가르침과 귀신축출 능력을 목격했음에도 불구하고 관찰자의 입장에서 놀라기만 할 뿐 그분을 하나님의 아들로 영접하지 않았다(1:22, 27). 오늘 우리들도 가버나움 사람들처럼 다른 영역과 사람들 혹은 내 주변에서 일어나고 있는 하나님의 역사에 대해 3인칭적 관점에서 관람해서는 안 된다. 직접 하나님의 역사를 체험하고 그것을 이웃들에게 담대히 전해야 한다.

베드로 장모의 치유(1:29-34)

본문에서 묘사되고 있는 베드로의 장모가 보여준 믿음의 반응은 본문 주변에서 묘사되고 있는 불신앙적 놀라움과 대조를 이룬다. 그 여인은 가버나움 사람들처럼 멀리 떨어져서 응시만 하는 소극적인 태도가 아닌 적극적인 믿음의 삶을 보였다. 예수님께서는 회당에서 가르치시고 귀신을 쫓아내신 후에 그곳을 떠나 시몬과 안드레의 집으로 가셨다(1:29). 그 당시의 집, 무덤 같은 곳은 천한 곳으로 여겨졌으며 회당이나 성전은 성스럽고 거룩한 곳으로 여겨졌다. 그러나 종교 지도자들이 성스럽다고 생각했던 회당에서 예수님은 더러운 귀신과 믿음의 문제로 실랑이를 하셨던 반면(1:21-28) 천하다고 여겨졌던 집에서는 고침이 일어나고 하나님을 신뢰하는 신앙의 고백들이 터져나왔다(참고, 1:33-34). 유대 사람들은 성전과 회당이 하나님 나라의 중심이라 생각하고 성전과 제사 중심의 삶을 살았다. 그러나 마가복음에서 성전은 더 이상 치유를 위한 장소로 사용되지 않는다. 오히려 믿음이 나타나고 하나님 백성으로 신분이 전환되는 놀라운 역사는 집이라는 장소에서 발생했다.

1:29에서 시몬, 안드레, 야고보, 요한을 명확히 제시한 것은 이 제자들이 후에 반복적으로 나타나기 때문이다(9:2; 10:35; 14:33). 이들은 매 순간 예수님의 신분에 대해서 영적인 무지를 드러냈다. 그들은 이미 예수님의 이적을 보고 또한 가르침을 듣고 이해할 수 있는 능력이 주어졌음에도 불구하고(4:11-13), 계속적으로 예수님을 세상의 부귀와 영광을 가져올 정치적인 메시아로 오해하였다. 그래서 그분과 산 위에 머물기를 원했고, 세상의 지휘를 요구했으며, 사탄의 유혹에 넘어져 예수님이 기도하는 동안 졸고 있었다. 그러나 부활 이후 예수님에 대한 영적인 자각은 제자들로 하여금 담대히 복음을 전하게 만들었다. 후에 베드로와 요한은 초대 예루살렘 교회의 영적 대각성 운동의 주도자가 되었다(행 3-4장). 마가복음에서 능력 있는 삶을 유발하는 믿음은 예수님의 신분에 대한 영적인 자각에서 출발한다.

그들이 집에 들어갔을 때에 시몬의 집에는 시몬의 장모가 열병으로 누워 있었다. 사람들은 예수님께 그 소식을 전했다(1:30). 예수님께서는 그 소식을 들으시고 즉시 그녀가 있는 방으로 가서 그녀의 손을 잡아 일으키셨다. 그러자 즉시 시몬의 장모는 열병에서 완전히 회복되었다(1:31). 마가는 예수님께서 회당장 야이로의 딸을 죽음에서 일으키실 때에도 똑같은 표현을 사용하였고(5:41-42), 하나님께서 예수님을 죽음에서 일으키실 때에도 같은 단어를 사용하였다(16:6). 구약에서는 손을 잡아 일으키시는 하나님의 이와 같은 행위는 영적으로 무너진 이스라엘 백성의 회복을 암시한다(참고, 사 42:6; 시: 73:23). 이런 맥락에서 "손을 잡아 일으키셨다"는 표현은 영적으로 그 여인이 회복된 것을 의미한다. 부활하신 예수님께서는 당신을 믿는 모든 자들에게 새로운 생명을 부여하신다.

여인의 신앙적 반응

치유에 대한 반응으로 시몬의 장모는 예수님께 수종을 들었다. 여기서 "수종"이라는 단어는 1:13에서 처음 사용되고 있다(천사들의 수종). 그리고 예수님께서는 십자가에 달린 자신을 지켜보고 있는 여인들을 갈릴리에서 그를 좇고 섬기던(수종) 자들로 소개하셨다(15:41). 또한 인자이신 예수님께서 세상에 오신 것은 '섬김'을 받으려 함이 아니라 도리어 섬기려 하고, 많은 사람을 위해 자기 생명을 주려 함이었다(10:45). 비록 한글 번역은 서로 다르게 나타나지만 마가는 분명히 그 여인의 '수종'과 예수님의 '섬김'을 동일한 헬라어 단어인 '디아코네오' διακονεω로 표현하고 있다. 자기 목숨을 던지면서까지 섬기시는 예수님처럼 지금 시몬의 장모 역시 자신의 모든 것을 다해 예수님을 섬기고 있다.

우리는 전후 문맥을 통해 그녀가 어떻게 무엇을 드리며 섬겼는가 살펴볼 수 있다. 다음 단락 1:32과 1:33에서 예수님은 시몬의 집에서 많은 병자를 고치시며 하나님 나라를 전파하셨다. 여기서 우리는 그 여인이 자신이 머물고 있던 시몬의 집을 하나님 나라를 위한 전초기지로 제공하였으며 예수님의 사역에 전폭적인 헌신으로 섬겼음을 짐작할 수 있다.

회당에서 귀신을 쫓아내신 후 바로 뒤이어 또 다른 치유와 기적을 행하셨음이 나타난다. 우리는 이 사건을 통해서 하나님 나라가 예수님의 사역을 통해 쉴 새 없이 확장되고 있음을 알 수 있다. 예수님은 당시의 마술사처럼 사람들에게 그의 초자연적 능력을 과시하기 위해서 이적을 수행하신 것이 아니었다. 그분은 하나님의 왕권과 은혜를 위한 표적으로서 기적을 수행하신 것이었다. 그러나 믿음의 눈과 귀가 없는 자들은 보기는 보아도 깨닫지 못했고, 듣기는 들어도 이해하지 못했다.

수없이 많은 하나님의 역사하심이 여러 사건과 만남을 통해 우리의 삶과 역사의 무대 위에 스쳐 지나가고 있다. 영적인 지각이 있는 자들만이 의미를 발견하고 그것에 반응할 것이다.

예수님의 권세와 치유(1:35-45)

예수님은 이른 새벽에 일어나 한적한 광야로 가셔서 기도하셨다(1:35). 마가복음에는 예수님께서 한적한 곳에서 기도하신 일을 세 번 언급한다. 첫째, 안식일에 행한 이적으로 인해 사람들이 예수님을 찾을 때 그곳을 피해 한적한 곳에서 기도하셨다(1:35-39). 둘째, 오병이어의 이적 후에 무리들이 예수님을 높이려 할 때 그들을 피해 산에서 기도하셨다(6:46). 셋째, 제자들과의 최후의 만찬 후 겟세마네 동산에서 기도하셨다(14:26-42). 세 경우 모두 밤이었고, 무리들이 예수님을 정치적인 왕으로 세우려 할 때였으며, 십자가의 죽음을 앞둔 때였다. 비록 마가는 그의 간략한 서술 기법 때문에 예수님께서 광야에서 받으신 세 가지 유혹을 구체적으로 기록하지는 않지만, 예수님이 기도하신 경우는 예수님이 받은 세 가지 유혹과 매우 흡사했다. 사탄은 예수님께서 수난과 죽음을 통해 인류를 구원할 하나님의 아들이 아닌, 이적을 행하고, 떡(먹을 것)을 베풀어 사람들의 영광을 얻어 정치적 왕이 될 것을 유혹하였다. 그리고 십자가를 피하고 사탄에게 절하기를 유혹하였다. 예수님께서는 무리들의 행동을 사탄의 유혹으로 생각하시고 영적인 위기를 느끼셨으며 이를 극복하기 위해 한적한 곳을 찾아 기도하셨던 것이다.

사실 예수님은 세상의 멸시와 천대를 받으신 후 죄인들을 대신하여 십자가에서 죽음으로 죄인들을 구원하실 그리스도셨다(갈 3:13). 그런데 사탄은 예수님으로 하여금 인기와 영광을 누리게 함으로써 고난의 길을 피하도록 유혹하였다(1:12-13). 이것을 아시는 예수님께서는 영적인 위기와 사탄의 유혹이 있을 때마다 한적한 곳에서 기도하셨고 그것을 통하여 하나님의 구속 사역을 성공적으로 수행할 수 있었다. 그러므로 우리 역시 예수님의 참된 제자로 살아가기 위해서는 하나님의 자녀 된 우리의 신분을 망각하지 않고, 역사의 무대 위에 우리에게 부여하신 하나님의 분명한 목적을 자각하기 위해 기도의 골방을 가져야 한다. 오늘날도 사탄은 우리가 하나님의 일꾼으로서 사명을 감당하지 못하도록 우리의 영적인 분별력을 흐리게 하고 있다. 이런 유혹의 늪에 빠지지 않기 위해서 우리는 예수님의 모범을 따라 한적한 장소로 나아가 기도를 지속해야 한다.

아침에 무리들은 또 다시 예수님을 찾았다. 그러나 예수님께서는 광야에서 기도하고 계셨기 때문에 예수님을 찾을 수 없었다. 제자들도 역시 주님을 찾아다니다가, 마침내 한적한 곳에서 기도하시는 주님을 발견했다. 제자들은 예수님께 "모든 사람들이 주님을 찾고 있다"고 전하였다(1:36-37). 영적으로 둔감한 제자들은 예수님이 왜 한적한 곳에 있어야 하는지 알지 못했다. 그들은 하나님 나라의 사역을 위해 하나님과 영적 교제의 시간을 갖는 것이 얼마나 중요한지 깨닫지 못했던 것이다. 이런 영적 무지에 빠져 있는 제자들이었기에 마가는 이들을 향해 예수님에 의해 선택되고 가르침을 받았다는 의미를 지닌 "제자"로 표현하지 않고 "시몬과 그와 함께 있는 자들"이라는 일반적인 표현을 사용했다.

그러자 예수님은 "우리가 다른 가까운 마을로 가자 거기서도 전도하리니 내가 이를 위하여 왔노라"고 대답하셨다(1:38). 사탄은 예수님을 인기와 영광을 누리는 메시아로 만들려고 유혹했지만, 예수님은 하나님 나라의 복음만을 전하시려 하였다. 예수님은 복음을 듣고, 죄를 회개하고,

그를 믿는 자들이 하나님 나라의 백성이 된다는 사실을 이미 알고 계셨기에 때문에 사건 후에 계속해서 온 갈릴리를 다니시며 여러 회당에서 복음을 전파하시고 귀신들을 쫓으셨다(1:39).

문둥병자의 신앙과 불신앙

예수님께서 갈릴리를 다니면서 전도하시던 어느 날, 한 문둥병자가 예수님 앞에 꿇어 엎드렸다(1:40). 고대 유대 사회에서 유대인들은 문둥병이 하나님께 저주를 받아 걸린 병이라고 생각했다. 그래서 그 병에 걸린 사람은 혼자 외딴 곳에서 살아야 했으며 건강한 사람들 옆을 지날 때에는 손으로 입술을 가리고 "부정하다, 부정하다"라고 외쳐야만 했다. 그리고 자신들에게 다가오는 사람들이 먼 거리에서도 보고 피할 수 있도록 머리털을 밀고 찢어진 옷을 입어야 했다(레 13:45). 따라서 당시 문둥병자들은 멸시와 소외를 당하며 공동체에서 추방되어 살아갔다. 그들은 육체적으로뿐 아니라 정신적으로도 고통에 시달렸던 것이다.

이런 문둥병자가 예수님께 와서 꿇어 엎드려 "주님께서 원하시면 저를 깨끗하게 하실 수 있습니다"(1:40)라고 고백하였다. 사회적 정황으로 볼 때 문둥병자가 사람들 사이에 나타난다는 것은 있을 수 없는 일이며, 죽음을 각오한 행위였다. 이런 맥락에서 그가 앞으로 다가와서 이렇게 고백한 것은 예수님께서 신적 능력을 소유하신 분이며 자기를 고치실 수 있는 분이라는 확실한 믿음이 있었기 때문이었다. 믿음을 갖고 예수님께 나오는 사람들은 하나님 나라의 능력을 체험하게 된다. 그러므로 히브리서 기자는 "하나님께 나아가는 자는 반드시 그가 계신 것과 또한 자기를 찾는 자들에게 상 주시는 이심을 믿어야 한다"(히 11:6)고 말한다.

예수님은 그 문둥병자를 보시고 민망히 여기셨다. 손을 내밀어 그 문둥병자의 몸에 대시며 "내가 원하노니 깨끗함을 받으라"고 말씀하셨다(1:41). 앞 절에서 문둥병자는 "주께서 원하시면 저를 깨끗하게 하실 수 있나이다"라고 고백한 바 있는데 예수님은 그의 말을 그대로 인용하여 선언하셨다. 여기서 우리는 예수님께서 그 문둥병자가 고백한 믿음에 근거하여 치유하셨음을 알 수 있다. 예수님께서는 우리가 가진 믿음대로 응답하신다. 예수님께서 능력 없으심이 아니고, 우리가 믿음이 없기에 하나님의 역사가 일어나지 않는 것이다.

예수님께서 문둥병자를 고치신 후에 두 가지를 명하셨다. 첫째는 그가 고침을 받은 것을 "아무에게도 말하지 말라"는 것이었다(1:43). 그 이유는 치유의 이적을 베푸신 후 당신이 병 고치는 자로만 여겨지는 것을 막기 위해서였다(마 9:30; 12:16; 16:20; 막 3:12; 눅 8:56). 둘째는 "가서 네 몸을 제사장에게 보이고 모세가 명한 것을 드려 네가 깨끗하게 된 것을 증거하라"는 것이었다(1:44). 예수님께서는 치유받은 후 그 사람이 사회에서 정상적인 생활을 하도록 도우려고 하셨다. 모세의 율법에 의하면 고침을 받은 문둥병자가 정상적인 생활을 하기 위해서는 제사장의 공식적인 선포가 필요했다. 그래서 예수님은 모세의 율법에서 명한 정결 의식의 절차를 밟음으로써 정상적인 사회생활을 할 수 있도록 명하신 것이었다.

이제 예수님의 명령을 따르기만 하면 그는 완전한 자유인이 될 수 있었다. 그러나 그 고침받은 사람은 예수님의 명령에 순종하지 않고 나가서 이 일을 많이 전파하여 널리 퍼지게 하였다(1:45). 그런데 그가 이렇게 행동한 것은 고의적인 불순종은 아니었다. 아마도 그는 문둥병을 고침받은 것이 놀랍고 기뻐서 자신에게 일어난 변화를 사람들에게 알리고 싶은 충동으로 그렇게 행동했을 것이다. 그러나 그가 주님의 명령에 순종하지 않은 결과 복음 전파를 위한 주님의 사역은 큰 방해를 받았다. 병을 고치려고 몰려드는 사람들로 인해 예수님께서는 다시는 동네에 들어가지 못하시고 바깥 한적한 곳으로 물러나셔야만 했던 것이다. 그럼에도 불구하고 예수님에 대한 소식을 들은 사람들은 예수님이 계신 곳으로 몰려들었다(1:45). 이러한 이유로 갈릴리 동네를 두루 다니시면서 회당을 중심으로 행하시던 복음 전파 사역을 더 이상 계속할 수 없게 되었다. 이제 마가는 이 사건을 전환점으로 이어지는 다음의 다섯 개의 논쟁 기사로(2:1-3:6) 자연스럽게 이야기의 초점을 전환한다.

제 2 장 종교 지도자들의 불신앙적 배척

예수님을 향한 서기관들의 배척(2:1-12)

마가는 이미 1:40에 함축된 믿음의 필요성을 교훈하면서 종교 지도자들의 불신앙적 태도를 지적했다. 그리고 중풍병자와 친구들의 믿음과 치유 사건(2:1-4; 8-12) 가운데 서기관들의 불신앙적 반응(2:5-7)을 삽입하고 있다. 마가는 종종 한 이야기 사이에 또 다른 이야기를 삽입하여 이야기의 효과를 높이려고 했는데 이러한 기법을 가리켜 '샌드위치 기법'이라고 한다(참고, 3:21-35; 5:21-45; 11:12-25). 마가는 두 사건을 함께 기록하여 주님에 대한 불신앙과 믿음을 대조하고 있는 것이다. 곧 1:14-15에서 선포된 하나님 나라의 복음에 대한 상반된 반응이 본문의 문학적 구조 속에 내포되어 있다. 본문은 우리가 믿음의 자리에서 하나님의 능력을 증거하며 살고 있는지 불신앙의 행위로 불평 가운데 있는지에 대해 점검할 수 있는 좋은 기회를 제공한다.

2:1-12의 사건은 예수님께서 "다시" 가버나움에 들어가셨을 때 발생하였다. 여기서 사용된 부사 '다시'는 예수님께서 처음 가버나움에 들어가

셨을 때 발생한 사건과 사람들의 반응을 연상시킨다(1:22). 예수님이 가버나움 회당에서 하나님 나라의 복음을 가르치는 동안 사람들은 놀라움으로 반응했지만 서기관들은 특별한 말 없이 침묵하고 있었다. 종교 지도자들의 '침묵'은 마가복음 속에서 예수님에 대한 그들의 배척을 알리는 전주곡이라 할 수 있다. 1:22에 암시되고 있는 종교 지도자들의 묵언의 배척은 오늘 본문인 2:1-12까지 지속되고 있다. 그들의 묵언의 배척은 2:6에서 예수님을 송사하기 위한 의논으로 발전되었고, 2:16에서는 자신들끼리 의논에 머물던 배척이 제자들을 끌어들여 예수님을 공격하는 단계로 발전하였다. 그리고 2:24에서는 예수님을 직접 배척하기 위해 다가서고 있다. 3:6에서 그 배척은 좀더 구체화되어 예수님을 죽이려는 음모로 드러난다. 최종적인 그들의 배척은 예수님을 십자가에 못 박음으로써 실제화되었다.

침묵 속에는 긍정적인 면보다는 부정적인 면이 강한 듯하다. 하나님 나라를 이뤄가는 현장 속에서 침묵을 하다 보면 부정적인 것들이 자연스레 논의되고 본격적으로 3:6처럼 어떤 계기로 인해 행동으로 드러나게 된다. 그러므로 우리는 침묵의 수렁에 머물면서 사변적 태도를 갖기보다는 자신을 투명하게 보이기 위한 대화를 추구해야 할 것이다.

중풍병자와 친구들의 믿음

예수님께서는 중풍병자의 믿음을 보시고 먼저 그의 질병을 고치시는 대신에 그를 향해서 이렇게 선포하셨다. "소자야 네 죄 사함을 받았느니라"(2:5). 주님은 병을 치유하시기 전에 먼저 죄의 용서를 선포하셨다. 유대인들은 그들의 전통에 따라 중풍병을 죄로 인한 하나님의 저주로 생각하고 그 병에 걸린 자를 성전과 공동체로부터 추방하여 격리시켰다(참조, 신 28:15-28). 그러기에 중풍병자는 가족과 사회로부터 버려지고 사회적, 종교적인 면에서 가치를 상실한 채 살아갔다. 이런 사회적 배경에서 중풍병자와 네 명의 친구들이 예수님을 둘러싼 무리들 앞에 담대하게 다가선 것은 죽으면 죽으리라는 믿음의 행동이었다. 그러기에 예수님께서는 그 중풍병자와 친구들의 믿음을 보시고 죄 용서와 함께 치유의 은혜를 베푸셨다. 예수님은 죄의 용서와 치유를 통해 그 사람의 사회적, 종교적 가치를 회복시키시고 하나님 나라의 일원으로 받아들이셨다(참고, 사 38:16-17). 당시 성전은 사회적으로 높은 신분과 가치를 지닌 자들만이 들어갈 수 있었다. 그러나 하나님 나라는 믿음을 소유한 자들만이 들어갈 수 있는 곳이다. 예수님께서는 수동적으로 제자리에 서 있는 자들을 향해 "네 믿음이 좋다"고 말씀하시지 않았다. 분명하게 믿음의 반응과 행동을 보인 그들에게 '네 믿음이 좋다'고 하셨다. 이것은 믿음이 반응과 행위를 통해 드러나는 것임을 나타내는 것이다.

서기관들의 불신앙

2:7에서 죄 용서를 선포하신 일로 인해 예수님은 서기관들에 의해 신성모독죄로 고소되셨다. 유대 전통은 적들을 물리치고 이스라엘을 구원할 메시아조차 죄 용서를 베풀 수 없었다.[1] 물론 죄 용서는 오직 죄 없는 자만이 용서할 수 있다. 그러므로 죄 용서는 하나님의 고유 권한이었다. 다만 구약 시대에 선지자들은 하나님의 이름으로 죄 용서를 선포할 수 있었다. 그러나 예수님께서는 지금 하나님의 이름으로 죄 용서를 행하시는 것이 아니라 당신이 죄 용서의 권세를 가지고 있음을 선포하고 계셨다. 즉 당신 자신이 하나님의 아들이심을 선포하셨던 것이다.

예수님께서는 중풍병자의 죄에 대한 용서를 선포하는 행동 때문에 하나님을 모독하는 불경건한 자로 평가되었다. 지금 그는 죄 용서를 통해 자신과 함께 도래한 하나님 나라의 새로운 원칙을 소개하고 있으나 종교 지도자들의 눈에는 예수님의 그러한 행동이 단지 하나님을 모독하는 행위로밖에는 보이지 않았다. 종교 지도자들의 이러한 태도는 영적인 무지에서 야기된 불신앙적 배척이었다. 그들은 자신들의 규례에 근거하여 예수님을 신성모독죄로 정죄하고 죄 용서의 권세를 가진 하나님의 아들로 믿기를 거부하였다. 이런 종교 지도자들의 불신앙적 태도를 지적하기 위해서 마가는 2:6-8에서 "의논"이라는 단어를 세 번 반복하여 사용하고 있다. 여기서 '의논'은 어떤 논제를 논의하는 것이 아니라 예수님을 배척하고 죽이려는 음모였다(3:5-6).

예수님께서는 평범한 사람으로서는 수행할 수 없는 중풍병자의 치유를 통해 자신이 죄 사함의 권세가 있음을 가시적으로 증거하셨다. 그러나 마음이 완악하여 영적으로 무지한 서기관들은(참고, 3:5) 예수님의 신적인 행위를 전혀 깨달을 수 없었다. 그러기에 그들은 예수님의 죄 사하는 권세를 받아드리려 하지 않았다. 예수님께서는 종교 지도자들의 불신앙을 뒤로하고 3:6 이후에는 성전과 회당에서의 사역보다는 집을 찾아가시고 심지어 무덤을 찾아가셔서 회개하고 믿음으로 반응하는 자들을 하나님 나라의 일원으로 받아들이셨다.

오늘 우리 시대에도 하나님께서 부여하신 영적인 통찰력이 있는 자들만이 예수님의 정체성을 이해할 수 있고 믿음으로 반응할 수 있다. 믿음은 분명 사변적인 것이 아니라 행위를 통해 증거되는 것이다. 땅 속에 감춰진 보화의 가치를 발견한 자들은 분명 자신의 소유를 팔아 그 땅을 살 것이나 보화의 가치를 발견하지 못한 영적인 소경들은 허공을 치는 무의미한 곳에 자신의 시간과 재능, 그리고 물질을 쏟아부을 것이다. 이와 같이 예수님의 존재에 대해 그리고 자신을 부르신 하나님의 목적을 분명히 깨달은 자는 분명한 결단과 함께 헌신의 자리로 나아갈 것이다.

죄인과 식탁 교제에 관한 논쟁(2:13-17)

본문에 소개되고 있는 레위를 향한 예수님의 부르심은 1:16에서 다른 네 명의 제자들을 부르시는 장면과 매우 비슷하다. 마태로 알려진 레위(막 3:18; 마 9:9)는 헤롯을 위해 갈릴리로 통행하는 물건들에 관세를 징수하는 자였다. 당시 세리들은 로마에 붙어서 그들의 동료들인 유대인의 돈을 강제로 빼앗았으며 또한 이방인들과 어울려 장로들의 규례를 무시하고 살았다. 그래서 유대인 중에서 세리가 되면 그는 가정과 사회에서 추방되어 재판정에서 증인이 될 수 없었으며 회당에 나가 가르침을 받을 수도 없었다.

바리새인들의 눈에 그들은 부도덕한 삶을 일삼는 자들이었을 뿐만 아니라 유대의 규례를 따라 살려고 노력하지 않는 자들이었다. 그러므로 세리들과 대화를 하거나 식사를 함께하는 것은 자신의 사회적 지위를 저하시키는 행위였으며 불경건한 태도였기에 바리새인들이 세리나 죄인들과 식사한다는 것은 생각할 수도 없었다. 이런 배경 속에서 세리를 향한 예수님의 친밀한 대화를 동반한 식사는 바리새인들과의 충돌을 일으킬 수밖에 없었다(2:16). 당시 유대인들은 사람과 시간, 그리고 공간을 거룩한 것으로부터 천한 것에 이르기까지 세부적으로 구분하였다. 이 평가 기준에 따라 사람들은 종교 지도자, 귀족, 평민, 그 다음에는 종, 고아, 과부, 병자 순으로 사회적 레벨이 정해졌다. 또한 시간에 있어서도 안식일을 다른 날과 구분하여 거룩하게 지켰고, 공간도 예루살렘, 성전, 회당, 집, 무덤 순으로 레벨을 정하였다.

그러나 예수님께서는 세리, 병자, 죄인들과 함께하시면서 관습화된 사회적 인간 피라미드 구조를 무너뜨리셨다. 그리고 거룩함과 비천함의 기준을 다시 설정하시고 선포하셨다. 예수님께서 계신 곳은 다 거룩한 장소이며, 그를 믿고 따르는 자들은 모두 거룩한 하나님의 백성으로 간주하셨다. 비록 비천한 장소로서의 집이라 할지라도 예수님께서 머물러 계실 때 그곳은 하나님의 지성소가 되는 것이다.

하나님 나라의 확장을 위해 우리는 지금보다 만남의 폭을 더 넓혀야 한다. 만나고 대화하는 대상을 특정 계층으로 국한하여 새로운 계급 구조를 만들면 안 된다. 예수 그리스도의 이름으로 다양한 사람들과 교제해야 한다. 또한 특정한 날만을 거룩한 날로 생각하기보다 매 시간을 하나님이 부여한 귀한 시간으로 생각하고 가장 가치 있게 사용하도록 노력해야 한다. 공간에 대해서도 교회만을 특별히 거룩한 처소로 생각하기보다 모든 공간을 하나님이 부여하신 곳으로 믿고 하나님 나라의 복음 선포를 위해 가치 있게 사용해야 한다. 오늘 우리가 다른 사람에 비해 넓은 공간을 소유하고 있다면, 하나님께서 기뻐하시는 의도를 분별하고 거기에 합당하게 사용해야 할 것이다.

금식에 관한 논쟁(2:18-22)

본문은 당시의 전통적인 규례를 따라 사는 삶과 하나님 나라에서 추구해야 할 삶이 확연히 다름을 금식 논쟁을 통해 부각시키고 있다. 어느 날

몇 사람이 예수님께 와서 이렇게 질문하였다. "세례 요한의 제자들과 바리새인의 제자들은 금식하는데 어찌하여 당신의 제자들은 금식을 하지 않습니까?"(2:18). 원래 이스라엘 백성들은 대속죄일에 오직 한번 금식을 하였다(레 23:26-32). 그러나 바벨론 포로 이후 금식의 횟수는 이스라엘 백성들 사이에서 종교심의 정도를 가늠하는 척도로 여겨지게 되었다. 그래서 일 년에 한번 애통하며 금식하던 그들이 예수님께서 사역하시던 당시에는 일주일에 2회(월요일과 목요일) 금식하였고 심지어는 2번도 부족하여 4회 이상을 하는 이도 있었다(참고, 눅 18:12).[2] 당시 사람들은 로마의 압제로 인한 민족적인 재난을 슬퍼하며 애도하기 위해 금식을 하였으며, 자기들의 신앙적 헌신과 경건함을 나타내기 위해 금식을 하였다. 그러나 금식이 빈번해지면서 점차 강제적이고 형식적이며 자기를 과시하기 위한 수단으로 전락하였다. 그러기에 바리새인들은 금식을 정기적으로 행하는 자들을 종교심이 강한 자로 인정하고 그렇게 행하지 못하는 자들은 종교성이 떨어지는 자들로 규정하였다. 주님께서는 이런 형식적인 종교 행위를 반대하셨던 것이다. 물론 주님께서도 금식을 하셨지만 그것은 자발적인 하나님과의 관계 형성을 위한 것이었다(마 4:2; 6:16-18).

주님과 제자들은 세례 요한과 바리새인들이 정기적으로 행하는 금식에 참여하지 않고 오히려 잔치에 참석하여 연회를 즐기셨다. 그러므로 사람들은 정기적으로 금식을 하지 않는 예수님과 제자들에 대해 문제를 제기하였던 것이다. 아마 예수님을 찾아온 그들은 금식을 경건의 척도로 생각하면서 예수님과 제자들을 경건치 못한 부류로 매도하려 했던 것으로 보인다.[3] 그러나 주님은 세 가지 비유(신랑의 비유, 생베 조각의 비유, 새 포도주와 새 부대의 비유)를 통해 그들에게 죽임 당할 하나님의 아들로서의 자신을 증거하셨다. 그리고 그는 하나님 나라의 새로운 원리가 종교적인 규례의 의무적인 준수에 국한될 수 없음을 증거하셨다.

세 가지 비유

예수님은 첫 번째로 결혼식의 예를 들어 제자들은 지금 혼인 잔치에 참여하고 있기 때문에 금식할 필요가 없다고 하셨다(2:19). 이 혼인 잔치는 예수님 자신이 세상에 있는 공생애 동안을 상징하며(참고, 호 2:19) 신랑은 예수님 자신을 가리킨다(참고, 마 25:1; 요 3:29).[4] 예수님은 제자들에게 자신과 함께 있는 시간은 결혼식과 같은 즐거운 때라고 말씀하셨다. 제자들은 마땅히 이 땅에 오신 하나님의 아들이신 예수님을 영접하고, 그분과 함께 있는 시간을 기쁘게 보내야 했다. 그러므로 예수님은 이렇게 기뻐해야 하는 순간에 제자들이 금식하는 것이 적당하지 않다고 말씀하신 것이다. 그러나 주님은 "잠시 후에 제자들이 신랑을 빼앗길 때가 이를 것인데, 그때에는 제자들도 금식을 하게 될 것이라"고 말씀하셨다(2:20). 실제로 이것은 예수님께서 원수들에게 넘겨져 수난받고 십자가에 죽게 될 순간을 의미한다(8:31; 9:31; 10:33-34). 그때가 되면 제자들은 금식을 통해 고난에 동참하게 되며 슬픔을 표현하게 될 것이다. 예수님께서는 이 비유를 일반 무리들에게 말씀하시지만 다른 한편으로 제자들에게 당신이 가시는 고난의 길에 어떤 형태로든지 함께하기를 촉구하고 있다.

예수님이 하신 또 다른 비유들은 옷감에 대한 비유와 새 포도주와 새 부대에 대한 비유였다. "새 옷감으로 낡은 옷 위에 깁는 사람은 없다. 왜냐하면 그렇게 하면 새 옷감이 남루한 옷을 잡아당겨서 그 옷이 더 많이 해어지기 때문이다"(2:21). 그리고 "낡은 부대에 새 포도주를 담는 사람은 없다. 왜냐하면 그렇게 하면 새 포도주가 발효될 때 낡은 부대가 터져

버려서 술과 자루를 모두 버리기 때문이다. 그러므로 새 포도주는 새 부대에 넣는 것이 마땅하다"(2:22). 여기서 예수님이 선포하신 하나님 나라의 복음은 새 옷에 비유되고, 유대교의 전통과 장로들의 규례에 근거하는 바리새인들과 세례 요한의 제자들의 종교적 행위는 낡은 옷에 비유된다. 따라서 유대교의 낡고 생명력이 결여된 전통에 입각한 관습과 예수님께서 선포하신 생명력 있는 하나님 나라의 복음은 함께할 수 없음을 가르치고 있다.

당시 팔레스타인 지역에서는 염소 가죽으로 부대를 만들어서 물이나 술을 담는 도구로 사용하였다. 그런데 이 부대가 낡아지면 얇아지고 신축성을 잃어 쉽게 터졌다. 이런 낡은 부대에 새 포도주를 담는다면, 그 술이 발효되면서 발생하는 가스의 압력으로 낡은 부대는 터지고 포도주와 부대 모두 사용할 수 없었다. 그러므로 낡은 부대에 새 포도주를 담는 것은 참으로 어리석은 행위였다.

세례 요한의 사역은 주님의 길을 예비하고 백성들의 마음을 준비시키는 일이었다. 그러므로 그들은 주님이 오기 전에 회개하고 마음을 준비할 필요가 있었다. 그들은 당연히 금식이 필요했다. 그러나 예수님의 시대에는 누구든지 믿음으로 하나님 나라의 백성이 될 수 있는 기쁨의 시대였다. 그러므로 이러한 때에 세례 요한의 제자들같이 울며 금식하고, 바리새인들과 같이 율법에 매여 있는 것은 어울리지 않았다. 하나님 나라의 복음을 유대교의 낡은 전통과 규례와 결합하려는 것은 매우 부적절하고 어리석은 행동이었다. 바리새인들은 자신들의 규례 속에 예수님의 가르침과 천국의 복음을 맞추려고 하였기에 실패하였던 것이다. 그들은 자신들의 구습을 없애고 삶의 전환을 추구하기보다는 신성모독으로 예수님을 매도하고 배척하였다.

전통적 악습으로부터 자유

우리 역시 오랜 시간 우리를 얽어 매고 있는 과거의 습관과 전통에서 자유를 선포하고 혼인 잔치의 기쁨을 즐겨야 한다. 곧 과거의 악습과 가계에 흐르는 악한 전통에서 자유를 선포하고 예수님으로 인한 자유를 확신해야 한다. 예수님 안에는 결코 정죄함이 없나니 이는 예수 그리스도를 향한 믿음이 우리를 그 악한 전통과 습관에서 자유롭게 하였기 때문이다. 그러므로 우리는 과거의 악습으로 되돌아가게 하려는 사탄의 음성에 넘어지지 말고 예수 그리스도의 승리와 그것으로 인해 주어진 용서와 자유를 확신하며 나아가야 한다.

또한 예수 그리스도로 인해 하나님 나라의 백성 된 자들은 이전에 가졌던 세상의 가치관들을 포기하고 하나님 나라의 새로운 가치관으로 사물과 환경을 판단하고 행동으로 옮겨야 한다. 예수님을 믿고 하나님의 자녀 된 자들이 여전히 옛 습관을 좇아 살아가는 것은 새롭게 전환된 정체성에 확신이 없기 때문이다. 우리는 분명 더 가치 있는 것을 붙잡기 위해 이전에 들고 있던 것을 포기해야 한다. 새 포도주와 같은 하나님 나라의 복음은 전통적인 낡은 규례, 습관, 그리고 가치관이라는 주머니에 담을 수 없다. 우리는 새 포도주를 담을 새 부대를 준비해야 한다. 새 부대란 우리가 준비해야 할 마음이다.

안식일 논쟁(2:23-28)

안식일에 예수님과 제자들은 밀밭 사이를 통과하여 지나가게 되었다. 제자들은 예수님 앞에서 길을 열면서 나아가고 있었다. 바로 그때에 제자들은 배가 고파서 밀 이삭을 잘라 껍질을 벗겨 밀을 먹었다(23절). 모세의 법은 사람이 여행을 하다가 배가 고프면 남의 밭이나 논에서 열매를 따먹는 것을 허용하도록 지시하고 있다. 그러나 손으로 따먹는 정도는 괜찮지만 낫을 가지고 와서 본격적으로 추수하는 것은 금지했다(신 23:25). 바리새인들은 이 법을 과도하게 해석하여 예수님께 비판적인 반응을 보이며 항의하였다. "어찌하여 저희들(제자들)이 안식일에 하지 못할 일을 하도록 두십니까?"(24절) 바리새인들이 이런 비판적인 반응을 보인 것은 이삭을 자른 행위 때문이 아니라 그러한 행위를 안식일에 했기 때문이었다.

예수님은 그들을 향해서 이렇게 대답하셨다. "다윗과 그와 함께한 사람들이 배고프고 곤경에 처해 있을 때에 한 일을 읽지 못하였느냐?" 본문에서 언급된 다윗의 이야기는 삼상 21:1-6에 나오는 기사이다. 그때에 다윗과 그의 동료들이 성전에 도착했을 때 그들은 배고픔을 면하기 위해 대제사장에게 먹을 것을 요청하였다. 그러나 그날은 안식일이었기 때문에 다윗에게 줄 떡이 없었다. 대제사장은 제사장들만 먹도록 되어 있는 진설병을 주었고 다윗은 그 떡을 받아서 부하들과 함께 먹었다(2:25-26). 그렇지만 성경 어디에서도 이 일로 인해 다윗을 정죄하지 않았다. 오히려 그는 이스라엘의 왕과 메시아의 조상이 되었으며 표상이 되었다. 진설병에 대한 엄격한 규례가 생명의 위험 때문에 도망하고 있는 다윗을 어찌하지 못했다면, 어떤 규례도 다윗의 주로 묘사되고 하나님 나라의 도래를 선포하는 예수님을 정죄하지 못한다.[5]

주님께서 제자들을 책망하지 않으신 이유는 안식일이 사람을 위해 있는 것이지, 사람이 안식일을 위해 있는 것이 아니기 때문이었다(2:27). 하나님은 천지 창조의 일을 완성하시고 제7일에 안식하셨으며, 그날을 인간의 유익을 위해 구별하시고 축복하셨다(창 2:2; 출 20:8-11). 그러므로 이날은 하나님께서 사람들을 위해 허락하신 안식과 축복의 날이었다. 그러나 예수님 당시에는 바리새인들이 부과한 234가지가 넘는 규례들 때문에 사람들은 안식일의 노예로 살았다. 만약 안식일이 사람을 위해 제정된 것이라면 모든 사람의 주 되시며 하나님의 아들이신 예수님께서 그 안식일의 주인이신 것은 당연한 일이다. 안식일의 주인 되신 예수님께서는 제자들이 행한 것을 정죄하지 않으셨다. 그러나 주인도 정죄하지 않는 일을 바리새인들이 정죄하고 있었다. 마음이 둔하여 영적인 분별력이 없는 그들은 안식일의 주인이시며 하나님의 아들이신 예수님의 신분을 전혀 깨닫지 못하고 계속적으로 예수님을 거부하였던 것이다.

시간의 피라미드 구조에 익숙한 종교 지도자들은 안식일만을 거룩하게 여기고 안식일과 관련된 수많은 규례들을 만들어 사람들로 하여금 준수하게 만들었다. 이처럼 현대의 기독교인들 역시 7일 가운데 주일만을 거룩하게 지켜 행하고 나머지 6일의 삶에 대해서는 방관하며 살아가고 있다. 우리들에게는 예수님께서 함께하시는 모든 시간과 날들이 거룩하다. 그러므로 7일 가운데 하루가 아닌 7일 모두를 하나님 앞에서 정직하고 거룩한 삶으로 살아가야 한다. 모든 시간 가운데 동행하고 계신 예수님을 확신한다면 값진 시간을 세상의 쾌락을 위해 허비하지 않을 것이다. 예수님의 동행과 주권을 확신하는 사람들은 역사 선상에서 한번뿐인 시간을 하나님 나라를 위해 유용하게 사용할 것이다.

제 3 장 예수님의 참된 가족

안식일 논쟁(3:1-6)

3:1-6은 다섯 개의 연속되는 논쟁의 결론이기도 하면서 예수님의 첫 번째 갈릴리 사역의 결론 부분이기도 하다. 2:1-3:6에서 다섯 개의 논쟁 기사는 나선형을 그리며 긴장감을 고조시키다가 마지막 기사(3:1-6)에서 절정을 이룬다.[1] 특히 3:5-6의 결론은 이적을 통한 예수님의 자아 계시에 대한 종교 지도자들의 철저한 배척을 드러낸다. 3:6이 제1차 갈릴리 전도 여행의 결론으로 예수님에 대한 종교 지도자들의 배척을 나타내고 있는 반면에, 6:1-6은 제2차 갈릴리 전도 여행의 결론으로 예수님에 대한 고향 사람들의 배척을 다루고 있다. 이와 같은 문학적 전개를 통해 마가는 복음에 대한 세상 사람들의 배척을 당연한 것으로 보여준다. 그러나 세상의 배척이 아무리 강하다 할지라도 복음의 확장은 저지하지 못한다 (참고, 행 4장).

예수님께서 안식일에 다시 회당에 들어가셨을 때, 거기에는 한쪽 손이 오그라들어서 못쓰게 된 사람이 있었다(3:1). 마가는 본문과 1:21-28의 사건을 연결시키기 위해서 또 한번 "다시"라는 부사를 사용하고 있다. 본문의 사건이 회당에서 일어난 것처럼 1:21-28의 귀신 들린 자를 치유하신 사건 역시 회당에서 일어났다. 1:21-28에서 사람들은 예수님의 이적을 보고 놀라움으로 반응하였다. 그러나 회당과 관련하여 일하면서 그곳에 머물고 있던 자들(아마 서기관과 바리새인들. 참고, 2:6, 16, 24; 3:6)은 침묵하고 있었다(1:22). 그리고 본문에서 그들은 계속적으로 불신앙적 침묵을 유지하고 있다(3:4). 마가는 1:22에서 시작된 회당 관련자들의 불신앙이 다섯 개의 연속되는 논쟁 기사 속에서 점점 극대화하다가 본문에서 최고점에 도달했음을 보여준다. 먼저 그들은 예수님께 그를 힐문하기 위한 질문을 조용히 던진다(2:7). 다음에 그들은 제자들에게 예수님을 책잡기 위한 질문을 던진다(2:16). 그 다음에 그들은 안식일을 범한 제자들을 책잡아 예수님께 질문을 던진다(2:18, 24). 그리고 그들은 예수님을 책잡기 위해 합법적인 이유를 찾는다(3:2). 마지막으로 그들은 예수님을 어떻게 책잡아 죽일 것인가 음모를 꾸민다(3:6).[2]

바리새인들의 불신앙

회당에 참여한 사람들 중에는 예수님이 안식일을 범하는지 확인하기 위해 예수님을 엿보고 있는 자들이 있었다(3:2). 본문에서 동사 "엿보다"(파레테룬, παρετηρουν)의 주어가 묘사되지는 않지만 계속해서 진행되는 본문 속에서 그들이 일반 사람들이 아니라 예수님의 적대자들인 바리새인들임을 짐작할 수 있다(3:6). 바리새인들은 예수님을 고소할 만한 합법적인 꼬투리를 찾고 있었다. 그런데 마침 예수님께서 들어가신 회당에 손 마른 사람이 있었던 것이다. 바리새인들의 안식일 규례에 따르면 안식일에는 생명이 위급한 사람 외에는 고칠 수가 없었다. 그러나 한쪽 손이 마른 병은 생명이 위독한 경우가 아니었기에 예수님께서 안식일에 그를 치료하신다면 예수님은 안식일을 범하는 것이었다. 그래서 바리새인들은 예수님께서 그 사람을 고치시나 엿보았던 것이다. 이런 바리새인들의 행동은 예수님이 하나님의 아들로서 안식일의 주인 되심을 전면으로 배척하는 불신앙이었다. 한편 마가가 사용한 "엿보다"라는 표현은 37:12을 반영하고 있다.[3] 시편 본문에서 악인들은 의인들을 살해할 기회를 찾기 위해 가까이에서 지켜보고 있으며 그를 향해 이를 갈고 있다. 이와 흡사하게 본문에서도 바리새인들은 예수님을 책잡으려고 기다리고 있으며 죽이기를 꾀하고 있었다(참고, 3:6).

한편 예수님은 손 마른 사람을 모두가 볼 수 있도록 일으켜서 사람들 중앙에 세우셨다(3:3). 그러고 나서 예수님은 바리새인들에게 이렇게 질문하셨다. "안식일에 선을 행하는 것과 악을 행하는 것, 생명을 구하는 것과 죽이는 것, 어느 것이 옳으냐?"(3:4) 예수님은 안식일에 병을 고치는 것과 아무것도 행하지 않는 것과 같은 표면적인 문제를 다루기보다는 죽이는 것과 생명을 구하는 것, 악을 행하는 것과 선을 행하는 것을 대조시키셨다. 안식일은 선행을 통하여 하나님을 영화롭게 하고 사람들에게 사랑과 긍휼을 베풀도록 구별된 날이다. 그러므로 안식일에도 손 마른 사람은 마땅히 치료받아야 했다. 왜냐하면 고통 당하는 사람을 고쳐 주는 것이 선이기 때문이다.

불신앙의 원인: 마음의 완악함

예수님의 이런 질문에 대해 적대자들은 잠잠하였다. 여기서 그들의 '잠잠함'은 예수님의 말씀에 자신들의 잘못을 돌이키는 반성의 침묵이 아니라 자신들의 명예를 지키고 예수님을 죽이기 위한 음모의 침묵이었다(3:6). 또한 주님은 그들의 완악한 마음을 보시고 근심하고 분노하셨다. 인간들의 분노는 악을 드러내지만(갈 5:20; 골 3:8; 엡 4:31), 하나님의 분노는 인간들의 악에 대한 불쾌를 드러내신다(신 9:7, 8, 22; 사 60:10). 그러기에 바리새인들의 완악함을 보신 예수님의 분노는 고집스러운 종교 지도자들의 불신앙에 대한 불쾌를 드러내신 것이었다. 유대 전통 가운데 마음은 인식의 자리를 나타내며 완악함은 '돌같이 굳어짐'을 의미한다.[4] 그러므로 완악한 마음은 돌같이 무감각하게 되어 전혀 인식의 기능을 할 수 없음을 의미한다. 바리새인과 헤롯인들은 마음의 완악함 때문에 예수님의 신분과 권세를 전혀 깨닫지 못하고 오히려 하나님의 아들 되신 예수님을 배척하였다.

구약 성경에서 가장 잘 알려진 '마음의 완악함'의 실례는 바로의 완악함이다(출 4-14). 바로는 그 마음의 완악함으로 인해 하나님의 존재를 깨닫지 못하고 잔혹하게 하나님의 백성인 이스라엘을 고역으로 괴롭혔으며(출 1:14; 2:23; 3:7, 9), 뿐만 아니라 이스라엘을 출애굽 시키라는 하나님의 명령을 거역함으로 하나님의 존재를 인정하지 않았다(출 5:5-18; 7:13, 22; 8:15, 19, 32; 9:7).[5] 이로 인해 바로는 많은 재앙을 경험하지만 마음이 강퍅하여 하나님께 순종하기를 거부하였으며, 계속되는 불순종과 반역은 결국 장자를 죽이는 열 번째 재앙을 초래하였다(출 7:4). 하나님께서는 바로가 이전에 하나님의 자녀인 이스라엘을 파멸시키려 했던 것에(출 4:22-24) 대한 응징으로 그와 애굽 사람들의 장자를 멸하셨던 것이다. 바로가 마음의 완악함 때문에 하나님의 존재와 명령을 거부한 것처럼 지금 바리새인들 역시 마음의 완악함 때문에 이적들 속에서 드러난 예수님의 신적 권위를 거부하고 있다. 그러므로 불순종을 고집하던 바로가 임박한 하나님의 재앙을 피할 수 없었듯이 바리새인들이 마음을 굳게

닫고 불신앙을 고집한다면 그들 역시 임박한 하나님의 심판을 피할 수 없을 것이다(참고, 11-13장).

씨 뿌리는 비유(4:1-10)에서 부정적인 운명의 씨앗들은 마가복음 도처에 등장하는 믿음 없는 인물들을 비유하고 있다. 씨가 뿌려진 첫 번째 토양은 길가였다. 그 땅은 매우 굳어 씨가 뿌리를 내리기는커녕 지표면에서 오래 머물 수도 없었고 열매를 맺을 수도 없었다. 딱딱하게 굳어진 길가의 땅과 같이 완악한 마음을 가진 종교 지도자들은 예수님을 하나님의 아들로 믿기를 거부하고 예수님을 죽음에 넘겨주었다.

4:11-12은 사 6:9-10의 말씀을 다시 언급하며 하나님은 선지자를 통해 자신들의 죄를 회개하지 않는 백성들의 마음을 완악하게 만들고 더욱 불순종하게 만들어 최종적으로 심판하실 것을 예고하였다. 이런 경고의 메시지를 받았을 때 그들은 바로 죄를 회개해야 했으나 그 메시지에 순종하기를 거부하였다. 그러기에 그들은 심판을 피할 수 없었다(사 6:12). 이와 같이 만약 종교 지도자들이 그들의 죄를 회개하지 않고 불신앙을 고집하면 예수님의 수수께기 같은 말씀들이 그들의 마음과 눈과 귀를 닫아 그들은 더욱 하나님 나라의 비밀에 무지해지고, 예수님을 배척할 것이며, 그들의 불신앙적 행동으로 인해 하나님의 심판을 피할 수 없을 것이다(4:11-2).

마가는 그의 복음서에서 불신앙의 근본적인 원인으로 "마음의 완악함"을 말하고 있다(3:5; 4:11-12; 10:5; 참고, 6:52; 8:17-18). 예수님께서는 이미 이적과 교훈을 통해(2:1-3:6) 하나님의 아들로서의 신적인 권위를 보이셨으나 바리새인들은 마음의 완악함으로 인해 보지도 못하고 깨닫지도 못하여 예수님을 배척하였다. 12:1-12의 악한 포도원 소작인의 비유에서 악한 소작인들이 유산을 가로채기 위해 의도적으로 주인의 아들을 죽인 것처럼, 바리새인들은 그들의 사회적 명성의 실추를 두려워하여 예수님의 신적인 이적을 보고도 의도적으로 헤롯당과 음모를 꾸며 그를 죽이고자 하였다(3:6). 이 음모는 11:18에서도 지속되며 그들이 공회와 의논하여 빌라도에게 넘겨줌으로써 결론을 맺는다. 또한 3:6이 2:20에 예고된 그 "신랑을 빼앗길 날"을 향한 행보의 시작임을 짐작할 수 있다. 유대 종교 지도자들의 예수님에 대한 이러한 의도적인 배척은 그들의 마음의 완악함에서 비롯되었으며 이것이 그들의 불신앙의 본질이었다.

연속적인 다섯 개의 논쟁 기사들(2:1-3:6)에서 예수님은 계속적으로 이적을 보이시고 토론하시면서 종교 지도자들이 믿음으로 반응하기를 기다리셨다. 그러나 그들이 보인 반응은 의도된 배척 즉 철저한 불신앙이었다. 이에 예수님께서는 더 이상 완악한 마음을 가진 자들에게 호소하지 않으시고 제자의 길을 걷고자 하는 자들과 함께 시간을 보내시기로 작정하셨다. 그럼에도 불구하고 12:28-34에 등장하는 한 서기관처럼 예수님의 말씀에 믿음으로 반응하는 사람들에게는 그들이 비록 유대 종교 지도자라 할지라도 하나님 나라가 기업으로 주어진다.

길가의 토양과 같이 마음이 굳어져 지각력을 상실한 자들은 하나님의 말씀에 믿음으로 반응하지 못한다. 그들은 불신앙적인 태도로 복음을 배척한다. 그래서 말씀의 긍정적인 능력을 믿는 대신 말씀 전하는 자의 약점을 찾기 위해 엿보고 그 약점을 배척하기 위한 요인으로 사용한다. 우리가 만나는 수많은 사람들 가운데 바리새인들처럼 마음이 닫혀 복음을 배척하는 자들이 있을 수 있다. 아니 오히려 이와 같은 세상의 반응이 정상적인지도 모른다. 그러나 그런 가운데서도 소망이 있는 것은 그들 중에 반드시 옥토와 같이 완악한 마음이 녹아 말씀을 믿고 행하는 자들이 존재하기 때문이다. 그러기에 우리는 오늘 만나는 사람들 가운데 옥토와 같은 마음을 소유한 자들이 있을 것을 소망하며 세상 사람들의 배척에도 불구하고 하나님의 말씀을 담대히 선포하는 자로 서야 한다.

열두 제자를 선택(3:7-19)

예수님께서는 하나님 나라의 주체이시기도 하지만 성부의 대리자로서 사역을 하신다. 뿐만 아니라 사람들 가운데서 열두 명의 핵심 그룹을 세워 하나님 나라를 위해 당신이 했던 대리자의 사명을 감당하게 하셨다. 여기 '열둘' 이라는 숫자에 중요한 의미를 부여하는 사람들이 있지만, 그것이 이스라엘의 열두 지파(마 19:28)와 열두 정탐꾼에게 새로운 이름이 부여된 사실(민 13:8-16)과 어떤 연관성이 있는지에 대해서는 확신할 수 없다. 다만 분명한 것은 그 선택된 열두 명은 새로운 이스라엘(혹 믿음의 공동체)의 시작을 의미한다는 것이다. 그러나 예수님은 열두 명 가운데 포함되지 않으신다. 그것은 예수님이 새로운 구원 공동체의 구성원이 아니라 주체(머리)이시기 때문이다.

3:6 이후에 예수님께서는 열두 제자들을 택하여 임명하셨다. 이전에는 예수님께서 인내하시면서 종교 지도자들에게 하나님의 아들로서의 신적인 권위를 보이셨다. 그러나 이후로는 제자들에게로 관심을 돌리시고 그들을 준비시켜 새로운 지도자로 세우신다(3:14). 제자들은 제일 먼저 예수님과 '함께' 동고동락同苦同樂 하면서 그분의 가르침과 삶을 배우기 시작하였다(3:14). 그런 다음에 전도하며 귀신을 내쫓는 권세도 부여받았다. 예수님께서는 철저하게 열두 명과 함께하시면서 그들에게 비유로 하나님 나라를 가르치셨고 이적과 귀신축출의 능력을 통해 하나님 나라의

도래를 증명하셨다. 그러므로 제자들은 예수님께서 그들과 함께 있는 동안 그분께서 가져오신 하나님 나라의 본질과 그것을 위한 그들의 책임을 깨달아야 했다. 그러나 제자들은 예수님과 동행하면서도 그분의 의도와 평행선을 그으며 세상의 출세와 명예를 추구하고 있었다(9:33-34; 10:35-37).

이 단락에서 우리는 예수님이 다양한 종류의 사람들을 불러 모으셨다는 사실과 그들을 조율하기 원하셨다는 사실에 주의를 기울여야 한다. 구원의 공동체 속에는 다양한 종류의 사람들이 모이고 함께한다. 여기서 말하는 다양성은 공동체 안에 능력 있는 사람과 무능한 사람들이 공존함을 말하는 것이 아니다. 모두가 탁월한 것이 원칙이고 모두가 열정적인 것이 원칙이다. 다만 그 탁월한 능력을 발휘할 영역에 있어서 서로 다르다는 것뿐이다. 그러기에 내가 어느 분야에 탁월하다 하여 다른 지체를 경시해서는 안 될 것이다(참고, 고전 12장). 이런 면에서 예수님의 공동체는 모자이크 공동체라 할 수 있다. 왜냐하면 예수님의 공동체는 모자이크처럼 서로 다른 색깔들이 조화를 이뤄 아름다움을 드러내기 때문이다. 만일 어떤 공동체가 한 가지 독특한 색깔로만 채색된다면 그 공동체는 미와 역동성이 부재하게 될 것이다.

바알세불 논쟁(3:20-30)

예수님께서 귀신의 힘을 빌려서 귀신을 쫓는다는 소문이 유대 전역에 퍼지자 예수님의 가족들과 친족들은 그가 정신 이상이 된 줄 알고 그를 데려가기 위해 고향에서 내려왔다(3:20). 그리고 그때에 예루살렘에서도 예수님의 상태를 조사하기 위해 서기관들을 파견하였다. 서기관들은 예수님의 교훈과 이적들을 자세히 살펴본 후에 그의 사역이 귀신의 왕 바알세불에게 사로잡힌 결과라고 매도하였다(3:22). 그들은 의도적으로 예수님의 권세의 근거를 오도하여 무리들이 예수님을 배척하도록 꾸몄다. 당시에 귀신축출과 이적행위는 어느 누구도 흉내낼 수 없는 메시아적 능력과 권위의 상징이었다. 그러기에 사람들은 이 권세와 능력을 소유한 예수님을 존경하고 따를 수밖에 없었다. 그러다 보니 유대 사회에서 예수님의 명성과 권위는 상승하고 상대적으로 종교 지도자들의 권위는 추락하였다. 이에 그들은 예수님께서 그와 같은 능력을 행할 수 있는 것은 메시아이기 때문이 아니라 귀신에게 사로잡혔기 때문이라는 소문을 퍼트렸던 것이다. 이에 가족들마저 예수님께서 행하신 이적의 의미를 분명하게 깨닫지 못한 채 소문만 믿고 예수님을 고향으로 데려가려는 불신앙의 모습을 보인다.

예수님께서는 자신을 변호해야 할 필요를 느끼셨고 그들에게 스스로 분쟁하는 집은 무너질 것이라는 비유의 말씀을 하셨다. 만일 주님이 사탄의 힘을 빌어 귀신을 쫓아내는 것이라면 사탄이 그의 동료들을 쫓아내는 것이고 사탄의 나라는 이미 망하고 말았을 것이다(3:23-26). 그러므로 예수님이 사탄의 힘을 빌려서 귀신을 쫓아내는 일은 불가능한 일임을 피력하셨다.

또한 예수님은 서기관들의 주장이 옳지 않음을 밝힌 후에, 또 다른 비유를 말씀하셨다. 예수님은 "사람이 먼저 강한 자를 결박지 않고서는 그 강한 자의 집에 들어가 세간을 강탈할 수 없으며, 결박한 후에야 그 집을 강탈할 수 있을 것"이라고 말씀하셨다(3:27). 여기서 표현된 '강한 자'는 사탄을, '강한 자의 집'은 사탄의 나라와 권세를, 그리고 '집의 세간'은 사탄으로부터 속박 받고 있는 사람들을 의미하며, '강한 자를 결박하는 자' 는 예수님을 의미한다. 결국 이것은 예수님께서 십자가의 죽음과 부활을 통해 사탄의 나라와 세력을 제압하고 그곳에서 속박받고 있는 사람들을 구원하실 계획을 의미하고 있다. 이 비유는 실제로 사 49:24-25과 흡사하다. 한 사냥꾼이 맹수를 제압하고 그 맹수로부터 희생물들을 풀어 준 것처럼 예수님은 사탄을 결박하고 사탄의 나라에 갇힌 백성들을 구원해주신다. 이런 사탄의 세력이 패배하는 그 현장에는 반드시 십자가가 있다(요 12:31; 골 2:15).

또한 이 본문은 문맥의 흐름상 열두 명의 제자들을 언급하고 있는 전 단락과 깊은 연관이 있다. 예수님께서는 그 제자들에게 당신이 소유한 놀라운 능력과 권세를 수여하시어 그들로 하여금 하나님 나라의 도래를 선포하길 의도하셨다. 그러나 제자들은 그것을 하나님 나라의 복음 선포를 위한 도구로 사용하기보다는 자신들의 능력을 과시하는 수단으로 이용하였다. 결국 하나님을 의지하지 않고 자신의 경험을 의지하여 귀신을 축출하려 했던 제자들은 철저히 실패하고 말았다(9:19-20).

예수님을 믿고 하나님의 자녀가 된 사람들이 여전히 무능하고 소극적인 자세로 세상을 살아가는 것은 자신들의 분명한 정체성을 자각하지 못했기 때문이다. 예수님께서는 당신의 진정한 제자들에게 하나님 나라의 복음 선포를 위해 다양한 능력과 영역들을 주셨다. 이처럼 우리에게 주어진 물질, 사업장, 학교, 그리고 직장은 분명 감사의 조건이다. 그러나 우리는 감사의 단계를 넘어서 그것들에 대한 사명을 생각해야 할 것이다. 하나님께서 우리에게 도구를 주시고 각자의 영역으로 보내신 것은 분명한 목적이 있기 때문이다. 사탄은 육신의 정욕과 안목의 정욕, 그리고 이생의 자랑을 통해 우리가 부여받은 능력과 영역을 하나님 나라가 아닌 자신들의 사회적 명성과 신분 상승을 위해 사용하도록 유혹한다. 그러나 영적 분별력을 가진 사람이라면 하나님께 부여받은 능력을 자신의 욕심을 채우기 위한 도구로 사용하는 것이 아니라 하나님 나라를 이 땅에 실현하는 값진 밑거름으로 사용할 것이다.

하나님 나라의 가족(3:31-35)

종교 지도자들과 예수님 사이에 갈등과 대립이 심화되고 마침내 예수님께서 귀신 들렸다는 소문마저 나돌자(3:22), 친족들은 예수님을 찾아 나섰다. 그를 발견했을 때 그는 집 안에 있었으나 예수님을 둘러싼 사람들로 인해서 밖에서 개인적인 면담을 요청할 수밖에 없었다(3:31-32). 그 때에 무리 중에 한 사람이 이렇게 말했다. "당신의 모친과 동생들이 밖에서 당신을 찾고 있나이다." 그러나 주님은 그를 향해 이렇게 질문하셨다. "누가 나의 모친이며 나의 형제들이냐?" 그러고 나서 예수님께서는 자기 주위에 있는 사람들을 둘러보시며 말씀하셨다. "누구든지 하나님의 뜻대로 행하는 자가 내 형제요 자매요 모친이니라"(3:35). 여기서 '누구든지'라는 말은 포괄적인 의미를 담고 있다. 즉 남녀노소, 빈부귀천, 유대인이나 이방인을 막론하고 하나님의 뜻을 행하는 자들은 하나님의 가족이 될 수 있다는 말이다. 이것은 즉 '하나님의 뜻'은 죄를 자백하고 삶의 전환을 맞이함과 동시에 하나님의 아들이신 예수님의 신분을 깨닫고 그가 선포한 복음을 믿는 것이다(1:14-15).

예수님의 육신적인 가족들은 예수님의 신분을 이해하지 못하고 사람들의 평판을 두려워하여 예수님의 이적 행위를 중단시키려 하였다. 그러나 예수님께서는 육신적 가족들의 불신앙적 모습과 대조적으로 하나님의 영적인 가족에 대해 말씀하셨다. 하나님의 가족 구성원으로서 그분의 자녀가 된 사람들은 하나님을 아버지라 부를 수 있다. 그것은 하나님이 예수님을 당신의 아들로 호명하시면서 부여한 능력과 권세가 동일하게 그의 자녀들에게도 주어졌음을 의미한다(참고, 1:9-11). 그래서 예수님께서는 그의 제자들에게 기도를 가르치시면서 하나님을 이제는 아버지로 호명하도록 하셨다(참고, 마 6:9). 주의 가르치신 기도를 따라 우리는 아버지 하나님께 능력을 요구할 수 있다. 그러나 그 능력은 반드시 하나님의 이름을 이 땅에 전파하기 위해 사용되어야 할 것이다.

제 4 장 토양, 등불, 그리고 겨자씨 비유

씨 뿌리는 비유(4:1-20)

4:1-3은 마가복음의 전체를 구성하고 있는 핵심적 원리인 '들음 - 반응'에 대해 설명하고 있다. 예수님은 많은 무리들을 효과적으로 가르치시기 위해 호수에 배를 띄워 놓고 배 위에서 가르치셨다. 주님은 그곳에 모인 사람들에게 여러 가지 비유를 통해서 천국의 진리를 가르쳐주셨다(4:1-2). 본문은 예수님께서 말씀하신 비유들 가운데 가장 전형적인 씨 뿌리는 비유이다. 본 비유를 통해 예수님께서 관심을 가지신 것이 무엇인지 알 수 있다. 그것은 씨 뿌리는 자나 씨 뿌리는 방법이 아니라 씨가 뿌려지는 토양으로 비유되는 사람들의 마음이다. 예수님은 이 비유를 "들으라!"는 말로 시작하셨으며(4:3) "들을 귀 있는 자는 들을지니라!"(4:9)는 말로 끝을 맺으셨다. 이 선언은 마음이 완악한 자들은 토양의 비유를 깨달을 수 없고, 하나님께서 듣고 깨달을 수 있는 영적인 귀를 주신 자들만이 알아듣고 깨달을 수 있음을 의미한다.

한 농부가 씨를 뿌렸는데 그 씨앗이 여러 종류의 땅에 떨어졌다. 길가에 뿌려진 씨앗은 흙이 단단해서 뿌리를 내릴 수 없어 싹을 내지 못하자 새가 와서 먹어버렸다(4:4). 돌 밭에 뿌려진 씨앗은 흙이 깊지 않았기 때문에 싹은 나오나 해가 돋은 후에 타져서 뿌리가 없으므로 말라 죽고 말았다(4:5-6). 가시떨기에 뿌려진 씨앗은 가시덤불도 함께 자라나서 싹의 기운을 막아버렸기에 열매를 맺지 못하였다(4:7). 그러나 좋은 땅에 뿌려진 씨앗은 싹을 내고 깊이 뿌리를 내려 잎이 무성해지고 열매를 맺었다(3:8).

예수님께서 홀로 계실 때에 제자들이 토양의 비유에 대해 묻자 예수님께서 그것에 대해 설명해주셨다. 4:10은 예수님의 제자들이 열두 명으로 제한되지 않고 좀더 넓은 그룹임을 시사한다. 오랫동안 감추어져 왔던 하나님 나라의 비밀이 지금 그의 선택된 사람들에게 계시되고 있다. 물론 이 비유들은 볼 수 있는 눈과 들을 수 있는 귀를 가진 자들만 깨달을 수 있다(4:9).[1] 그러므로 들을 귀 있는 제자들이라면 비유를 통해 보여지는 예수님의 실체와 하나님 나라의 비밀을 깨닫게 될 것이다. 물론 제자들이 아닌, 외부 사람들에게도 하나님의 계획이 비유를 통해 주어지지만 그들에게는 설명이 뒤따르지 않기 때문에, 하나님의 계획이 무엇인지 깨닫지 못했다. 그들은 예수님을 통해 무슨 일이 일어나는지를 보고 듣지만 그것들에 내포된 의미와 중요성을 인식하지는 못했다. 그래서 자신들의 죄를 회개하지 않고 하나님의 아들이신 예수 그리스도 믿기를 거부했다. 하나님은 누구든지 마음이 완악한 사람들에게 진리를 깨달을 수 없도록 가리워버리신다(4:10-11).

4:10-12에서 우리는 서로 다른 두 가지 요소를 발견할 수 있다. 첫째, 예수님은 마음이 닫힌 사람들에게 하나님 나라의 비밀을 깨닫지 못하게 하려고 그리고 마음이 열려 있는 사람들에게 효과적으로 하나님 나라의

비밀을 전하기 위해서 비유들을 사용하신다. 그러므로 사람들의 마음이 완악하여 하나님 나라의 비밀을 깨닫기 위해 힘쓰지 않는다면 예수님의 가르침 속에 등장하는 비유들은 더욱 그들로부터 진리를 감출 것이다. 둘째, 예수님께서는 마치 두 그룹을 구분하는 것처럼 보인다. 하나님께서는 당신의 진리를 계시하시는 그룹과 그것을 감추시는 그룹으로 나누신다. 여기서 우리가 숙고해야 할 것은 예수님의 선택된 그룹은 모든 사람들에게 열려 있다는 것이다. 심지어 사회로부터 버림받고 외인으로 취급받았던 소경과 중풍병자도 그들이 예수님을 구세주, 하나님의 아들로 믿는다면 그들은 하나님 가족의 일원이 되고 그분의 가르침을 받을 수 있다는 것이다(참고, 2:1-12; 10:46-52). 오늘 이 시대에도 하나님 나라는 사회적 신분을 떠나 모든 사람들에게 열려 있다. 그러므로 예수님을 믿고, 영적인 눈을 소유한 사람들은 하나님 나라의 비밀을 깨닫고 그것을 소유하게 될 것이다.

비유에 대한 예수님의 설명

예수님은 제자들에게 토양의 비유에 대해 개인적으로 자세하게 설명해주셨다(4:13). 농부가 뿌리는 씨앗은 하나님의 말씀(예수 그리스도께서 하나님의 아들이심과 그분을 통한 하나님 나라의 도래)을 의미한다. 첫 번째로 길가에 뿌려진 씨앗은 주님에 의해 선포된 말씀과 이적을 통해 보여진 하나님 아들로서의 신분을 깨닫지 못하고 거부하는 종교 지도자들을 상징한다(4:15). 사탄이 그들로 하여금 말씀을 깨닫지 못하게 막기 때문에 그들은 예수님의 신분과 말씀을 결코 깨닫지 못한다. 그들의 불신앙은 2:1-12의 중풍병자를 고치는 이야기 속에 등장한다. 그들은 예수님의 죄 용서의 선포에 대해 하나님을 모독하는 행위로 정죄하였다(2:7). 영적인 눈을 갖지 못한 그들은 계속해서 예수님의 새로운 원리와 행동을 하나님의 권위를 추락시키는 것으로 평가하고 예수님을 책잡아 죽이려고 하였다(3:6). 이와 같은 그들의 책략은 산헤드린 공의회에서 그를 죽이기로 결의함으로써 성취되었다(14:64). 처음부터 끝까지 자신들의 사회적 전통의 잣대로 예수님의 치유와 죄 용서의 행위를 최고의 불경건한 행동이라고 평가하고, 그를 배척하였다(7:6-13; 12:38-40).[2]

두 번째로 돌밭에 뿌려진 씨앗은 순간적으로 말씀을 듣고 예수님을 따르지만 그 속에 믿음이 없기에 환난이나 박해가 일어나면 즉시 넘어지는 제자들을 상징한다(4:16-17). 우리는 시몬의 닉네임인 '베드로'(게바, 바위, 돌)에서 의미하듯이 제자들은 분명 돌밭과 같이 반응하는 자들이었다. 그 제자들은 예수님께서 부르실 때에 즉시 응답하고 따랐으며(1:16-19) 다른 자들과 달리 하나님 나라의 비밀을 알 수 있는 특권을 부여받은 자들이었다. 그러나 그들은 돌밭과 같이 마음이 굳어져 예수님의 말씀과 이적을 깨닫지 못하고 생명을 위협하는 풍랑 가운데서 불신앙적 모습을 보인다(4:35-41; 6:45-52; 8:14-21). 또한 굳어진 마음 때문에 예수님의 수난과 죽음을 이해하지 못하고 그 사실을 배척하려 한다(8:32-33). 무능해진 제자들은 귀신을 쫓아내는 데 실패하였고(9:18-19), 오히려 능력을 행하는 다른 자를 비난하였으며(9:38-39), 예수님께서 고난을 예고하시는 순간에 영광의 자리를 요구하였다(10:33-45). 결국 수난의 현장에서 두려워 떨며 예수님을 부인하고 도망하고 말았다(14:50-52, 66-72). 그들은 처음에 배와 부친을 뒤로하고 열정적으로 예수님을 따랐지만 예수님께서 체포 당하셨을 때에는 그를 뒤로하고 도망쳤다.

세 번째로 가시떨기에 뿌려진 씨앗은 말씀을 듣지만, 세상의 염려, 재물, 그리고 세상의 욕심 때문에 열매를 맺지 못하는 부자 청년과 같은 사람을 상징한다(4:18-19; 참고, 10:17-22).

마지막으로 옥토에 뿌려진 씨앗은 열린 마음으로 말씀을 듣고 예수님이 누구신가를 깨달아 끝까지 인내하며 예수님을 따르는 진실된 제자들(바디매오[10:46-52], 향유 옥합을 깨트린 여인[14:3])을 상징한다.

마가는 이 비유를 통해 악한 자들, 실패한 외형적인 예수님의 제자들, 진실된 예수님의 제자들을 구분하여 묘사하면서 독자들이 진실된 제자들로 살기를 촉구한다. 이 토양 가운데 우리는 두려움 때문에 무지와 실패를 거듭하는 외형적 제자들과 흡사하다. 그러므로 우리에게 요구되는 것은 옥토에 떨어진 씨처럼 어떤 어려운 상황에서도 주저하거나 두려워하지 않고 그 상황을 돌파하여 열매를 맺는 믿음이다. 믿음은 두려움을 몰아내지만 불신앙은 두려움에 사로잡히게 만든다. 불투명한 미래 혹은 성취되지 않는 수많은 계획들은 우리를 두려움으로 몰아갈 수 있다. 그러나 그것은 다른 한편으로 믿음을 증거할 수 있는 기회가 될 수 있다. 그러기에 우리는 위기危機 가운데 오히려 기회가 숨겨져 있음을 알고 믿음을 갖고 적극적으로 위기에 대처해야 한다.

등불의 비유(4:21-25)

사람들은 집 안을 비추기 위해서 등불을 가져온다. 그러기에 등불은 말(곡식 측량하는 도량형 기구)이나 평상 아래에 놓아서는 안 되며, 높이 달린 등경(등불 받침)과 같이 빛을 사방으로 비출 수 있는 곳에 두어야 한다. 여기서 "등불"(호 류크노스, ο λυχνος)은 헬라어 본문에 정관사와 함께 사용되어 일반적인 '하나의 등불'을 가리키기보다는 세상에 하나뿐인 바로 '그 등불'을 가리킨다. 이런 맥락에서 "그 등불"은 예수님을 가리킨다고 할 수 있다. 만일 '그 등불'이 예수님을 의미한다면 '등불이 빛을 비추는 것'은 예수님께서 하나님의 아들 되신 신분과 하나님 나라의 계시를 이적과 교훈을 통해 보이시는 것을 의미한다.

모든 숨긴 것은 장차 반드시 드러나게 된다(4:22). 하나님 아들로서 예수님의 정체와 그의 죽으심의 의미가 아직까지는 명확하게 공개적으로 알려지지 않았지만 이미 예수님의 세례식 때(1:11)와 변화산상에서(9:7) 하늘로부터 증명된 예수님의 정체("이는 내 사랑하는 아들, 기뻐하는 자")는 적당한 때가 되면 드러나고(십자가 죽음 이후 백부장의 고백[15:39]), 그의 재림시에 만인 앞에 완전히 밝혀질 것이다. 그러기에 예수님께서는 하나님 아들인 자신을 믿지 않고 거부하는 행위에 심판을 경고하신다(4:24-25).

예수님께서 다시 오실 때에 하나님 아들로서의 영광스러운 모습은 숨겨질 수 없다. 그리고 그때에 하나님의 아들이신 예수님을 믿고 따랐던 자들은 하나님 나라의 축복을 받아 누릴 것이지만, 바리새인들처럼 예수님을 거부한 자들은 이미 이 땅에서 누렸던 모든 것을 잃고 심판을 받게 될 것이다.

씨앗 비유와 겨자씨 비유(4:26-34)

씨앗 비유는 마가복음에만 기록되어 있는 독특한 비유이다. 이전 단락의 씨와 토양의 비유(4:1-20)가 예수 그리스도로 인해 도래한 하나님 나라에 대한 사람들의 반응에 초점을 맞추고 있다면 씨앗 비유는 예수님으로 인해 시작된 하나님 나라가 완성될 때까지의 성장 과정에 초점을 맞추고 있다. 반면에 겨자씨 비유는 장차 하나님 나라의 완성으로 이루질 결과를 말한다.

특히 씨앗 비유는 앞 단락의 비유에 등장한 옥토에 떨어진 씨앗의 역동성에 초점을 맞추고 있다. 즉 이 비유는 하나님 나라의 내재적 역동성을 보여주는 것으로 사람들의 내부로 들어가 그들을 변화시키고 새롭게 하는 복음의 능력을 강조하고 있다. 반면에 겨자씨 비유는 예수님의 출현으로 미미하게 시작된 외부적인 하나님 나라가 장차 엄청나게 성장하여 결국 그곳에 거하는 모든 사람들에게 참 평안과 안식을 제공할 것을 보여준다. 그리고 하나님 나라의 작은 시작과 거대한 결과의 대조를 보이고 있다. 이 비유 속에 등장하는 거대한 나무와 그곳에 몰려든 공중의 새들은 겔 31:6과 단 4:12을 반영한다. 이 구약 본문들 속에서 공중의 새들은 앗수르와 바벨론과 같은 대제국의 도움을 받기 위해 모여든 수많은 주변 나라들을 의미한다. 그러나 본문의 비유에서 새들은 하나님 나라가 구약의 앗수르와 바벨론과 같이 인간이 세운 나라를 능가하는 위대한 영광의 나라로 완성될 때 수많은 사람들이 안식과 평안을 바라고 몰려드는 것을 의미한다.

하나님의 말씀은 우리 내면에 역사하면서 우리가 능력과 권세를 소유한 하나님의 자녀인 것을 확신시킨다. 뿐만 아니라 하나님의 자녀의 신분에 적합한 의롭고 정결한 삶을 촉구한다. 그러므로 우리는 내부적으로 우리 속에 싹트고 있는 세상의 정욕과 이생의 자랑과 싸워 이겨야 하며, 외부적으로 하나님이 주신 능력과 권세로 정치, 문화, 경제와 같은 모든 영역에 종사하는 사람들이 하나님의 거대한 통치 아래 들어오도록 의로운 영적 싸움을 해야 할 것이다. 거대한 골리앗 앞에 서 있다 할지라도 두려워할 필요가 없다. 그것은 선한 일을 시작하신 하나님께서 당신의 나라가 완성되는 그때까지 당신의 자녀인 우리를 돕고 계시기 때문이다. 열두 명의 작은 공동체로 시작한 하나님 나라가 지금은 세상 곳곳으로 확장되었듯이, 하나님 나라의 무너진 영역을 재건하기 위한 우리의 시작이 미약할지라도 우리가 세상의 원칙과 타협하지 않고 성실하게 행한다면 하나님의 뜻이 우리를 통해 이 땅 위에 이루어질 것이다.

풍랑을 잔잔케 하신 예수님(4:35-41)

4:35-5:43에는 예수님께서 행하신 네 가지 이적이 기록되어 있다(풍랑을 잔잔케 하심, 귀신을 축출하심, 혈루증 여인을 치유하심, 야이로의 딸을 살리심). 이러한 일련의 이적들은 예수님께서 자연과 사탄, 그리고 질병과 죽음을 주관하는 능력이 있는 하나님의 아들이신 것을 증거한다. 이런 맥락에서 본문은 예수님의 신적인 계시와 제자들의 영적인 무지를 대조적으로 묘사하고 있다.

호수 주변에서 비유적인 가르침을 마치시고 해가 저물 때 예수님께서는 휴식을 위해 인적이 드문 장소를 찾아 제자들과 함께 호수 건너편으로 이동하셨다(4:35). 마치 모든 사건들이 한날에 발생한 것처럼 이 이야기는 5장까지 계속된다. 이것은 그들의 항해가 밤새 지속되었음을 의미하거나 혹은 이 본문에는 언급되지 않은 시간적 간격이 있음을 암시한다.

예수님과 제자들의 항해는 갑작스런 풍랑에 의해 방해를 받았다(4:37). 갈릴리 호수는 주변에 가파른 절벽과 협곡으로 둘러싸여 분지를 형성하고 있다. 그러기에 작은 바람이라도 계곡을 통과하여 갈릴리 호수로 들어오면 큰 폭풍을 야기하였다. 특별히 저녁 이후에 부는 바람은 매우 강렬하여 엄청난 힘으로 수면을 치기 때문에 높은 파도를 일으켜서 배를 위협하였다. 제자들이 탄 배에 몰아쳤던 폭풍이 바로 이러한 폭풍이었다.

예수님은 그때에 배의 고물에서 베개를 베고 주무시고 계셨다(4:38). 생명을 위협하는 위태로운 상황과는 매우 대조적인 모습으로 자고 계신 예수님의 행동은 하나님 아들로서의 신적인 권위를 드러내고 계신다. 구약에서 인간들이 두려워하는 풍랑 속에서 태연하게 주무시는 분은 오직 하나님밖에 없었다(참고, 시 44:23-24; 35:23; 59:4).[3] 그러나 제자들은 예수님의 실체를 깨닫지 못하고 그에게 원망조로 하소연했다. "선생님이여 우리가 죽게 된 것을 돌아보지 아니하십니까?"(4:38) 이것은 제자들의 단순한 불평이 아니라 불신앙적인 표현이었다. 그들은 예수님께서 그들의 생명을 풍랑 속에서 구원해주실 수 있는 하나님의 아들이심을 이해하지 못했고 믿지도 못하고 있었다.

본문과 요나 1장과는 상당 부분 주제적 상관성을 보이고 있다.[4] 배로 출발(욘 1:3; 막 4:36), 풍랑을 만남(욘 1:4; 막 4:37), 주인공이 잠을 잠(욘 1:5; 막 4:38a), 두려워하는 사람들(욘 1:6; 막 4:38b), 주인공과 함께하는 풍랑의 멈춤(욘 1:14-15; 막 4:39), 놀라움의 표현(욘 1:16; 막 4:41) 등을 통해 상관성을 엿볼 수 있다..

이런 사실 때문에 사람들은 예수님을 요나와 같은 선지자로 오해할 수도 있었을 것이다(8:27-29). 그러나 마가는 이 둘의 차이점을 암시적으로 제시함으로써 예수님이 요나보다 더 크신 하나님의 아들이심을 증거한다. 요나가 만난 풍랑은 그가 바다에 던져짐으로써 잔잔케 되었지만, 예수님께서는 신적인 명령을 통해 풍랑을 잔잔케 하셨다. 제자들은 자고 계신 예수님께 다가가서 "당신이 선생님이라면, 우리들을 위해 기도라도 해주십시오!"라고 불평하였을 때 예수님께서는 요나처럼 하늘을 향해 기도하지도 않으셨고 자신이 희생양이 되어 물 속에 던져지지도 않으셨다. 예수님께서는 하나님의 권위로 풍랑이 잠잠하도록 명령하셨다. 예수님은 선지자 중의 하나가 아니라(8:27-29) 하나님의 아들이심을 다시 한 번 나타내셨다.

사탄의 위협을 잠재우신 예수

예수님께서는 제자들이 위급해진 것을 보시고 즉시 바람을 꾸짖으시며 이렇게 명령하셨다. "잠잠하라! 고요하라!" 그러자 즉시 풍랑이 멈추고 바다가 잔잔해졌다(4:39). 여기서 마가가 사용한 "꾸짖다"(에페티매센, επετιμησεν)라는 동사는 예수님께서 날뛰던 귀신에게 명하실 때 사용하셨던 단어와 동일하다(1:25; 참고, 슥 2:10-3:2).[5] 예수님께서는 날뛰는 악령을 잠잠케 하신 것같이, 날뛰는 바람과 바다도 잔잔하게 하셨다. 이런 점에서 풍랑은 기독교인들을 위협하는 사탄의 세력으로 상징될 수 있다. 풍랑이 제자들을 위협한 것처럼 사탄은 핍박과 박해를 통해 로마와 주변의 기독교인들을 위협하였다. 이런 기독교인들에게 예수 그리스도는 어떤 분으로 다가가실 수 있었을까? 예수님께서는 "잠잠하라! 내 제자들을 건들지 말아라!"고 선포하시면서 풍랑을 꾸짖으신 것처럼 교회가 당하고 있는 환난과 핍박 속에서 "사탄아 잠잠하라! 내 교회를 무너뜨릴 수 없다"고 사탄을 꾸짖고 계셨다.

구약에서 오직 혼돈스러운 바다를 다스리시고 질서를 부여하실 수 있는 분은 오직 하나님뿐이었다(창 8:1; 나 1:4). 하나님께서는 이스라엘 백성의 길을 막는 홍해를 꾸짖고 마른 땅으로 만드시어 이스라엘을 지나가게 하셨고(시 106:9; 참고, 시 114:3-4), 요단 강에 육지를 내어 그의 백성을 가나안으로 인도하셨다(수 3장). 예수님께서는 말씀으로 풍랑을 잔잔케 하는 신적인 이적을 통해 당신이 하나님의 아들이며 창조주라는 진리를 제자들에게 계시하셨다. 그럼에도 불구하고 영적으로 무지한 제자들은 예수님의 신분을 인식하지 못하고 불신앙적인 모습을 드러냈다.

제자들의 불신앙

예수님께서 권위 있는 음성으로 바다와 풍랑을 꾸짖으시고, 그 풍랑이 잠잠해졌을 때 제자들은 그분이 하나님이심을 깨닫고 경배하는 대신 심히 무서워하며 믿음 없는 모습을 보였다. 예수님께서는 바람과 바다를 잔잔하게 하신 후에 풍랑 앞에서 두려워하던 제자들을 책망하셨다. "어찌하여 이렇게 무서워하느냐? 너희가 어찌 믿음이 없느냐?"(4:40) 만일 제자들이 예수님의 신분을 깨닫고 믿었다면 풍랑이 그들의 배를 침몰시킬 수 없다는 것을 확신했을 것이다. 그러나 그들은 믿음이 없었기 때문에 풍랑 앞에서 두려워하며 떨었다.

제자들은 예수님의 신적인 권세 앞에서 놀라 서로를 바라보면서 "저가 누구이기에 바람과 바다까지도 순종하는고?"라는 의구심을 가졌다(4:41). 그들의 의문에 대한 대답은 구약의 본문들이 제공한다(시 89:8-9; 93:3-4; 106:8-9; 107:23-30; 사 51:9).[6] 이 본문들은 바다를 통치하시고 질서를 부여하시는 분은 오직 하나님밖에 없음을 말한다. 그런데 지금 그 하나님의 능력이 예수님의 이적 안에서 계시되고 있는 것이다. 그러나 영적으로 둔감한 제자들은 예수님께서 하나님의 아들이심을 전혀 깨닫지 못하였다. 제자들의 인식의 실패는 6:45-52과 8:14-21에서도 지속되며

8:29 이후에는 그들의 영적인 무지가 예수님을 다윗의 아들 솔로몬처럼 이스라엘 가운데 정치적인 해방과 영광을 가져올 왕으로 잘못 이해하는 영적인 오해로 전환되어 나타난다. 그리고 14장에서는 제자들의 불신앙적인 모습은 예수님에 대한 배신과 배교로 귀결된다.

4:40-41에 제자들의 두려움은 예배와 경배의 모습이 아니라 불신앙적 표현이다. 마가복음 안에서 예수님의 교훈과 이적에 대한 사람들의 반응으로 묘사된 "두려움"은 믿음과 대조를 이루고 있다(참고, 5:36; 6:50; 10:32; 16:8). 비록 제자들에게는 외부인들과 달리 하나님 나라의 비밀이 주어졌고 예수님의 말씀을 듣고 이적을 봄으로써 예수님의 신분을 깨달을 수 있는 기회들이 주어졌지만 제자들은 여전히 예수님이 누구신지를 깨닫지 못하고 의심과 두려움에 사로잡혀 있었다(4:40-41; 참고, 5:15, 36; 6:50).[7] 그들은 예수님을 결코 신뢰하지 못했다. 왜냐하면 예수님 안에서 역사하고 계신 하나님의 존재를 이해하지 못했기 때문이었다.

고난과 믿음

고난과 역경은 참된 믿음으로 인내하는 신앙인과 두려워 떨며 불안 가운데 서 있는 믿음 적은 자들을 분명하게 가름한다. 높은 곳에 걸려 있는 외줄에서 고난도의 묘기를 선보이는 곡예사를 확실하게 신뢰하는 자만이 그의 등 뒤에 자신의 몸을 의탁하고 담대하게 매달릴 수 있다. 수많은 사람들이 믿음을 고백하며 감격하지만, 실상 어려움에 직면하면 하나님이 곁에 계심을 전혀 인식하지 못한 제자들처럼 두려움에 사로잡혀 무기력하게 살아간다. 제자들이 풍랑을 잠잠케 하시는 예수님의 능력을 목도하고도 그분이 하나님이라는 사실을 깨닫지 못하였던 것처럼, 하나님께서 지난날 다양한 사건을 통해 당신을 계시하셨음에도 불구하고 우리는 작은 고난과 유혹 앞에서 하나님이 부재하신 것처럼 쉽게 넘어지고 신앙을 저버리는 것이다. 우리들의 삶 가운데 주저함이나 두려워하는 모습이 있다면 그것은 믿음이 없다는 증거이다. 그때에 우리는 주님 앞에 나아가 믿음 없음에 대해 애통해해야 한다. 그리고 하나님의 말씀 위에 예수 그리스도에 대한 영적인 자각과 각성으로 나아가야 할 것이다.

올바른 인식은 참된 믿음과 행동을 일으킨다. 우리는 제자들이 던진 질문("저가 누구신가?")에 대해 15:39에 나오는 백부장과 같은 분명한 신앙고백으로 대응해야 한다. "그는 진실로 하나님의 아들이시다." 우리가 이 사실에 확신을 가진다면 우리의 삶의 현장을 덮쳐오는 사탄의 위협 앞에서 두려워하지 않을 수 있을 것이다. 오히려 우리는 풍랑을 잠잠케 하셨던 예수 그리스도의 이름으로 사탄의 유혹을 물리칠 수 있다. 지금 우리가 어떤 위기에 봉착해 있다면 그것은 바로 우리의 신앙을 가름하는 잣대이다.

제 5 장 예수님의 치유와 신앙적 반응

거라사의 귀신 들린 자의 치유(5:1-20)

4장의 문학적 구조 속에서 마가는 예수님의 비유적 교훈으로부터 예수님의 이적으로 독자들의 눈을 돌리도록 유도한다. 비유적 교훈을 통해 하나님 나라의 도래를 계시하셨던(4:1-34), 예수님께서 이제 연속되는 네 가지 이적들을 통해 당신이 하나님의 아들이심과 하나님 나라가 사탄의 나라를 물리치고 견고하게 세워지고 있음을 계시하셨다. 여기서 불신앙으로 반응하는 제자들 혹은 데가볼리 지역의 사람들은 믿음으로 반응하는 여인들(5:21-43)과 대조를 이룬다.

4:35에서 예수님은 제자들에게 "바다 저편으로 건너가자"라고 말씀하셨는데 그곳이 바로 본문에 나오는 거라사인의 지방이었다(5:1). 여기서 우리는 마가가 이 이야기의 배경으로 언급하고 있는 "거라사인의 지방"에 주의를 기울여야 할 필요가 있다. 거라사는 데가볼리('열 개의 도시들,' 5:30)라고 불렸던 지역의 열 개 도시 가운데 하나로 갈릴리 동쪽에 위치하였고, 당시 이방인들이 거주하던 지역이었다. 이렇게 예수님께서 유대

지역을 떠나 이방 지역으로 들어가신 것은 하나님 나라의 복음이 유대에만 머물러 있지 않고 모든 민족에게 전파되어야 함을 나타내기 위함이었다(13:10; 14:9). 예수님께서는 그곳에서도 하나님 나라가 도래하였음을 선포하셨다(참고, 행 1:8).

거라사 지방의 귀신 들린 자를 고치신 예수님의 이적은 신약 성경 안에서 다루어진 가장 길고 생생한 이적 기사들 가운데 하나이다. 유대 지역에서 귀신축출과 함께 그의 사역을 시작하신 것처럼(1:21-28; 1:24과 5:7은 동일한 표현을 사용한다), 예수님은 이방인 영역에서도 역시 더러운 귀신 들린 사람을 치유하심으로 그의 사역을 시작하셨다(참고, 눅 15:15). 이 단락의 전반부(5:1-13)에서는 귀신축출 기사를 다루고, 후반부(5:14-20)에서는 그 이적이 다른 사람들에게 어떤 영향을 끼쳤는지를 다루고 있다.

그가 살던 무덤은 바위 속에 있는 동굴이었는데, 사람들은 가족의 일원이 귀신 들리면 그를 무덤에 고립시키고 그곳에서만 살게 하였다. 사회적으로 고립되고 죽음의 영역(무덤이 이를 상징)에 속해 있던 그가 이제 예수님께 나오고 있다(5:2). 유대의 전통에 따라 이방인들은 무덤가에 앉아서 돼지고기를 먹는 자들로 묘사된다(사 65:4-6; 참고, 막 5:11). 그만큼 그들은 하나님의 구원에서 배제되어 소망이 없는 자들이었다. 그러나 사 65:1에서 하나님은 훗날 자신을 찾지 않던 이방 지역 사람들에게도 하나님이 되실 것을 예언하셨다. 예수님께서 이방 땅인 거라사 지역에 들어가신 것은 사 65:1의 예언에 대한 성취로서 지금 구원이 하나님을 찾지 않던 이방 사람들에게도 도래하였음을 증거하기 위함이었다(참고, 롬 10:20).

영적인 지각의 중요성 교훈

첫 번째 예수님과의 만남에서 그는 예수님께 나아가 그를 "지극히 높으신 하나님의 아들"로 인정한다(5:7). 이것은 구약 성경에서 이방인들이 이스라엘의 하나님을 언급할 때 사용하였던 전형적인 표현으로(민 24:16; 단 3:26) 행 16:17에서도 점치는 귀신 들린 이방인 소녀가 바울과 그의 동료들 향해 "지극히 높은 하나님의 종"이라고 언급하였다. 귀신이 사용한 이 호칭은 4:41에서 제자들이 제기한 질문 "저가 누구신가?"에 대한 대답이기도 하다. 마가는 사람들이 답하지 못하는 이 질문에 대해 그의 복음서 곳곳에서 하나님과 귀신들의 입을 빌어 답을 말하고 있다(1:11, 24, 34; 3:11; 9:7). 여기서 마가는 전통적인 귀신축출 사건을 묘사하려 하기보다는 예수님의 정체성에 대한 이해의 중요성을 강조하려 하였다.

귀신의 외침은 예수님을 경배하려는 의도이거나 예수님을 믿으려고 신앙고백을 하고 있는 것이 아니다. 마태의 기록에 의하면 "때가 이르기 전에 우리를 괴롭게 하려고 여기 오셨나이까?"(8:29)라고 하였는데, 이것은 귀신이 "아직 종말의 때가 아닌데 벌써 와서 나를 괴롭히시려 하나이까?"라고 주님께 원망 섞인 호소를 하고 있는 것이다. 그는 예수님께서 지존하신 하나님의 아들이라는 것을 알고 있었으며 마지막 날에 자신들을 심판하실 분이라는 것을 알고 있었다. 그러나 제자들은 아직도 하나님의 아들이신 예수님의 신분을 깨닫지 못했으며 그가 걸어가야 할 수난과 죽음에 대한 충분한 인식이 없었다. 그럼에도 불구하고 제자들이 예수님을 따랐던 이유는 자신들의 개인적인 야망을 위해서였다. 무리들도 예수님을 따랐지만 그들 역시 하늘로부터 내려오는 이적을 바라고 따라다녔으며(참고, 8:1-10), 종교 지도자들도 예수님을 책잡아 죽음에 넘기려고 기회를 엿보기 위해 따라다녔다. 그러므로 단순히 예수님을 따르는 것은 결코 제자도의 골격이 될 수 없다. 참된 예수 그리스도의 제자들은 예수 그리스도께서 가신 그 길을 깨달을 수 있는 영적인 분별력이 있어야 하며 그들이 따르는 분에 대한 확고한 믿음이 있어야 한다.

이방인을 위한 하나님 나라의 도래

거라사 광인에게서 나온 귀신들이 돼지 떼에게 들어감으로 돼지들이 몰살된 사건(5:11-12) 역시 이방 영역에도 하나님 나라가 도래하고 있음을 암시하는 것이다. 호수의 성난 파도를 잠재운 예수님의 능력(4:35-42)이 이제 이방 영토의 사나운 바다와 같은 귀신들의 세력을 잠재우고 하나님 나라를 건설하고 계신 것이다. 여기서 마가가 돼지 떼를 언급하는 것은 그곳이 분명히 정결하지 못한 이방 지역임을 표명하기 위한 것이었다. 왜냐하면 유대법에 따르면 돼지는 부정한 동물로 금기禁忌된 음식이기 때문이었다(레 11:1-8). 그러므로 생활환경에 돼지 떼가 있었다는 것은 그곳이 이방 지역이었음을 증명한다.

예수님께서는 지금 어두움에 머물러 있는 이방 지역에 하나님의 영광의 빛을 증거하고 계신다. 유대인 독자들의 고정관념을 깨뜨리는 예수님의 새로운 원리는 지역적이며 혈통적인 구분의 한계를 넘어 새로운 믿음의 차원으로 넘어가고 있는 것이다. 그러므로 지역과 육체적 혈통은 더 이상 하나님 나라에 들어가기 위한 조건이 될 수 없다. 회개와 믿음을 통해서만이 하나님 나라의 새로운 가족 구성원이 될 수 있다(1:14-15; 3:31-35).

읍내와 촌에서 들어온 사람들이 보니 귀신 들렸던 자가 정신이 온전한 채로 앉아 있었다(5:15). 사람들은 자신들이 제어할 수 없었던 그가 정상적인 사람으로 되돌아와 앉아 있는 것과 물에 빠져 죽어 있는 돼지 떼를 보고 두려워하지 않을 수 없었다(5:15). 그들은 보기는 보았지만 예수님의 정체와 그 귀신축출의 의미를 깨닫지 못하고 두려워 떨기만 하였다. 여기서의 "두려움"은 바로 앞 단락의 제자들의 믿음 없는 두려움을 반영한다(4:40-41). 마가복음에서 "두려움"은 믿음 없음을 표현하기 위해 사용되는 단어이다. 풍랑을 잠잠케 하시는 예수님의 능력을 목격했을 때 제자들은 예수님을 경배하기보다는 두려워 떨었고(4:41) 물 위로 걸어오시는 예수님을 보고도 바다를 육지처럼 만들고 다스리시는 그분의 신성을 깨닫지 못하고 두려워하였다(6:50). 또한 여인들은 두려움 때문에 예수님의 부활을 전하라는 천사의 명령에 순종하지 못했다(16:8). 이처럼 "두려움"은 예수님의 신분에 대한 실패로부터 야기된 믿음 없는 태도이다.

예수님께서는 귀신축출 행위를 통해 사람들에게는 물론 제자들에게도 자신의 정체성과 하나님 나라의 도래를 계시하셨다. 그러나 그들은 그것을 깨닫지 못하고 두려워 떨며 예수님께 그곳을 떠나주시기를 간청하였다(5:17). 귀신들도 하나님의 아들임을 알아보았건만 마을 사람들은 두려움과 경제적 타산으로 하나님의 아들이신 예수님을 경배하지 못하고 떠나주시기를 요청하였던 것이다.

가서 전하라

그 다음에 이어지는 예수님과 자유롭게 된 귀신 들린 자 사이의 만남은 고대 일반적인 귀신축출 이야기에서는 보이지 않는 내용이다. 예수님은 그에게 침묵하는 것 대신 집으로 돌아가 예수님께서 그에게 어떻게 큰일을 행하사 그를 불쌍히 여기셨는지 친족들에게 고하도록 명하셨다(5:19). 한글 개역 성경에는 "네 친족에게 고하라"고 되어 있지만 실상은

"네 친족에게 가서 전하라"가 더 정확한 번역이다. 본문의 '가서 전하라'는 말씀은 치유의 이적을 경험한 자에게 함구를 명하시던 이전 예수님의 태도(1:25, 44; 3:12; 5:43; 7:36; 8:26)와는 사뭇 다른 것이었다. 그것은 아마도 지금까지 함구를 명하셨던 곳이 불신앙이 팽배한 유대 지역으로 예수님을 유대 전통에 근거한 정치적인 메시아로 오해할 가능성이 있었고, 또한 예수님을 배척하는 자들이 이적을 전하는 자들에게 상해를 입힐 수 있었기 때문으로 보인다. 그러나 이곳은 이방 지역으로 그러한 염려가 없었기에 '가서 전하라'고 하셨을 것이다. 이것은 모든 민족에게 복음을 전파하라는 주님의 명령을 암시한다(13:10; 14:9).

"가서 전하라"는 말씀은 초대교회의 기독교인들을 향한 하나님의 지상 명령이었다(행 15:27; 막 16:15; 참고, 마 28:18).[1] 그러므로 거라사 광인을 향한 예수님의 명령은 핍박과 환난으로 두려움에 떨고 있는 로마 기독교인들과 현실에 안주하기를 원하는 오늘날의 모든 기독교인들을 향한 도전의 메시지이다. 실제로 주님께서는 치유된 자에게 '친족에게 고하라'고 명하셨지만 그는 친족의 울타리를 넘어 갈릴리 동편에 있는 데가볼리 지역에 속한 열 개의 헬라 도시 전체를 다니며 주님께서 행하신 이적을 전했다(5:20). 행 1:6에서 제자들은 회복된 이스라엘 속에 부활하신 예수님과 함께 머물면서 평안한 안주를 원하였다. 그러나 예수님은 그들의 잘못된 사고의 전환을 촉구하시면서 그들이 예루살렘의 한계를 벗어나 유대와 사마리아, 그리고 땅 끝으로 나아가 복음을 증거하게 될 것을 예고하셨다(행1:8).

데가볼리 지역 사람들은 복음을 전하는 사람이 귀신 들렸던 사람인 것을 알고 심히 놀랐다. 마가는 종종 예수님의 교훈과 이적에 대해 사람들이 놀라움으로 반응하였음을 말한다(1:22-27; 2:12; 5:43; 7:37; 9:15; 12:17).

그러나 이것은 사람들이 예수님의 신성을 이해하고 영접하였음을 묘사하고 있는 것이 아니다. 그들은 예수님의 교훈과 이적을 보면서 놀라기는 했지만 예수님을 하나님의 아들로 고백하고 경배하지는 않았다. 그리고 마가복음에서 이 "놀라움"은 믿음 없는 자들의 반응일 뿐이다. 예수님의 고향 사람들(6:1-6)과 빌라도(15:5, 44)도 예수님의 가르침을 들었으나 그저 놀라기만 할 뿐 그를 믿지 않았다. 예수님의 신분을 인식하는 데 실패한 믿음 없는 제자들 역시 예수님의 이적을 보고 믿음의 고백을 한 것이 아닌 '놀라움' 만을 표현하였다(6:51). 본문에서 마가는 예수님께서 행하신 이적의 진정한 의미를 깨닫지 못하고 있는 데가볼리 지역의 사람들의 영적인 무지를 묘사하고 있다. 특히 이들의 믿음 없는 행동은 4:35-41에서 보인 제자들의 믿음 없는 태도와 평행을 이룬다. 그리고 다음 단락들에서 보이는 여인들의 믿음과도 대조를 이룬다.

예수님의 명령 '가서 전하라' 는 치유받은 자와 제자들에게 주어졌을 뿐만 아니라 환난과 핍박으로 죽음이 두려워 다락방에 숨어 있는 초대교회 성도들에게도 주어졌다. 이 명령은 신앙을 저버리고 살았던 초대교회 성도들을 일깨워 두려움을 떨쳐버리고 담대히 세상으로 나아가 복음의 증인으로 살게 하였다. 지금 예수님께서는 우리에게도 동일하게 명령하고 계신다. 우리가 분명 하나님 나라의 자녀가 되었다면 누려야 할 복을 계산하며 안주하기보다는 예수님의 명령을 세상 가운데 실현하는 성도들이 되어야 할 것이다.

혈루증 앓는 여인의 치유(5:21-34)

다음에 이어지는 유대 지경(5:21-22)에서의 두 이적 사건은 또 다른 마가의 샌드위치 기법 가운데 하나이다. 마가는 야이로의 딸을 살린 이야기(21-24a, 35-43) 사이에 혈루증 여인의 치유 사건(24b-34)을 삽입하고 있다. 혈루증 여인을 치유하신 일을 야이로의 딸을 살린 사건 사이에 삽입한 것은 동시에 비슷한 두 사건을 비교하여 불신앙을 지적하고 영적인 지각知覺의 중요성과 믿음을 강조하기 위해서이다.

이 두 이야기들 사이에는 여인이 핵심 인물로 등장한다는 공통점이 있다(참고, 7:24-30). 그녀들 모두는 그 누구도 도울 수 없는 상태였다. 한 여인은 치유 불능의 질병을 갖고 있었고, 또 다른 어린 소녀는 시한부적인 질병으로 인해 죽음에 이르러 있었다. 그리고 두 이야기는 믿음의 필요를 강조하고 있다(5:34, 36). 혈루증을 앓고 있는 여인은 단지 예수님을 만지기만 하여도 질병이 치유될 수 있을 것이라고 믿었다. 그래서 여인은 믿음으로 예수님의 옷을 만졌던 것이다. 여인의 치유는 그녀가 예수님을 믿고 신뢰하였기 때문이지, 그의 옷가지를 만졌기 때문이 아니다. 또 다른 이야기 속에서 회당장은 예수님께 시한부 인생을 살고 있는 그의 딸을 만져 치유해 주시기를 요청하였다(5:23). 그러나 예수님은 그 딸을 치유하기에 앞서 그 아비에게 믿음을 요구하셨다(5:36). 마가복음에서 '믿음'은 중요한 주제로 예수님의 정체성에 대한 인식과 깊은 관련이 있다(4:40; 6:6; 10:52; 11:22-25). 예수님께서 놀라운 능력을 행하신 것은 그가 단지 선생 혹은 선지자 중에 하나임을 증거하기 위한 것이 아니라, 하나님 아들로서 자신의 신분을 계시하기 위함이었다. 그러므로 오늘날에도 믿음의 눈으로 예수님을 분명히 인식하는 자들은 신앙으로 반응하여 하나님의 아들을 신뢰하는 자들에게 주어지는 축복을 누리게 될 것이다. 그러나 예수님 고향 사람들처럼 예수님의 외형적 신분을 보고 배척하는 자들은 하나님 나라의 외인으로 머물게 될 것이다(6:1-6).

여인의 신앙적 행동

예수님 일행은 갈릴리 동편 거라사 땅에서 귀신 들린 사람을 치유하신 후에 갈릴리 호수를 건너서 갈릴리 서편(아마도 가버나움)으로 가셨다. 예수님의 일행이 배에서 내려 바닷가에 계실 때에(5:21) 회당장 야이로가 주님을 찾아왔다. 그는 예수님 앞에 와서 겸손하게 엎드리어 자기 딸이 죽게 되었으니 빨리 오셔서 그 위에 손을 얹어 살려달라고 요청했다(5:22-23). 야이로는 예수님께서 오시면 자기 딸이 나을 수 있다는 강한 믿음을 가지고 있었던 것이다. 그러나 야이로의 첫 번째 요구 뒤에 예수님은 군중들에게 둘러싸인다. 그 군중 속에서 어떤 도움도 받을 수 없었던 한 여인이 예수님의 능력을 신뢰하는 믿음을 가지고 예수님께 다가온다(5:25). 그녀는 12년 동안 여러 의원들을 찾아다니며 병을 치료하기 위해 노력했으나 고통은 멈추지 않았고 가지고 있던 재산도 다 허비하고 말았다. 그러나 병은 치료되기는커녕 전보다 더 악화되었다(5:26). 율법에 따르면 혈루증은 부정한 것으로 혈루증 환자는 다른 사람을 만질 수도 없었으며, 성전에 들어갈 수도 없었다(레 15:19-33). 그래서 그녀는 부정한 채 사회로부터 고립된 생활을 할 수밖에 없었다. 이런 상황 가운데 혈루병자가 다른 사람의 옷을 만지지 못하는 금지 사항을 깨고 담대히 예수님의 옷가지를 만진 것은 그녀의 놀라운 믿음을 증거한다(5:28). 본문에서 그 여인은 예수님의 신적인 능력을 직접 본 것이 아니라 소문만 들었다 (5:27). 그럼에도 불구하고 직접 목격한 제자들보다 큰 믿음으로 예수님께 나아갔다.

그녀는 예수님의 옷가지에 손을 대는 순간 자신의 질병이 치유되었음을 알았다(5:29). 예수님도 그 순간 자신의 몸에서 치유의 능력이 나갔다는 것을 아셨으며 뒤를 돌아보시고 "누가 내 몸에 손을 대었느냐?"고 말씀하시며 사건을 의도적으로 공개하셨다(5:30). 이것은 그 여인이 가지고 있는 위대한 믿음을 끌어내어 영적으로 무지한 제자들과 주변 사람들을 일깨우기 위한 시작이었다. 예수님께서는 자신을 따르고 있는 자들에게 하나님의 아들인 자신의 신분에 대한 분명한 이해와 신뢰를 요구하셨던 것이다. 그런데 제자들은 그런 예수님의 뜻을 알지 못하고 "이렇게 많은 사람들이 따라가고 있는데 누가 주님의 옷에 손을 대었는지 어떻게 알겠느냐?"고 대답한다(5:31). 옷에 손이 닿은 것을 우연으로 돌리며 빨리 회당장의 딸을 치료하기 위해 가도록 재촉하는 제자들은 예수님의 의도를 전혀 깨닫지 못하고 있다. 마가는 여기서 의도적으로 제자들의 태도를 언급하면서 풍랑 속에서 보인 그들의 영적인 무지를 다시 한 번 고발한다(4:35-41).

혈루병을 고침받은 여인은 두려워하며 예수님 앞으로 나아가서 자신이 병의 회복을 위해 예수님의 옷자락 만졌다고 고백하였다(5:33). 그러자 예수님은 그녀에게 "딸아 네 믿음이 너를 구원하였으니 평안히 가라"(5:34)고 응답하셨다. 제자들은 외형적으로 벌어지는 현상에 집착하여 여인을 평가하였지만, 예수님께서는 그녀의 내면에 숨겨진 믿음을 보시고 그 불쌍한 여인을 평가하셨다. 이 여인의 믿음은 영적으로 무지한 가운데 예수님을 따르고 있는 제자들(4:35-41)과 두려움과 놀라움으로 반응한 데가볼리 사람들(5:1-20)의 불신앙과도 대조를 이룬다.

예수님의 참된 제자의 필수조건은 그분에 대한 명확한 이해와 신뢰이다. 예수님을 신뢰하는 자들은 그분이 무엇을 요구하든지 그 일을 기쁨으로 수행할 수 있다. 예수님께서는 우리들에게 하나님 나라를 위해 세상에서 추구하고 싶은 욕망을 버리고 우리에게 주어진 고난의 십자가를 지고 따를 것을 요구하신다. 그러나 그분의 의도를 명확하게 이해하지 못할 때 우리는 우리 자신의 의지대로 삶의 방향을 결정하고 그것이 하나님 나라를 위한 것인 양 살아가게 된다. 예수님께서는 우리에게 혈루병을 고침받음 여인처럼 분명하고 확실한 믿음으로 예수님을 신뢰하고 끝까지 함께 가기를 원하신다.

죽은 야이로의 딸을 살리심(5:35-43)

5:35-43에서 야이로 딸을 살리신 이야기가 다시 시작된다. 예수님이 혈루증 여인을 치유하시기 위해서 잠시 지체하는 사이에 회당장의 딸은 죽고 말았다. 그러므로 회당장의 집에서는 사람을 보내어 딸이 죽었기 때문에 예수님이 그곳에 오실 필요가 없다고 전했다(5:35). 회당장의 집에서 온 사환들의 전갈을 듣고 회당장은 슬픔과 걱정에 사로 잡혔을 것이다. 이에 예수님은 그 말을 듣고 나서 야이로에게 이렇게 말씀하셨다. "두려워하지 말고 믿기만 하라"(5:36). 여기서 '믿기만 해라'(모논 피스튜에, μονον πιστευε)는 현재 명령형으로 사용되어 '흔들리지 말고 5:23에서 내게 가졌던 믿음을 지금 이 순간에도 그대로 유지하라'는 의미이다. 두려움은 믿음 없음의 증거이나, 믿음은 두려움을 물리치고 하나님의 능력을 가져온다.[2]

풍랑을 잔잔케 하시는 이적 이야기 속에서 믿음은 두려움과 대조를 이룬다(4:40). 성경의 기적 이야기들은 믿음을 핵심 주제로 소개하고 있다(2:5; 4:40; 5:34, 36; 10:52; 참고, 9:23; 11:20). 헬라문헌에 나타나는 기적 이야기들과 대조적으로, 성경의 기적 이야기들 속 믿음은 이야기의 끝이 아닌 서두에 자리잡고 있다. 이것은 기적이 그것을 경험한 모든 사람들에게 믿음을 유발하게 하는 것이 아니라 믿음이 예수님의 이적의 손길을 체험하게 만든다는 진리를 전달하고 있다(참고, 8:11-12; 15:32).

예수님과 제자들이 집에 도착했을 때 이미 회당장의 집에서는 사람들의 울음 소리가 들렸다. 유대인들은 장례식 때에 전문적으로 애곡하는 사람들을 불러 슬픈 노래를 부르게 하였다(5:38). 그러나 예수님께서는 그 아이가 죽은 것이 아니라 잠을 잔다고 말씀하셨다(5:39). 그는 나사로가 죽었을 때에도 동일한 표현을 사용하셨다(요 11:11). 나사로는 분명히 죽은 지 사흘이나 지나 썩은 냄새가 나고 있었으나 예수님께서는 그가 잔다고 말씀하셨다(요 11:39). 이렇게 죽은 사람을 잔다고 묘사하는 성경의 표현은 여러 곳에서 찾을 수 있다(신 31:16; 행 7:60; 고전 15:18; 살전 4:13).[3] 예수님을 믿고 예수님의 재림과 함께 부활하여 하나님 나라에 들어갈 사람들도 죽었으나 자고 있는 것이다(고전 15:51). 하나님의 관점에서 죽음은 끝이 아니고 부활로 완성될 새로운 세상의 시작이다(참고, 12:27). 그러나 불신앙을 가진 곡하는 자들은 아이가 잔다는 예수님의 표현을 조롱하며 비웃었다(5:40).

마가의 아람어 사용 기법

예수님께서는 애곡하는 사람들을 모두 내보내신 후에 소녀의 부모와 세 제자들(베드로, 야고보, 요한)을 데리고 방으로 들어가셨다(5:40). 주님은 그 소녀의 손을 붙잡고 아람어로 "달리다굼" 하고 외치셨다(5:41). 마가는 헬라 문화권의 독자들을 위하여 "소녀야 내가 네게 말하노니 일어나라!"는 말로 번역하였다. 1세기 지중해 연안의 마술사들은 사람들의 병을 고치기 위해 외국어를 주문으로 사용하는 경향이 있었다. 그러면 예수님은 소녀의 병을 치유하기 위해 마술적 주문을 외치신 것인가? 누가는 "아이야 일어나라"는 번역문만 기록하였으나(눅 8:54), 마가는 이야기의 생동감을 더하기 위해 예수님이 하셨던 말씀을 아람어 그대로 기록하고 있다(당시 공용어는 아람어였다). 마가복음에서는 이런 아람어적인 표현이 수사적 기법으로 종종 사용되고 있다(3:17; 7:11, 34; 11:9-10; 14:36; 15:22, 34). 귀먹고 어눌한 자를 고치는 이야기 속에서도 아람어 "에바다"를 사용하였다(7:34).[4] 마가는 아람어적 표현에서는 생략된 "내가 너에게 말하노니"(소이 레고, σοι λεγω)를 덧붙여 번역함으로써 예수님께서는 주문을 외우신 것이 아니라 하나님으로서 명령하고 계심을 나타내고 있다.

예수님께서 행하신 이 이적은 구약의 엘리야와 엘리사의 행적들을 연상시킨다(왕상 17:17-23; 왕하 4:18-37). 엘리야와 엘리사는 죽은 아이를 다른 사람들로부터 취하여 독립된 장소로 데리고 가서 아이를 위해 기도하였다. 이와 같이 예수님께서도 사람들로부터 그 소녀를 격리시키고 부모와 세 명의 제자들만 데리고 들어가서 소녀에게 즉시 일어날 것을 명령하셨다. 이런 공통 분모들 때문에 6:15에서 사람들은 예수님을 엘리야 혹은 선지자 중에 하나로 오해하였다. 그러나 엘리야와 엘리사가 죽은 아이의 회복을 위해 기도하였던 것과는 달리 예수님은 기도 대신에 직접 명령하셨다. 그러므로 예수님은 단지 선지자 중에 하나가 아니라 하나님 그 자신임을 보이셨던 것이다.

예수님의 부활과 소녀의 소생

예수님의 명령과 함께 그 아이는 즉시 일어나 걸었다(5:42). 마가는 초대교회가 이미 예수님의 부활을 표현하기 위해 사용하였던 동사 "에게이레"(εγειρε)를 야이로 딸의 소생을 설명하기 위해 사용하였다(5:41-42).[5] 예수님께서는 자신이 죽음으로부터 일어나실 것처럼 소녀에게도 죽음으로부터 "일어나라"고 명하셨다(16:6). 그리고 예수님께서 사흘 뒤에 죽음으로부터 일어나실 것처럼 그 소녀도 즉시 일어났다(참고, 8:31; 9:31; 10:34).

예수님께서 소녀를 죽음으로부터 일으키신 능력은 하나님께서 예수님을 죽음에서 일으키신 종말론적인 능력과 동일하다. 예수님의 부활은 죽음과 두려움에 대한 승리이며 인간에게 영원한 생명을 가져오게 한다. 이런 큰 이적을 목격하고도 제자들은 예수님께서 하나님의 아들이심을 깨닫지 못하고 후에 바다에서 또 한번 믿음 없는 태도를 드러낸다(6:45-52). 예수님의 진실된 제자는 외형적으로 예수님을 따르는 자가 아니라 그분의 신분을 자각하고 신뢰하며 그의 말씀에 순종과 섬김으로 나아가는 자이다.

이를 지켜보던 소녀의 부모와 세 제자들은 크게 놀랐다. 예수님께서는 놀라고 있는 제자들과 아이의 부모에게 함구할 것을 명령하셨다(5:43). 그가 이처럼 함구를 명하신 것은 영적으로 무지한 제자들을 통해 당신의 신분이 정치적 메시아로 잘못 이해되는 것을 원치 않으셨고 십자가의 죽음을 통해 올바르게 밝혀지기를 원하셨기 때문이었다(15:39). 볼 수 있는 영적인 눈을 가진 자들은 예수님께서 하나님의 아들이심을 깨달을 수 있을 것이고, 그들에게는 하나님 나라의 축복이 주어질 것이다(혈루증 앓은 여인). 그러나 제자들은 예수님의 이적을 보고 놀라고 또 놀랐지만 영적 소경인 그들은 예수님을 하나님의 아들로 인식하지는 못했다. 잘못된 인식과 오해는 잘못된 신앙과 행동을 유발하게 된다는 것을 보여준다(참고, 6:50-52; 8:14-21).

3부

배척 당하시는 예수님

제 6 장 | 복음 선포와 불신앙적 배척

제 7 장 | 바리새인의 외식과 이방 여인의 믿음

제 8 장 | 제자들의 영적인 무지와 오해

제 9 장 | 제자들의 불신앙과 무능력

제 10 장 | 외형적 제자와 참된 제자의 삶

take up his cross and follow me

제 6 장 복음 선포와 불신앙적 배척

고향 마을 사람들의 불신앙(6:1-6)

예수님의 첫 번째 갈릴리 사역이 종교 지도자들의 배척으로 끝난 것처럼(3:5-6), 그의 두 번째 갈릴리 사역 역시 고향 사람들의 배척으로 끝난다(6:1-6).[1] 이와 같은 문학적 구조를 통한 마가의 의도는 종교 지도자들의 배척과 나사렛 사람들의 배척이 동일한 성격의 불신앙적 태도임을 증거한다. 본문은 도입 구절(6:1)을 제외하고 크게 두 단락으로 구분될 수 있다. 첫 번째 단락(6:2-3)은 고향 사람들의 불신앙적인 반응을 나타내며, 그들에 대한 마가의 설명 - "예수를 배척한지라"- 과 함께 마무리된다. 두 번째 단락(6:4-6)은 불신앙으로 인해 야기된 결과를 묘사하고 있다. 여기서 예수님께서는 아무 권능도 행하시지 않고 단지 소수의 병인만을 고치셨을 뿐이다. 이 단락 역시 마가의 설명- "저희의 믿지 않음을 이상히 여겼더라"- 과 함께 끝을 맺는다.

일반적으로 세상에서 명성을 날리고 고향에 돌아오면 고향 사람들은 그를 환영하고 환대한다. 예수님의 고향 사람들은 이미 예수님에 대한 소문을 들어 예수님께서 무슨 일을 행하셨는지 알고 있었다. 그러므로 예수님이 고향에 귀환하셨을 때 그곳 사람들은 예수님을 환영하고 하나님의 아들이신 그분을 경배하는 것이 당연했다. 그러나 예수님의 고향 사람들은 예수님의 초라한 직업과 배경을 알고 있었기에 그를 하나님의 아들로 받아들이지 못했다.

본문은 예수님께서 한 장소를 떠나 다른 곳, 즉 자신의 고향에 들어가시는 것을 말하면서 시작한다(6:1). 마가는 "거기를 떠나"라는 표현을 통해 본문과 이전 단락(5:35-43)을 연결하고 있다. 5:40에서 죽은 자를 잔다고 표현했던 것을 비웃는 애곡꾼들의 불신앙적인 태도에 예수님은 강력하게 반응하셨다. 그는 비웃고 있는 자들을 거기서 내쫓으셨다. 여기서 사용되는 "내어쫓다"(에크발론, εκβαλων)라는 단어는 마가복음에서 귀신들을 축출할 때 사용하는 동사이다(1:34, 39, 43; 3:15; 참조, 11:15).[2] 이것은 불신앙에 대한 예수님의 철저한 배격을 나타내며, 불신앙을 추방하는 것이 사탄의 나라를 공격하는 중요한 요소임을 암시한다. 이와 같은 불신앙적 태도는 나사렛 마을 사람들에게서 반복적으로 나타난다(6:1-6).

출신지에 대한 사회 과학적 이해

6:1에 표현된 "고향"fatherland은 예수님의 가족들이 살았던 나사렛과 그 주변 지역을 의미한다. 마가는 6:1에서 단순하게 고향만을 이야기하는 것이 아니라 당시 예수님에 대한 사회적 평가가 어떠하였는지를 암시하고 있다.[3] 1세기 지중해 연안의 사회에서 출신지와 집안은 그 사람의 사회적 신분을 결정하였다. 그래서 한 사람을 분명하게 이해하기 위해서는 그의 출생지, 집안, 뿌리를 아는 것이 필요하였다. 별 볼일 없는 지역과 집안 출신의 사람은 그 사회에서 중요한 위치와 역할을 차지할 수 없

었다. 예를 들어 요 1:46의 나다나엘의 질문 "나사렛에서 무슨 선한 것이 날 수 있느냐?"는 그의 출신지 때문에 사람들은 예수님을 평가절하平價切下하고 그를 하나님의 아들로 믿지 않았음을 보여준다. 당시 사람들은 출신지와 성장한 곳에 따라 그 사람을 평가하였기에 바울은 복음 전파의 효과와 정당성을 높이기 위해 유대인으로 길리기아 다소에서 출생하였고 예루살렘에서 성장하였다고 자신을 소개하였다(행 21:39). 길리기아의 다소는 사회적으로 부유층과 지식층이 살던 곳이었고, 예루살렘은 유대의 핵심 지역으로 성전이 있던 성스러운 지역이었다.

예수님에 대한 나사렛 사람들의 배척

6:1에서 예수님의 제자들이 언급은 되지만 본문의 사건에 직접 관계하고 있지는 않다. 그러나 마가는 "제자들"을 언급함으로써 예수님에 대한 나사렛 사람들의 배척이 6:7-13의 복음을 전하는 제자들에게 닥칠 배척과 연결시키고 있다. 제자들은 예수님에 대한 고향 사람들의 배척을 보면서 그들 역시도 배척받을 가능성에 대해 이해하고, 어떻게 대처할 것인가를 생각해야 했다.

예수님이 관습대로 안식일에 회당에 가셔서 가르치실 때, 마을 사람들의 반응은 회의적이었다. 6:2-3은 예수님에 대한 배척을 암시하는 바 고향 사람들의 다섯 개의 연속적인 질문들이 쓰여 있다.[4]

"이 사람이 어디서 이런 것을 얻었느뇨?"

"이 사람이 받은 지혜가 어찌됨이뇨?"

"그의 손으로 이루어지는 이런 권능이 어찌됨이뇨?"

"이 사람이 마리아의 아들 목수가 아니냐? 야고보와 요셉과 유다와 시몬의 형제가 아니냐?"

"그 누이들이 우리와 함께 여기 있지 아니하냐?"

처음 세 개의 질문은 예수님의 기이한 행동을 다루고 있고, 네 번째 질문은 예수님의 직업과 가족의 배경을 다루고 있으며, 마지막 다섯 번째는 예수님의 또 다른 가족 배경을 다루고 있다. 처음 세 개의 질문은 예수님의 권위의 근원이 어디인지 깨닫지 못하는 고향 사람들을 묘사하고 있으며, 다른 두 개의 질문은 예수님이 주재主宰하시는 새로운 가족의 개념과 의미(3:31-35)를 깨닫지 못하는 모습을 묘사하고 있다.

마가복음 내에 장소적 배경인 회당은 배척과 불신앙적 행동이 유발되는 장소이다. 갈릴리 지역 초기에 예수님께서는 회당에서 가르치시고 이적을 행하셨지만 무리들은 신앙이 아닌 놀라움으로 반응하였다(1:21-28). 예수님께서는 지속적으로 회당에서 복음을 선포하시고 병자들을 치유하셨지만 종교 지도자들이 보인 반응은 예수님을 향한 배척이었다(2:1-3:6). 예수님께서 안식일에 회당에서 손 마른 자를 고치시는 것을 보고 종교 지도자들은 예수님을 죽이기 위한 음모를 꾸몄다(3:1-6). 그리고 지금 예수님께서는 탁월한 가르침에도 불구하고 회당에서 그의 고향 사람들에게 배척을 받으신다(6:1-6). 예수님을 자신들과 같은 동류同類로 이해한 마을 사람들은 가르침과 이적 가운데 드러난 그의 신적인 계시를 믿지 않았다. 회당은 또한 서기관들이 위선을 드러내는 장소였으며(12:39) 사람들이 예수님의 제자들을 공회에 넘겨주고 매질하는 장소였다(13:9).

지혜와 권능에 대한 배척

특히 6:2에서 고향 사람들은 예수님의 교훈과 이적을 보고 매우 놀라서 이렇게 말했다. "이 사람이 어디서 이런 것을 얻었느뇨? 이 사람이 받은 지혜Wisdom와 그 손으로 이루어지는 이런 권능Power이 어찌된 일인가?" 그들은 예수님이 이러한 놀라운 교훈과 권능을 어디에서 얻었는지 이해할 수 없었다. 왜냐하면 그들은 어려서부터 예수님의 가족에 대해 누구보다도 잘 알고 있었기 때문이었다. 3:22에 서기관들처럼 그 마을 사람들은 예수님의 교훈과 권능에는 놀랐지만 거기에 내포된 예수님의 신적인 능력을 인정하지는 않았다.

6:2에서 예수님이 보이신 "지혜와 권능"은 사 11:2의 다윗적인 메시아를 묘사하는 용어들과 같다. 여기서 지혜와 권능을 소유한 메시아는 이스라엘 백성을 구원하고 적들을 파괴하는 자였다.[5] 이 사실은 마을 사람들이 예수님의 행위 속에서 그런 메시아적인 모습을 발견했다는 것이다. 그러나 그들의 생각에 메시아적인 지혜와 권능은 예수님의 초라한 가정적 배경과 직업에는 전혀 어울리지 않았다. 그러므로 그들은 예수님을 메시아로 받아들이기를 거부하였다.

불신앙의 원인: 고정관념

고향 사람들은 아직도 그의 모친과 형제, 자매들이 자신들과 함께 살고 있는 고향 젊은이로만 받아들였다. 그 고향 사람들은 "예수님이 마리아의 아들로서 목수였다는 것"을 잘 알고 있었다(6:3). 1세기 유대 사회에서 종교 지도자 계급은 율법 연구에 그의 모든 것을 헌신한다는 이유로 사회로부터 존경받는 그룹이었다. 그러나 수공업자들은 지혜로운 자가 되기 위해 땀을 흘려 열심을 내야 하는 그룹이었다. 수공업자들은 결코 재판하는 자리에 오를 수 없었고 평생 밤낮으로 일만 해야 했다. 그러므로 고향 사람들이 예수님의 직업을 들먹이고 있는 것은 그를 경멸하는 행동이었다. 그들은 목수인 예수님이 신적인 행동을 수행한다는 것을 결코 믿으려 하지 않았다.

그리고 본문에서 아버지 요셉 대신에 마리아가 언급된 것은 아마도 그가 일찍 죽었기 때문일 것이다. 그러나 6:3은 좀더 중요하다. 사실 부친의 이름 대신 모친의 이름을 부르면서 자녀를 명명하는 것은 당시의 풍습에 위배되는 행위였다. 유대 사람들은 자녀를 부를 때에 '부친 누구의 자녀'로 부르는 것이 일반적인 관습이었다.[6] 그러므로 만일 본문과 같이 '모친의 이름'을 명명하면서 그녀의 자녀라고 부른 것은 예수님을 과부의 아들로 천시하려는 고향 사람들의 의도라고 볼 수 있다. 그들은 예수님을 모욕하기 위해 의도적으로 그의 아버지 이름 대신 모친의 이름을 언급하였다. 그러나 역설적인 의도에서 마가는 마태와 달리 고향 사람들의 말을 이용하여 예수님의 특별한 동정녀 탄생을 강조하려 했는지도 모른다(참고, 마 13:55).

마을에는 예수님의 형제인 야고보와 유다, 요셉과 시몬, 그리고 그의 자매들이 함께 살고 있었다(6:3). 예수님의 형제와 자매(참고, 3:31-35)는 예수님 뒤에 마리아와 요셉 사이에서 태어난 자녀들임에 틀림없다. 마을 사람들이 예수님의 형제들을 언급한 것은 그들이 별 볼일 없는 작은 동네 나사렛에 지금도 살고 있고 예수님도 그들 가운데 하나라는 사실을 밝히기 위해서였다. 그들은 천한 직업과 함께 나사렛에서 선한 것이 날 수 없다는 고정관념에 사로잡혀 예수님의 실체를 깨닫는 데 실패하였던 것이다(참고, 요 1:46).

6:3은 예수님에 대한 나사렛 사람들의 철저한 배척을 설명하고 있다. 여기서 "배척"이란 단어는 그들이 예수님의 말씀을 거절하고 그를 그곳에서 쫓아내었으며, 그를 유대 공동체에서 단절시켜버렸음을 나타낸다. 마을 사람들은 그들에게 잘 알려진 예수님의 비천한 직업과 집안 배경

때문에 예수님의 교훈과 이적에서 보인 그의 신성을 거부하였다. 그러기에 그들은 예수님께서 가져오신 종말론적인 신적 능력을 경험할 수 없었다.

배척에 대한 예수님의 격언

예수님께서 나사렛 사람들에게 하실 수 있는 말씀은 격언적인 말씀뿐이었다. "위대한 사람은 자기 고향과 집에서 환대받지 못한다"(6:4). 마가복음에서는 이 격언을 환대받지 못하는 선지자들에게 적용하고 있다. 예수님의 가르침과 이적은 하나님의 능력과 하나님 나라의 도래를 선포하는 선지자적 메시지였다(참고, 1:14-15). 그러므로 이 메시지를 받는 자들은 그를 신뢰하고 죄를 회개했다. 그러나 고향 사람들은 하나님의 아들로서의 예수님의 신분과 메시지를 거부하였기에 예수님은 예전에 선지자가 대접받지 못하고 배척받은 것처럼 자신도 배척받고 있음을 말씀하신 것이다(참고, 대하 24:19; 36:15-16; 느 9:26). 예수님을 가장 잘 이해할 수 있었던 육체적 가족들의 배척은 3:31-35에서 예수님 주변에 머물러 있던 그의 신앙적 가족들과 대조를 이룬다. 그리고 예수님께서는 자신의 '가족'을 육체적 혈연관계로 맺어진 그들이 아닌 하나님의 복음을 믿고 죄를 회개하는 자들로 새롭게 정의하셨다.

고향 사람들은 그의 교훈과 행동에 놀랐지만 그를 하나님의 아들로 인정하지는 않았다. 그래서 예수님은 거기서 몇 명의 병자를 고치는 일을 제외하고는 아무 권능도 행하실 수 없었다(6:5). 이는 예수님이 능력이 없어서가 아니라 마을 사람들의 불신앙적 태도 때문에 능력을 행하지 않기로 결심하신 것이었다(참고, 마 13:58). 실제로 믿음이 없는 곳에서는 이적이 일어날 수 없다. 또한 믿음이 없는 사람들은 이적을 보기는 하지만 예수님께서 하나님의 아들이심을 깨닫지 못한다. 그러나 6:5은 부정적인 면과 긍정적인 면 모두를 제시하고 있다. 6:5은 예수님에 대한 고향 사람들의 불신앙을 지적하면서 그 배척 가운데서도 믿음을 갖고 예수님께 나오는 자들은 치유받았음을 나타내고 있다.

예수님께서는 고향 사람들의 믿지 않음을 이상히 여기셨다(6:6). 공관복음에서 동사 "이상히 여기셨다"는 본 절과 더불어 백부장의 믿음을 칭찬하는 분문에서 사용된다(마 8:10; 눅 7:9). 예수님은 이방인 백부장의 믿음을 보시고, 아울러 고향 사람들의 불신앙을 보시고 자신에 대한 인간들의 상반적 반응에서 이상히 여기시는 심정을 가지셨다. 마땅히 믿음을 가지고 반응해야 할 사람들은 믿지 않고 예수님을 배척하였으며, 복음을 접하기 어려운 환경에 있던 이방인은 오히려 믿음을 갖고 예수님께 나아왔던 것이다.

마가는 이 사건을 통해 그의 독자들에게 불신앙의 모습을 버리고 믿음을 갖고 예수님께 나아온 소수의 고향 사람들처럼 신앙으로 반응하며 살아가기를 촉구한다. 고향 사람들은 3:5에 바리새인들처럼 마음이 완악하고 눈이 가리우고 귀가 막혀 예수님의 영적인 실체를 보지도 깨닫지도 못했다. 이에 예수님은 영적으로 무지한 나사렛 사람들의 불신앙적 태도를 지적하시면서, 그와 동행하고 있는(6:1) 제자들에게는 영적인 지각을 갖고 예수님 자신에 대해 이해하기를 촉구하셨다. 그러나 이 사건이 담고 있는 이런 경고의 메시지를 깨닫지 못한 제자들은 6:45-52에서 다시 한 번 믿음 없는 그들의 실체를 드러내고 만다. 진정한 제자도의 본질은 의식 없이 예수님의 뒤를 따르는 것이 아니라 예수님의 본질에 대한 분명한 영적인 지각과 더불어 헌신과 순종으로 나아가는 것이다.

열두 제자의 사역(6:7-13)

본문에서 마가는 또 다시 샌드위치 기법을 사용하고 있다. 마가는 열두 제자의 파송(7-13)과 그들의 보고 사건(6:30)의 기록 사이에 세례 요한의 죽음(6:14-29)을 삽입하고 있다. 독자들은 이미 1:14에서 세례 요한의 운명과 예수님이 앞으로 맞이할 운명의 동일성을 인지하였다. 마가는 이 샌드위치 기법을 통해 복음을 선포할 제자들 역시도 세례 요한 그리고 예수님의 운명과 동일한 운명을 맞게 될 것을 예고하고 있다(13:9).

본문이 나사렛 사람들의 배척을 다루는 단락 뒤에 따라오는 것은 우연이 아니라 마가의 문학적이며 신학적인 의도이다. 본문에서 예수님은 복음을 전파하러 내보내시기 전에 제자들에게 그들이 수행할 임무에 대해 가르치셨다. 그리고 바로 이어서 예수님은 그들이 행한 일로 인해 배척당하고 그들의 메시지가 사람들에 의해 거부 당할 것을 예고하셨다(6:11). 그리고 그는 제자들에게 그런 불신앙적 사람들을 향해 심판을 암시한 상징적 행동으로 발 아래 먼지를 털어버리고 그곳을 떠날 것을 말씀하셨다. 예수님께서 6:1-6에서 고향 사람들로부터 배척받으신 것처럼, 그리고 세례 요한이 복음을 전파하다가 배척받은 것처럼, 제자들 역시도 복음을 전파하다가 배척을 받게 될 것이다(참고, 13:9-11). 그러나 제자들과 그들의 메시지를 배척하는 자들은 하나님의 심판을 피할 수 없다(참고, 11-13장). 우리는 좋은 열매를 기대하며 복음의 씨를 뿌리지만, 실상 우리가 당하는 대부분의 일들은 배척이다. 그러나 그것을 두려워할 필요가 없는 것은 세상이 예수님을 배척하였다면 우리를 배척하는 것 역시 당연한 일이기 때문이다.

이제 나사렛 사람들의 불신앙적 태도를 뒤로하고 예수님은 열두 제자들을 부르시어 귀신을 제어하는 권세를 주시고 둘씩 보내시며 복음 선포를 명하셨다(6:7). 예수님께서 이렇게 두 명씩 짝을 지어 보내신 것은 유대인의 관습을 따른 것이다. 이것은 복음을 전파할 때 위험한 상황에서 서로에게 도움을 주며, 용기를 북돋아주는 한편 듣는 자들에게도 역시 두 명이 한 명보다 신뢰성을 주기 때문이다. 그러나 무엇보다도 유대 사회에서 어떤 메시지가 진리임을 밝히기 위해서는 두 명 이상의 증인이 요구되기 때문이었다(요 8:17; 참고, 신 17:6; 19:5). 하나님 나라의 복음 선포는 한 사람에 의해서는 공개적으로 인정받을 수 없다. 그러므로 그들이 전하는 메시지의 진실성을 증명하기 위해서는 두 명 이상이 선포해야 했던 것이다.

한편 제자들을 보내기에 앞서 예수님은 귀신을 제어하는 권세와 아울러 구체적인 전도의 방법과 태도를 교훈하셨다(6:7-8). 3:14-15에서 예수님은 자기와 함께하면서 복음을 선포하고 귀신을 내쫓게 하기 위해 열두 명의 제자를 세우셨다. 그럼에도 그때에는 그들이 아직 그 일들을 수행하지 않았다. 그러나 이제 그들에게 일을 수행할 순간이 시작되었다.

선교 여행을 위한 예수님의 가르침은 우리에게 약간 이상하게 들릴지도 모른다. 제자들은 가능한 아무것도 가지지 말고 떠나야 했다(6:8-9). 그들에게 허락된 것은 오직 신과 지팡이뿐이었다. 마 10:10에서는 이 두 가지마저 허락되지 않는다. 제자들이 떠나는 선교 지역은 가까이에 있는 작은 마을이었기에 어떤 복잡한 장비가 필요 없었을 것이다. 또 당시에 사람들로부터 무엇이든 얻기 위해 여행 장비를 갖추고 순례자인 체하는 거짓 선지자들이 있었기 때문에 그들처럼 보이지 않기 위해 복잡한 여행 장비를 피했을 것이다.

신新 출애굽 사역을 위한 제자들

6:8-9과 출애굽 기사 사이에는 일치하는 부분들이 있다.[7] 마가복음의 제자들이 그들을 위해 양식을 준비할 필요가 없었던 것처럼 광야의 이스라엘 백성들 역시 아무것도 준비할 필요가 없었다. 왜냐하면 하나님께서 하늘로부터 만나와 메추라기를 그들에게 내려주셨기 때문이었다(출 16장). 또한 제자들이 옷 한 벌만 입고 떠난 것처럼, 광야에서 배회하던 이스라엘 역시 여벌의 옷이 필요하지 않았다. 왜냐하면 하나님께서 초자연적으로 그들의 의복이 해어지지 않도록 지켜주셨기 때문이다(신 8:4). 게다가 6:8-9이 말하고 있는 세 가지 요소들이(신발, 음식, 옷) 신 29:5-6에서 언급되고 있으며, 특히 신발은 출 12:11에 유월절 준비를 위한 교훈 부분에서도 언급되었다. 그리고 네 번째 요소인 지팡이는 모세와 아론의 이적 지팡이를 연상시킨다(출 4, 7-8장). 이것은 예수님에 의해 시작된 영적인 새로운 출애굽 사역에 제자들이 참여하게 되었음을 암시한다. 이제는 그 사역에 동참하는 제자들은 자신들을 위해 무엇을 준비해야 할 것인가에 대해 염려할 필요가 없다. 왜냐하면 하나님께서 이스라엘에게 필요한 것을 제공해주시며 그들을 인도하신 것처럼 예수님께서도 그들을 보호하시고 인도하실 것이기 때문이다.

우리가 예수님의 새 출애굽 사역에 동참하기를 요청받았을 때 우리는 무엇을 준비해야 할 것인가를 염려하며 근심하기보다는 우리를 부르신 이의 뜻이 무엇인지 먼저 구해야 할 것이다.

복음 선포에 대한 배척과 심판

예수님께서는 제자들을 보내시면서 복음을 전할 때에 그들을 영접하는 자와 거절하는 자에게 어떻게 반응해야 하는지에 대해서 자세하게 가르쳐주셨다. 만일 어느 집안 사람들이 그들을 영접하면 제자들은 그곳에서 복음을 전하면서 떠날 때까지 머물러야 했다(6:10). 예수님은 복음 전도를 위한 전초 기지로 공공장소(회당)가 아닌 집을 선택하도록 명령하셨다. 그러나 만일 어느 곳이든지 제자들을 영접하지 않고 그들이 전하는 복음을 거부하면, 제자들은 그곳을 떠날 때에 발에 묻은 먼지를 털어버려 저희에게 증거를 삼았다(6:11). 여기서 제자들이 만날 배척은 단지 공손한 정도의 거절이 아니라 강력한 핍박과 심지어 죽임 당함까지 내포하고 있다(참고, 13:9-13). 그 배척자들은 길가와 같이 마음이 완악하여 그 어떤 열매도 맺지 못하는 자들이다. 유대인들은 이방 지역을 여행하고 본국에 돌아올 때는 그 발의 먼지를 털어버림으로써 부정한 이방인에게 임한 하나님의 저주와 심판을 털어 버린다고 생각했다. 본문에서 제자들의 행동은 복음을 영접하지 않은 자들에게 임할 하나님의 심판의 표시로 행하여졌다. 그 마을 사람들이 하나님의 복음을 배척한 것처럼, 하나님 역시 그들을 배척하실 것이다. 이것은 실제로 하나님의 메시지를 거부하면서 이방인들처럼 행동하였던 예수님의 고향 사람들(6:1-6)과 유대인들에 대한 경고라 할 수 있다(행 13:51).

제자들은 주님의 명령을 따라 '회개하라는 말씀을 전파하고 많은 귀신을 쫓아내며 병인에게 기름을 발라 고치는 사역' 을 하였다(6:12-13). 고대 팔레스타인 지역에서는 올리브 기름을 의약으로 사용하였다. 특히 상처와 염증에 주로 사용되었다(참고, 눅 10:34). 그러나 초대교회에서 그것은 일반적인 의약이라기보다 하나님의 치유를 나타내는 상징적 의미로 기도와 함께 바르는 일이 행해지기도 하였다(약 5:14). 이렇게 제자들은 회개의 메시지를 선포했던 세례 요한과 예수님처럼 동일선상에서 임무를 수행하고 있었다(1:4-8, 14-15). 예수님께서 제자를 파송하신 것은 복음 전파와 마귀의 세력을 제압함으로써 하나님 나라의 확장을 도모하려는 일차적 목적 외에 예수님 승천 이후, 사람 낚는 어부로서의 사명을 감당하도록 하기 위해서 제자들을 훈련시키려는 또 다른 목적이 있었다.

4단계 제자훈련

복음서를 통해 우리는 예수님의 4단계 제자훈련 방법을 살펴볼 수 있다. 제자훈련을 위해 제일 먼저 행해야 할 것은 사람 낚는 어부의 자질이 있는 사람들을 불러모으는 것이다(참고, 1:16-19). 분명 제자훈련은 제자가 선생과 훈련을 선택하는 것이 아니라 선생이 제자를 선택해야 한다(요 15:16). 이 단계에서 선생 혹은 리더는 강력한 카리스마로 그들을 이끌어야 한다. 초보 단계는 타협과 설명이 아니라 비전을 제시하고 제자들이 따라오도록 인도해야 한다(개척교회 혹은 전시상황). 그 다음 단계는 판매원이 상품을 소개하듯이 하나님 나라의 원리와 행동지침을 제자들과 동고동락하면서 가르침과 삶으로 제시하는 것이다(3:14). 이 단계에서 리더는 가르침과 설명을 통해 그들을 원리에 빠져들도록 인도해야 하며 독재적인 카리스마보다는 멘토링을 통해 이루는 것이 좋다. 세 번째 단계는 원리를 따라 실제로 행하도록 제자들을 내보내고 피드백을 통해 그들의 사역을 점검하는 것으로 이것은 인턴의 훈련과 매우 비슷하다. 이때에 리더는 훈련소의 조교처럼 제자들의 삶과 행동을 세밀하게 관찰하고 그들이 선생 이상의 능력을 가지도록 훈련시켜야 한다(6:7-13). 마지막 단계에서 선생 혹은 리더는 제자들을 새로운 선생 혹은 지도자로 인정하고 그들을 하나님 나라를 위한 동역자로 세워야 한다(마 28:19-20). 그때에 리더는 자신이 갖고 있던 모든 능력, 권위, 그리고 권세를 그들에게 부여하고 자신은 일선에서 떠나 멘토로서 그들을 도와야 한다.

세례 요한의 순교(6:14-29)

본문은 예수님에 대한 헤롯의 영적인 무지를 묘사하고 있다. 유대 전역에 퍼진 예수님의 이적에 관한 소문을 듣고 헤롯은 자기가 죽인 세례 요한이 다시 살아난 것으로 오해하여 예수님을 두려워하기 시작하였다(6:14-16). 헤롯은 세례 요한이 그의 생애 동안에 큰 이적들을 보이지는 않았지만 만약 그가 죽음으로부터 살아났다면 그는 초자연적인 능력을 가졌을 것이라고 생각했다. 헤롯의 부하들은 두려워하는 헤롯을 안심시키고자 세례 요한이 살아난 것이 아니라 엘리야나 혹은 다른 선지자의 영이 예수에게 들어가 활동하는 것이라 하였다. 유대인들에게 있어 엘리야는 종말에 주의 길을 예비하기 위해 올 선지자 중에 가장 유력한 인물이었고(말 4:5), 그 유대인들은 자신들의 전통에 비추어볼 때 예수님의 행위가 엘리야와 유사하다고 생각하였다. 그러나 마가는 그 엘리야와 같은 선지자는 세례 요한이며, 그가 예비하였던 예수님이 바로 하나님의 아들이심을 이미 1:1-3에서 밝히고 있다. 그러나 이미 엘리야가 왔으되 사람들은 그의 메시지 듣기를 거부하고 죽음에 넘겨주었다(9:13).

마가는 6:17-18에서 헤롯이 두려움에 빠진 원인을 다시 설명하고 있다. 즉 마가는 독자들의 관심을 되돌려 세례 요한이 어떻게, 왜 죽임을 당했는지를 설명한다. 세례 요한은 헤롯의 이혼과 재혼에 관해 책망을 하였다. 헤롯 왕은 헤롯 안티파스Herod Antipas로서 눅 1:5과 마 2:1-19에 언급된 헤롯 대제의 아들이다. 그는 처음에 아라비아의 아레타스Aretas 왕의 딸과 결혼을 하였다. 그러나 그는 배다른 형제 빌립의 아내이며 배다른 질녀인 헤로디아Herodias와 재혼하기 위해 전 부인과 이혼하였다. 이에 요한은 그 형제가 살아 있는 동안 그의 아내와 결혼하는 것을 금하고 있는 유대 종교법에 근거하여 헤롯을 책망하였다(레 18:16; 20:21). 결국 이 사건으로 세례 요한은 순교를 당하게 된다.

현대를 살아가는 기독교인들은 자신들의 책임을 회피하고 타인이 상처를 입을 수 있다는 생각에 타인의 잘못을 지적하여 바로잡기를 두려워한다. 그리고 진실하지 못한 행동을 요구받았을 때에도 "NO"라고 담대하게 말하기를 두려워한다. 죽음 앞에서 담대히 진리를 선포한 세례 요한의 태도는 세상과 타협점을 추구하며 살아가는 현대의 기독교인들에게 새로운 도전으로 다가온다.

"넘겨줌"의 수사적 기법

다른 복음서와 비교할 때 마가복음은 세례 요한의 죽음을 묘사하는 데 좀더 많은 부분을 할애하고 있다(참고, 마 114:1-12; 눅 3:19-20; 9:7-9). 이것은 이 이야기가 마가복음 내에서 매우 중요한 역할을 하고 있음을 시사한다. 곧 마가복음에서 세례 요한의 죽음은 예수님의 죽으심을 예표하고 있다. 이것을 위해 우리는 분명히 예수님과 세례 요한의 상관성을 기억해야 한다. 예수님의 사역은 세례 요한이 죽은 뒤에 시작된다(1:14의 "넘겨줌"에 대한 설명을 참고). 또한 9:10-13에서 예수님은 엘리야의 표상이 바로 세례 요한이며 엘리야인 세례 요한의 운명과 자신의 운명을 서로 동일시하고 있다. 이런 점에서 9:10-13은 6:14-29의 설명이라 할 수 있다. 이렇게 마가복음에서 세례 요한의 죽음은 예수님의 죽음에 대한 전주곡으로 그 역할을 하고 있다.

마가가 세례 요한의 죽음을 말하는 실제 목적은 독자들(또는 함께 동행하고 있는 예수님의 제자들)에게 흥미를 더하기 위함이 아니라 그들로 하여금 예수님의 수난과 죽음을 좀더 깊이 이해할 수 있도록 돕기 위함이었다. 마가는 세례 요한의 운명을 묘사하기 위해 사용한 "넘겨줌"이라는 단어(1:14)를 두 번째와 세 번째 수난과 죽음 예고에서 예수님의 운명을 설명하는 데 사용하고(9:31; 10:33-34), 13:9에서는 기독교인들의 운명을 예고하는 데 사용하였다("사람들이 너희를 공회에 넘겨주겠고"). 이러한 방법으로 마가는 세례 요한, 예수 그리스도, 기독교인들의 운명을 동일한 맥락에서 묘사하고 있다. 마가는 그들 모두가 복음을 위한 죽음의 길을 가게 될 것을 독자들에게 암시하고 있다.

첫 번째 먹이심 기적(6:30-44)

6장에서 저자는 두 종류의 연회 - 헤롯의 생일 잔치(6:14-29)와 광야에서 예수님의 연회 - 를 병렬 배치하고 있다. 전자는 예수님의 죽으심을 암시하고 후자는 하나님의 통치 하에 이루어질 종말론적인 연회를 암시한다(사 25:6-8). 6장에서 저자는 이스라엘 왕으로 자칭하면서 부도덕하고 탐닉하는 헤롯과 대조적인 모습으로 이스라엘의 진정한 목자이시고 왕이신 예수님을 증거하고 있다.

마가의 문학적 기법과 구조

마가는 종종 문학적 기법의 하나로 이중기술을 사용한다. 마가는 소경 치유에 대한 이중기술을 통해 제자들의 영적인 소경 상태를 지적하고 예수님을 바로 이해할 수 있는 영적인 분별력을 강조한다(8:22-26; 10:46-52). 또 하나의 문학적 이중기술이 본문과 8:1-10에 나타난다. 먼저 5,000명을 먹이신 예수님의 이적(6:30-44)이 유대 지역 근방에서 발생한 반면에 4,000명을 먹이신 사건(8:1-10)은 데가볼리 이방 지역 근방에서 발생하였다. 첫 번째 이적은 참된 목자의 표상이신 예수님이 하나님 나라의 축복을 먼저 유대인들에게 가져왔음을 나타낸다. 그리고 두 번째 이적은 그 축복이 유대 지역을 넘어 이방 지역까지 도래했음을 암시한다(참고, 5:1-20). 이 두 종류의 상징적 의미는 실제로 행 1:8에 근거한 사도들과 초대 성도들의 복음 전파를 통해 구체화된다.

문학적으로 오병이어 기사는 마가복음에서 중요한 위치를 갖고 있다. 두 번째(6:45-52) 항해 기사 속에서 제자들의 믿음 없는 모습이 드러난 것은 참된 목자로서 예수님의 신분을 계시하고 있는 오병이어 이적의 의미를 깨닫지 못했기 때문이다. 그리고 세 번째 항해 기사(8:14-21)에서도 제자들은 4,000명을 먹이신 기적(8:1-10)의 의미를 이해하지 못하였기에 "바리새인의 누룩을 조심하라"는 예수님의 경고를 깨닫지 못하고 그들이 가져온 떡이 부족하다는 믿음 없는 모습만을 보인다. 이처럼 6-8장에서 계속되는 제자들의 믿음 없는 모습은 먹이심의 이적 가운데 계시된 종말론적 목자이신 예수님의 신분을 깨닫지 못한 데서 비롯된 것이었다.

선한 목자의 표상

예수님과 제자들이 배를 타고 떠나가는 것을 본 무리들은 예수님의 일행보다 먼저 도착해 있었다(6:33). 예수님께서 도착하여 무리들을 보셨을 때 주님은 그들이 마치 목자 없는 양 같음을 보시고 불쌍한 생각을 가지셨다. 그래서 예수님은 쉬지도 않으시고 그들에게 하나님 나라의 복음에 대해서 가르쳐주셨다(막 6:34 참고, 눅 9:11). 여기서 마가는 예수님을 목자로, 무리들은 목자 없는 양으로 묘사하고 있는데 이 표현은 구약의 여러 본문들을 반영한 것이다(민 27:17; 왕상 22:17; 대하 18:16; 겔 34:8; 슥 10:2).

특히 에스겔 선지자는 바벨론의 포로가 된 이스라엘 백성들을 보면서 "참된 목자가 없는 백성"이라고 한탄하였다. 왜냐하면 그 당시에 이스라엘의 종교 지도자들은 백성들을 돌보지 않고 자기 유익만 채우고 있었기 때문이었다. 하나님은 거짓 목자와 같은 지도자들을 물리치시고 친히 그 백성 위에 다윗과 같은 왕을 보내시어 이스라엘의 진정한 목자가 되게 하실 것이고 그로 하여금 이스라엘을 먹이고 인도하게 하실 것을 약속하셨다(겔 34:23). 언약 백성들은 종말에 약속된 메시아와 함께 식탁의 교제를 기대하며 그 순간을 기다리고 있었다(1QS 2:11-22).[8]

예수님은 지금 먹을 것을 제공하시고 식탁 교제를 통해, 제자들과 무리들을 향해 자신이 하나님께서 예고하신 그 "선한 목자"이며 하나님의 아들이라고 선포하고 계신다(참고, 요 10장). 하나님의 약속이 지금 예수님을 통해 성취되고 있는 것이다.

예수님의 가르침이 계속되고 날이 저물기 시작했을 때, 제자들은 예수님께 가서 "가르치는 일을 중단하고 무리들은 촌과 마을로 가서 무엇을 사먹게 하자"고 요청했다(6:35-36). 이에 예수님은 제자들에게 "너희가 먹을 것을 주라"고 명령하셨다(6:37). 그러나 제자들은 그 많은 사람들을 먹일 정도의 떡을 구할 수 없었기에 주님께 200데나리온 이상이나 되는 떡을 광야에서 어떻게 구할 수 있느냐고 반문했다(6:37). 예수님은 제자들에게 "너희 중에 떡이 얼마나 있느냐?" 물으셨고(6:38), 제자들은 조사해본 후에 "떡 다섯 개와 물고기 두 마리밖에 없다"고 말씀드렸다. 이 말은 그들의 능력으로는 무리를 먹이는 것이 불가능하다는 의미로 제자들은 하나님께서 이스라엘을 광야에서 먹이심같이, 예수님께서도 광야에서 무리를 먹이실 수 있는 하나님이심을 깨닫지 못하고 있었다(6:52; 8:17-19).

예수님은 제자들에게 무리들을 푸른 잔디 위에 50명씩, 또는 100명씩 떼를 지어 앉히도록 지시하셨다(6:39). 제자들은 예수님의 말씀대로 무리들을 배치하였다(6:40). 6:40에 5,000명을 들판에 조직적으로 앉히시는 장면은 독자들에게 모세가 이스라엘 백성을 광야에서 조직적으로 배치했던 장면을 연상시킨다(출 18:21). 하나님이 광야에서 배회하고 있는 이스라엘 백성들을 불쌍히 여기시고 만나, 메추라기, 반석의 물로 그들을 먹이신 것처럼 지금 예수님은 하나님의 아들로서 목자 없는 양 같은 군중들을 먹이시고 있는 것이다(참고, 시 23장).

예수님은 떡을 가지고 하늘을 우러러 축사하신 후에 그것을 제자들에게 주어 사람들에게 나누어 주라고 명하셨다. 그리고 물고기 두 마리도 똑같은 방식으로 나누어 주셨다(6:41). 그래서 5,000명 이상의 무리들이 모두 다 배불리 먹었을 뿐 아니라 남은 조각도 열두 광주리나 되었다(6:42-43). 예수님께서는 이 이적을 통해 자신이 새로운 하나님 나라의 백성들을 인도할 종말론적인 선한 목자이심을 드러내 보이셨다. 그러나 이러한 이적을 보고도 예수님의 신분을 깨닫지 못한 제자들은 계속되는 여행 속에서 불신앙적인 태도를 취한다(6:52; 8:14-21).

바다를 주관하시는 예수님(6:45-52)

세 번에 걸쳐 반복되는 항해 기사(4:35-41; 6:45-52; 8:14-21)에서 영적으로 무지하여 예수님의 신분을 깨닫지 못한 제자들은 계속적으로 불신앙적인 모습을 보인다. 두 번째 항해 기사인 본문에서도 제자들은 예수님의 먹이시는 이적을 깨닫지 못하였기에 물 위로 걸어오시고 풍랑을 멈추게 하신 예수님의 신분을 깨닫지 못하고 두려워 떨기만 하였다(6:52).

예수님께서는 군중들이 당신을 억지로 데려다가 그들의 왕으로 세우려는 것을 아시고 제자들을 먼저 벳세다로 가게 하신 후에 혼자서 산으로 물러가 기도하셨다(참고, 요 6:15). 예수님은 아직 자신의 신분을 이해하지 못한 제자들이 군중들의 태도를 오해하여 당신을 정치적인 왕으로 생각하는 것을 염려하셨다. 1:31에 언급되는 예수님의 첫 번째 기도 모습과 관련하여 생각할 때 예수님의 기도는 아마도 사람들과 제자들이 생각하는 화려한 정치적 메시아가 아닌 수난과 죽음의 메시아로서 신분을 재확인하고 결심하는 시간이었을 것이다.[9]

세상의 수많은 환경과 조건들이 능력과 권세를 소유한 하나님의 자녀라는 신분을 잊고 살도록 우리를 유혹하고 있다. 그래서 갈릴리 바다의 풍랑과 같은 어려운 환경 앞에서 우리는 제자들처럼 두려워 떨고 멈춰서 있게 된다. 그러나 우리에게는 풍랑을 멈추고 항해를 지속시킬 예수 그리스도의 능력이 주어져 있다. 보석 전문가만이 다이아몬드 원석의 가치를 발견할 수 있듯이 믿음의 눈을 가진 자들만이 우리에게 부어진 하나님의 능력과 권세의 가치를 발견하고 사용할 수 있다.

한편 제자들은 바람이 거슬러 불었기 때문에 바다에서 거의 전진을 못하고 있었다(6:48). 그때에 예수님은 제자들이 강력한 폭풍으로 괴롭게 노를 젓는 것을 보시고 밤 사경쯤에 풍랑 이는 거친 바다 위를 걸어 제자들이 있는 곳으로 가셨다(6:48). 마가는 로마의 시간 구분법(일경: 오후 6–9시, 이경: 오후 9–12시, 삼경: 새벽 12–3시, 사경: 새벽 3–6시)을 사용하여 당시의 시간을 밝히고 있는데 제자들이 그들에게 다가오는 예수님을 본 시간은 새벽 3시에서 6시 사이였다. 즉 제자들이 탄 배는 단시간에 건널 수 있는 거리를 해 저물 때부터 그 다음 날 새벽까지 제자리에서 맴돌고 있었던 것이다(6:47). 이것을 통해 우리는 제자들이 만난 풍랑이 얼마가 강력했는지를 짐작할 수 있다. 이러한 모습은 환난과 핍박에 직면해 힘들게 신앙을 지켜나가고 있는 마가의 공동체를 반영하고 있다(참고, 계9:5; 11:10; 12:2).

예수님의 계시와 제자들의 무지

예수님께서 제자들 곁으로 오신 것은 그들이 풍랑으로 인해 괴로워하는 심정을 보셨기seeing 때문이었다(6:48). 고통스러워하는 제자들을 보시는seeing 예수님과 물 위로 걸어오시는 예수님을 보고seeing 있는 제자들 사이에 큰 대조가 보인다(6:48; 6:50).[10] 마가복음에서 저자는 사람들의 마음을 꿰뚫어보시는 예수님의 신적인 시각을 강조하고 있다(제자들[1:16, 19; 2:14; 3:34; 8:33; 10:14, 23], 잠정적인 제자들[10:21; 12:34], 그리고 동정의 대상들[2:5; 5:32; 6:34]). 2:5과 5:32에서 "보심"은 예수님의 초자연적이며 신적인 통찰력을 암시한다. 그리고 6:48에서 묘사된 예수님의 "보심" 역시도 이 신적인 통찰력을 의미한다. 왜냐하면 바다 중간에 떠 있던 제자들은 예수님이 계셨던 산으로부터 멀리 떨어져 있었고, 시간 또한 가까운 거리도 제대로 볼 수 없는 캄캄한 밤이었기 때문이었다. 그러나 예수님은 이 신적인 통찰력으로 고통스러워하는 제자들의 심중을 살피시고 계셨다. 이와는 대조적으로 영적으로 소경 된 제자들은 그들에게 다가오고 계신 예수님을 보지 못하고 유령으로 오해하였다. 종종 우리는 예수님을 우리의 삶과 무관한 분으로 생각하지만, 실상 그분은 우리가 어느 곳에 거처하든지 우리를 감찰하고 계신다. 영적인 믿음의 눈을 가진 자들은 그분이 함께하심을 볼 것이며, 그로 인해 담대함을 갖게 될 것이다.

마가는 예수님께서 제자들이 탄 배를 지나가려고 하셨다고 묘사하고 있다(6:48). 본문에서 "지나가다"라는 용어는 구약에서 종종 하나님의 현현을 표현하기 위해 사용한 단어이다. 하나님께서는 모세 앞을 지나시며 자신을 계시하셨고(출 33:19, 22) 엘리야에게 나타나실 때에도 그 앞을 지나가셨다(왕상 19:11). 또한 욥도 이렇게 고백하고 있다. "바다 물결을 밟으시며… 그가 내 앞으로 지나가시나 내가 보지 못하며, 그가 내 앞으로 나아가시나 내가 깨닫지 못하느니라"(욥 9:8, 11).[11] 하나님께서는 당신의 백성들이 신앙의 위기를 맞이했을 때 그들과 함께하고 있음을 계시하기 위해 그들 앞을 지나가셨다. 구약에서 풍랑을 잔잔하게 하시고 바다를 육지처럼 걸으시는 행위는 오직 구원을 위한 하나님의 신적인 행위였다(시 77:19; 사 43:16; 51:9–10; 합 3:15). 예수님이 물 위로 걸어서 "제자들을 지나치셨다"는 것도 역시 하나님의 아들이신 자신이 그들과 함께하고 계심을 계시하시는 행위였다.

제자들은 바다 위로 걸어오시는 예수님을 보고 바다에 유령이 나타난 줄로 생각하고 놀라고 두려워하며 소리쳤다(6:49). "두려움"은 그들의 믿음 없는 모습을 가리킨다. 4:41에서 제자들은 풍랑을 잠잠케 하시는 예수님을 보고 두려워하였으며, 본문에서 그들은 물 위로 걸어오시는 예수님을 보고 두려워하였다(6:50). 또한 그들은 예루살렘을 향하는 길에서 두려움으로 예수님을 따랐으며(9:32; 10:32), 예수님이 원수들의 손에 넘겨져 끌려가는 순간에도 그들은 멀리서 좇았고(14:54), 결국에 그들은 예수님을 배반하고 떠나갔다(14:66–72). 그러나 지금 예수님께서는 그들의 두려움을 제거하시기 위해 곁에 다가와 안심시키시는 말씀을 하시는 것이다. "안심하라, 나다! 두려워 말라!"(6:50) 이 말씀은 하나님이 광야에서 두려워 배외하는 이스라엘 백성들을 격려하시고 위로하실 때 사용하셨던 말씀이었다(시 118:6; 사 41:4, 13; 43:1; 44:2; 51:9; 참고, 수 1:8). 영어 'I am'에 해당하는 '나다'(v. 50)라는 표현은 구약에서 하나님이 자신을 계시하실 때 사용하던 표현이었다(출 3:14; 사 41:4; 43:10; 52:6).

끝으로 바다를 다스리는 예수님의 행위는 신적인 표현으로 4:35-39과 관련하여 그분 안에 계시된 하나님의 능력을 보여주고 있다(욥 9:8; 시 77:19; 사 43:16). 다시 말해 이 사건은 예수님께서 자연을 주관하시는 하나님이심을 보여주는 사건이다. 하나님께서 홍해를 가르시고 자기 백성을 건너게 하신 것과 같이 주님도 제자들을 가로막는 바람과 폭풍을 잔잔하게 하셨다. 첫 번째 항해 기사(4:35-41)에서는 "저가 뉘기에 바람과 바다도 순종하는고?"라는 제자들의 의문으로 끝이 났다. 이제 본문은 신적인 행동과 "나다"라는 선포를 통해 예수님은 자신이 하나님이심을 답하고 있다(참고, 사 43:11). 그렇다면 제자들은 이 진리를 깨닫고 있는가? 제자들은 예수님께서 배에 오르시는 순간 바람이 잔잔해지는 것을 보고 놀라고 두려워했지만 그가 하나님의 아들이심을 깨닫지는 못했다(6:50).

마음이 둔한 제자들

예수님께서 보여주신 신적인 능력 앞에서 제자들은 믿음 없는 모습만 보였다. 왜냐하면 그들은 앞 단락에서 보여준 군중들의 먹이심을 통해 계시된 예수님의 신분(참고, 6:33-44)을 이해하지 못하였고, 그들의 마음이 완악해져 있었기 때문이었다(6:52). 여기서 "마음의 완악함"은 구약에서 유래하였으며(출 14:8; 시 95:8) 불신앙과 불순종을 의미한다. 출 7:14, 22; 8:19; 9:35에서 "마음의 완악함"이 이스라엘 백성을 놓아주라는 모세의 요구를 거절한 바로의 불신앙을 묘사하기 위해서 사용되었다. 그런데 마가는 이 표현을 3:5에서 종교 지도자들의 불신앙을 지적하기 위해 사용하였으며 본문에서도 동일하게 사용하고 있다. 마가는 동일한 표현을 사용하면서 예수님 주변에 거하면서 누구보다도 예수님을 잘 이해하고 따라야 할 제자들이 종교 지도자들의 불신앙적 모습을 모방하고 있음을 지적한다. 제자들은 바로 전에 예수님께서 베푸신 먹이심의 이적을 보고도 하나님의 아들이심을 깨닫지 못했다(6:52). 예수님은 3:14 이후 여러 가지 이적들과 교훈들을 통해서 제자들에게 자신이 하나님의 아들 되심을 계시해주셨다. 그러나 아직도 제자들은 그것을 깨닫지 못하고 영적 소경의 상태를 벗어나지 못하고 있는 것이다.

지금 저자는 바다 위에서 실패한 제자들의 모습을 그의 독자들에게 다시 말하고 있다. 이것을 통해 독자들은 자신들이 처한 현실 속에서 보다 풍성하고 극적인 도전들을 받게 된다. 독자들은 제자들이 가진 불신앙적 태도와 행동에 공감하면서 자신들의 불신앙적인 태도와 실패를 회개하고 새로운 결심과 함께 믿음의 자리로 나아가게 될 것이다.

게네사렛에서의 치유 사건(6:53-56)

제자들은 있는 힘을 다해서 갈릴리 호수 동북쪽에 있는 벳새다를 향해 노를 저었으나 강한 맞바람에 부딪혀 남쪽으로 흘러 내려갔다. 이렇게 해서 예수님의 일행이 탄 배는 게네사렛에 도착하였다(6:53). 게네사렛 사람들은 예수님의 일행이 탄 배가 그곳에 도착한 것을 보고 수많은 사람들이 찾아왔다(6:55). 이로 인해 예수님께서 머무시는 곳은 수많은 병자들과 그들을 데리고 온 사람들로 가득하게 되었다. 이 중에는 예수님의 옷에 손을 대었다가 나은 사람도 있었다(6:56). 그들이 나은 것은 예수님의 옷에 손을 접촉했기 때문이 아니라 그들의 마음에 믿음이 있었기 때문이었다(참고, 5:25-34). 본문에 나타난 게네사렛 사람들의 태도는 예수님을 불신앙 했던 나사렛 사람들과 대조를 이룬다(참고, 6:1-6).

제 7 장 바리새인의 외식과 이방 여인의 믿음

유전에 관한 논쟁(7:1-23)

2:1-3:6에서 바리새인들과 논쟁을 벌이신 예수님께서 7:1-13에서 다시 율법사들과 논쟁을 벌이신다. 7:1-23은 논쟁(7:1-13)과 교훈(7:14-23)이라는 두 종류의 형태로 구성되어 있다. 갈릴리 지역에서 행하신 여러 종류의 치유 이적 때문에 예수님의 명성은 널리 퍼져갔다. 이러한 예수님의 명성은 국가의 종교 문제를 주관하던 산헤드린 공회를 긴장하게 만들었고 산헤드린은 예수님과 제자들의 행동을 조사하기 위해 바리새인들과 율법사들을 갈릴리로 파견하였다. 그들이 내려온 목적은 예수님을 책잡기 위한 구실을 마련하기 위함이었다(참고, 3:5-6; 11:18). 왜냐하면 당시 유대주의적 전통에 따르면 예수님의 교훈과 행동은 너무나도 파격적이고 그들의 전통을 무너뜨리는 것이었기 때문이었다. 예수님을 책잡기 위한 종교 지도자들의 모함은 제자들 중 몇 사람이 "불결한 손"(씻지 않은 손)으로 떡을 먹었다는 행위에서 표면화되었다(7:1-2). 본문의 "불결한 손"과 "씻지 않은 손"은 같은 의미로 씻지 않았기 때문에(원인) 불결

한 손(결과)이란 의미이다. 이처럼 마가가 자세히 설명하는 이유는 유대의 종교적 규례를 몰랐던 로마 독자들의 이해를 돕기 위해서였다. 이러한 마가의 의도는 7:3-4에서 더욱 분명해진다.

7:3-4이 괄호로 묶인 것은 그 내용이 없어도 이야기 전개에 무리는 없지만 이방인 독자들의 이해를 돕기 위해 마가가 해설을 하고 있는 부분이다. 원래 손 씻는 규례는 제사장들에게 적용되었다. 그들은 제사 직무를 수행하기 위해서 제물을 잡았기 때문에 그들의 손에는 항상 피가 묻어 있었다. 그러므로 출 30:19과 출 40:12은 그들이 성소에 들어갈 때에 물두멍에 손을 씻도록 규정하였다. 후대에 와서 일부 율법학자들이 일반 백성들도 제사장들과 같이 거룩해야 한다고 주장하여 그들에게도 손 씻는 규례를 적용하였다. 그래서 유대 백성들에게 식사 전에 손 씻는 것이 중요한 규례가 되었다. 유대 전통에 따르면 밤에 잠자는 동안 더러운 악마가 손에 붙어 있다가, 손을 씻지 않고 음식을 집어 먹으면 악마가 함께 속으로 들어가 그를 부정하게 만든다고 생각했다. 그러므로 유대 백성들은 음식을 먹기 전에 반드시 손을 씻어야만 했다(7:3). 심지어 그들은 잔과 주발과 놋그릇까지도 물로 씻어야만 한다고 생각했다(7:4). 유대인들은 이런 도구들이 이방인들에 의해 만들어졌기 때문에 의식적으로 부정하다고 생각했으므로 항상 정결케 하였다. 이렇게 해서 유대인들은 자기도 모르는 사이에 손이나 그릇을 씻지 않고 음식을 먹는 것이 죄를 범한 것이라고 생각하게 되었다.

바리새인들의 위선

바리새인들과 서기관들은 예수님께 와서 이렇게 항의했다. "어찌하여 당신의 제자들은 장로의 유전을 어기고 부정한 손으로 먹나이까?"(7:5)

먼저 그들은 전통에 위배된 제자들의 행동을 언급하면서 이에 대한 예수님의 대답을 말꼬리 잡아 예수님의 허물을 들추어내려고 하였다. 그러나 예수님께서는 사 29:13을 인용하시면서 바리새인들의 위선을 지적하셨다.

이 백성이 입술로는 나를 존경하되 마음은 내게서 멀도다. 사람의 계명으로 교훈을 삼아 가르치니 나를 헛되이 경배하는도다(7:6-7)

입술로만 하나님을 존경하고 마음은 멀리 떠나 있어, 반복적으로 외식을 저지르는 이스라엘 백성들을 질책한 선지자의 말을 당시 종교 지도자들의 불신앙적인 외식을 책망하기 위해 예수님께서 다시 인용하셨다. 여기서 '외식(위선)'이란 고대 연극 배우들이 자신의 본래 모습을 감추고 다른 사람으로 분장하기 위해 사용하는 가면을 가리키는데, 여기서는 자신들의 사회적 기득권을 유지하기 위해 전통과 규례는 준수하지만 실상은 하나님으로부터 멀어져 있는 바리새인들의 불신앙적 태도를 말한다. 유대 종교 지도자들은 하나님의 뜻이나 율법의 근본정신을 도외시한 채 그저 율법의 문구에만 얽매인 위선적인 종교생활을 일삼았다. 그들은 하나님의 율법이 갖고 있는 진정한 의미가 무엇인지를 깨닫는 데 실패하였다. 다시 말해 하나님의 명령 대신에 인간의 규례와 전통을 따랐다. 정녕 그들은 하나님의 계명을 순종하기보다는 장로들의 유전을 엄수하는 데에 더 열심이었으며, 내적인 성결을 이루기 위해 죄악과 불의를 멀리하기보다는 정결 예식에 규정된 부정을 피하는 명목에만 집중했다(7:8-9).

고르반 제도의 의미

예수님께서는 장로들의 유전이 하나님의 계명을 어기는 데 어떻게 사용되었는가에 대해 실례를 들어 설명하였다(7:10-13). 하나님은 출 20:12과 신 5:16에서 분명히 부모님을 공경하라고 명하셨다. 그리고 출 21:17에서 하나님은 5계명을 보충 설명하시면서 자기 부모를 멸시하는 자는 사형에 처하라고 하셨다. 그러나 예수님 당시 종교 지도자들은 그들이 세운 규례로 하나님의 정신을 무너뜨리고 있었다. 유대인들은 자녀들이 부모님에게 행해야 할 의무가 율법에 분명히 규정되어 있음에도 불구하고 '고르반' 제도를 악용하여 부모님에 대한 책임을 회피하려 하였다. 고르반 제도는 유대인의 전통적인 관습으로 하나님께 드려진 헌물을 말하며 성전과 하나님을 위해서만 사용할 수 있었다(참고, 신 23:21-23). 그러므로 비록 부모님을 섬기기 위한 재물이지만 사람들이 하나님과 성전을 섬기기 위한 목적으로 그것을 헌물로 드릴 경우 그 사회는 부모 부양의 의무를 면제시켰다. 이러한 제도가 처음에는 하나님을 높이는 신앙에서 비롯되었으나, 후에 사람들에게 부모 부양의 의무를 피할 수 있는 빌미로 악용되었다. 즉 자녀들이 부모를 부양하기 싫으면 그들은 부모를 돌보기 위한 재산에 대해 '고르반' 곧 '하나님께 드림'이 되었다고 선언만 하면 그들은 더 이상 부모를 부양할 필요가 없었다. 그러므로 그들은 합법적으로 부모 부양의 책임을 면제받았다. 이로써 인간이 세운 관습과 규례가 하나님의 명령을 깨는 결과를 낳았다. 유대인들의 유전이 이기적 목적으로 이용되거나 왜곡됨으로써 말씀이 명하는 본질을 실제로 파기하였던 것이다(7:13).

삶을 통한 마음의 성결

그러기에 예수님은 무리를 향해서 "너희는 모두 내 말을 듣고 깨달으라"고 하셨다(7:14). 지금까지 예수님께서 바리새인들과 서기관들을 향한 그들의 외식적인 잘못을 책망하셨다면, 이제부터는 그들의 불신앙적인 행태를 극복할 올바른 진리를 가르치려고 하시는 것이다. 예수님께서는 당시 외식주의자들과 달리 사람을 부정하게 만드는 것은 밖에서 안으로 들어가는 것(음식)이 아니라 사람의 속에서 나오는 것(죄악성)이라고 하셨다(7:15-16). 이로써 율법의 완성이신 예수님께서는 모세의 율법이 명하는(레 11-15장) 부정의 규례에 대해 새롭게 해석하셨다. 예수님께서는 행위를 규정한 율법의 근본 목적이 율법 준수를 통한 내적 성결의 완수에 있음을 가르치셨다. 뿐만 아니라 인간이 부정케 되는 원인은 정결 규례를 준수치 못한 데 있는 것이 아니라 악한 행위가 나오는 악한 마음에 있음을 밝힘으로써 당시 예수님을 올무에 빠뜨리려던 자들의 마음 상태를 간접적으로 비판하셨다.

예수님께서 책망하신 것은 마음에는 죄악으로 가득차 있으면서 손만 씻으면 정결하게 될 수 있다고 자만하는 바리새인들과 서기관들의 외식이었다. 겉으로 보기에 바리새인들은 누구보다도 거룩한 자들이었으나 하나님께 진실하게 경배하는 마음이 없었기 때문에 위선자로 책망받을 수밖에 없었다. 우리 역시도 경건의 능력은 없고 경건의 모양만 갖춘 신앙의 위선자가 되지 않도록 조심해야 할 것이다. 바리새인들은 내면의 경건보다는 주변의 평판에 더 관심을 기울였다. 이처럼 그들은 하나님을 향한 사랑과 예배보다는 대중 앞에서 스스로를 과시하기 위한 방편으로 예배와 기도를 선택하였다. 실로 하나님께서는 외부적인 종교 의식이 아닌 마음으로 예배하는 자를 찾으신다.

죄와 죄성罪性의 문제

비유적인 말씀을 마치시고 예수님과 제자들은 무리를 떠나서 한 집에 들어가셨다. 그곳에서 제자들은 예수님께 그 비유가 무엇을 의미하는지 물었다(7:17). 마가복음에서 영적으로 무지한 제자들은 종종 예수님의 교훈에 대한 개인적인 설명을 바라며 예수님께 접근하였다(4:10, 34; 9:28-29; 10:10; 13:3-4). 예수님은 제자들의 영적 무지함을 탄식하시면서 "너희도 이렇게 깨달음이 없느냐?"(7:18)라고 책망하셨다. 예수님께서는 3:14 이후 제자들과 함께하시면서 많은 이적들을 통해 자신의 신분을 계시하셨지만 제자들은 그의 교훈과 신분을 깨닫는 데는 여전히 둔하였다.

7:19에서 예수님은 사람 안으로 들어가는 음식이 사람을 부정하게 만들지 않는다고 말씀하셨다. 왜냐하면 음식은 단지 배로 들어가서 소화된 후 배설되기 때문이었다. 병행 구절인 마 15:1-20과는 달리 마가는 예수님의 선언 뒤에 "모든 식물은 깨끗하다"를 덧붙여 음식에 대한 예수님의 견해를 강조하였다. 모세의 율법에는 먹어야 할 음식과 먹어서는 안 될 음식이 정해져 있었으며, 복음이 이방인에게 전해진 후에도 유대 기독교인들은 헬라 기독교인들에게 이러한 규례를 지켜야 한다고 주장했다. 신약 성경 가운데 이와 관련된 문제가 언급되고 있는 것을 보면 초대교회 내에서 이 문제가 심각한 논쟁거리였음을 짐작할 수 있다(행 10:1-16; 롬 14:14; 고전 8장; 갈 2:11-14; 골 2:16 등). 그래서 지금 마가는 예수님의 입을 빌어 이 문제에 대한 답을 말하고 있다.

제자들과 무리들이 그 비유의 교훈적 의미를 깨닫지 못하자 예수님께서는 다시 한 번 사람을 부정하게 만드는 보다 더 근본적인 요소들이 무엇인지 가르쳐주셨다(7:20). 예수님께서는 사람을 부정하게 만드는 열두 가지 악한 생각들을 구체적으로 언급하신 것이다. 그 항목들 가운데서

앞의 여섯 개의 항목들(음란, 도적질, 살인, 간음, 탐욕, 악독)은 복수複數 형태로 악한 행동(죄)을 가리키며, 뒤의 여섯 개의 항목들(속임, 음탕, 흘기는 눈: 시기와 질투, 훼방, 교만, 광패: 어리석음)은 단수單數 형태로 악한 성향(죄성)을 가리킨다.

실제로 외부적 요인보다는 사람들의 죄와 이보다 더 근본적인 죄성이 내부에서 나와서 그들을 부정하게 만든다고 하였다(7:23). 마가는 여기서 당시의 종교 지도자들의 가르침과 예수님의 가르침을 대조하고 있다. 종교 지도자들은 손을 안 씻고 식사하는 것이 사람들을 부정하게 만든다고 교훈하였지만, 예수님은 사람들의 내면의 악한 죄와 죄성이 사람들을 부정하게 만든다고 가르치셨다. 그러므로 전통적인 장로들의 규례를 따르는 자들은 손을 씻고 자기가 의롭다고 생각하며 살아가지만, 예수님의 교훈을 따르는 자들은 하나님 앞에서 자신들의 내면적인 죄와 죄성을 회개하고 하나님의 은혜와 용서를 간구하며 살아간다(참고, 시 51장). 이제 예수님은 자신의 경고를 무시하는 바리새인들과 서기관들을 뒤로하고 갈릴리를 떠나 이방 지역으로 행보를 옮기셨다.

수로보니게 여인의 믿음(7:24-30)

7:24-8:10은 예수님께서 유대 땅을 떠나 이방 지역에 가셔서 행한 세 가지 사역을 기록하고 있다(한 여인의 딸 치유, 귀머거리와 벙어리 된 자의 치유, 4,000명을 먹이심). 이런 일련의 사건들은 예수님의 구원 사역이 이방 땅에도 이루어지고 있음을 알려준다. 앞 단락(7:1-24)에서 예수님은 장로들의 정결 규례가 사람들을 구원에 이르게 할 수 없음을 지적하셨다. 이

제 예수님은 유대인들이 전통을 따라 부정하게 여기던 이방 여인의 딸을 치유해주심으로써 인간들의 규례가 더 이상 사람들의 구원을 주관하지 못함을 실증적으로 보여주셨다. 유대인들은 선민 우월주의에 빠져 두로와 시돈의 이방인들을 하나님으로부터 저주받은 백성으로 간주했다. 예수님이 만난 수로보니게 여인은 저주받은 가나안의 후손이었으며, 선택받지 못한 이방인이었다. 그러나 예수님은 마음으로는 하나님을 떠나 있으면서 전통과 규례만 지키면 의롭다고 생각하는 종교 지도자들을 떠나 이방 지역에 가셔서 복음을 전하시고 믿음으로 나아오는 여인의 기도에 응답하셨다.

주변의 문맥과 관련하여 본문을 관찰할 때 우리는 '음식'과 관련된 주제들이 주류를 이루고 있음을 발견할 수 있다. 7:1-5에서 부정한 손 곧 씻지 않은 손으로 떡을 먹는 문제가 언급되고 있다. 또한 7:14-23에서 예수님은 어떤 음식이 사람을 더럽게 만드는지에 대해서 토론하신다. 그리고 이제 이 본문에서는 하나님 나라의 축복의 상징으로 떡이 언급되고 있다. 실제로 마가복음 도처에서 '음식(떡)'은 하나님으로부터 주어지는 축복을 상징한다. 특별히 예수님께서 떡 다섯 개와 물고기 두 마리로 5,000명과 떡 일곱 개와 물고기 두 마리로 4,000명을 먹이신 사건은 매우 중요한 의미를 갖는다(6장, 8장). 장정 5,000명에게 떡을 먹이시는 이적(6:30-44)은 유대인들에게 도래한 하나님 나라의 축복을 상징하며, 데가볼리(이방 지역)에서 4,000명에게 떡을 먹이시는 이적(8:1-10)은 그 축복이 이방인들에게도 주어질 것이라는 암시와 함께 첫 번째 먹이심의 이적 기사를 보충한다. 그러므로 이 이적들 사이에 위치하고 있는 7장의 사건들, 특히 수로보니게 여인의 딸 치유 사건은 유대인들을 향한 하나님의 구원이 이방인들에게도 도래하였음을 나타낸다.

여인의 현실적 상황

예수님은 제자들과 함께 갈릴리 지역을 떠나 항구 도시인 두로 지역으로 건너가셨다. 거기서 예수님은 한 집에 들어가서 아무도 모르게 행동하려고 하셨다. 아마 그는 전도나 가르침을 베푸시는 공적인 사역보다는 깨닫지 못하고 있는 제자들과 함께하시면서 그들을 교육하려 하셨던 것 같다. 그러나 예수님이 그곳에 오셨다는 소식은 사람들에게 곧 알려졌다(7:24). 그리고 귀신 들린 어린 딸을 둔 한 여인이 예수님의 소문을 듣고 찾아왔다(7:25). 그 여인은 헬라인(이방인)이었으며 수로보니게 족속이었다. 초대교회 전통 속에서 '헬라인'은 실상 이방인을 지칭하는 표현이었다(롬 1:16; 골 1:22-24). 또한 헬라인이란 표현은 헬라 족속이란 의미보다는 헬라어를 사용하고 있던 족속이란 의미가 더 강했다. 마태의 말을 인용하면 그녀는 가나안 여인이었다(마 15:21-22). 가나안은 노아의 벌거벗은 모습을 조롱하다가 하나님으로부터 저주를 받은 함의 자손이다(창 9:18). 그런데 함에 대한 저주를 예고하는 창 9:25에서는 실제로 함을 언급하기보다는 가나안을 언급한다. 조상이 저주를 받음으로 인해 가나안 후손들은 계속적으로 저주받은 후손으로 낙인찍혀 살아왔으며, 그녀 또한 하나님이 포기한 여인으로 낙인찍혀 살아왔다. 그러므로 유대인들에게 있어서 이런 여인과 상관을 하며 그녀의 요구를 들어준다는 것은 생각할 수도 없는 일이었다. 그럼에도 불구하고 그녀는 귀신에게 사로잡혀 있는 자기 딸을 고쳐 달라고 예수님께 간절하게 요청하며 나아왔던 것이다(7:26).

예수님께서는 여인의 간구에 대하여 은유적인 표현으로 반응하셨다. "자녀로 먼저 배불리 먹게 할지니, 자녀의 떡을 취하여 개들에게 던짐이 마땅치 아니하니라"(7:27). 예수님께서는 귀신 들린 아들의 치유를 바라며 나아온 자를 향해 "믿음 없는 세대"라고 공개적으로 책망하셨다(9:19). 이것은 그의 믿음을 불러내어 주변에 둘러서 있는 무리들과 제자들에게 믿음을 촉구하기 위한 예수님의 의도였다(참고, 9:24, 29). 이와 같이 본 구절의 거절하시는 듯한 말씀 역시 그 여인의 믿음을 공개적으로 드러내시기 위한 예수님의 의도였다.

두 종류의 개

본문에서 "자녀"와 "개"는 특권을 부여받은 이스라엘 백성들과 특권을 부여받지 못한 이방인들의 지위를 대조하고 있다. 신 14:1과 사 1:2은 이스라엘 백성을 하나님의 자녀로 묘사하고 있다. 대조적으로 시 59:6에서 "개"란 택함받지 못한 이방인을 경멸할 때 사용하였다. 삼상 17:43에서 골리앗은 다윗이 자신을 개로 취급하며 모욕하였다고 분노하였다. 사 56:10-11에서 선지자는 "개"로 취급받던 이방인들에게 구원을 선포하고, 하나님의 자녀로 자칭하던 이스라엘의 지도자들을 "개"로 묘사하며 경멸하였다. 성경과 유대 전통 속에서 부정적인 이미지로 이해되었던 '개'는 가정에서 사육하던 개가 아니고 들판을 돌아다니던 들개였다. 들개들은 도시 외곽에 살면서(참고, 계 22:15), 죽은 시체나 부정한 죽은 짐승의 썩은 고기를 먹었다(참고, 출 22:31; 왕상 4:11).[1] 그러므로 이 들개는 항상 부정한 것들과 관계하고 있었다. 이런 이유로 유대인들은 정결 예법을 무시하고 부정하게 살아가는 이방인들을 '개'라고 표현하였던 것이다.

한편 "자녀로 먼저 배불리 먹게 할지니"라는 표현은 유대인에게 먼저 구원의 복음이 베풀어져야 하며, 개와 같은 이방인들에게는 후에 구원이 베풀어질 것이라는 뜻이다. 그러므로 지금은 유대인들에게 복음을 전할 때이며 아직은 이방인들에게 전할 때가 아니었던 것이다. 마가복음 안에서 '먼저'는 종말론적인 시간 선상에서 나타나는 사건들을 언급할 때 사용되고 있다: 메시아가 오시기 전에 엘리야가 먼저 와야 함(9:11-12), 사람이 먼저 그 강한 자를 결박하지 않고는 그 강한 자의 집에 들어가 세간을 가져오지 못함(3:27), 이방인보다 먼저 유대인을 향한 예수님의 선교(7:27), 종말 전에 복음이 먼저 전파(13:10)되는 것 등이다. 7:27은 먼저 자녀가 먹은 뒤에 그 옆에 있는 개들에게도 먹을 것이 주어지듯이 시간이 흐르면 이방인들에게도 구원의 축복이 주어질 것을 말하고 있다(참고, 롬 1:16; 11장). 이런 구원의 역사적 진행은 두 번의 먹이심의 기적 속에서도 드러난다. 첫 번째로 예수님은 5,000명의 유대인들에게 만족함을 주고(6:30-44), 다음으로 이방인 4,000명을 먹이셨다(8:1-10).

그러나 마가 시대의 유대인들은 기독교인들의 메시지를 거부하였으며, 이방인들은 그 메시지를 받아들이고 믿었기 때문에 7:27에서 유대인에게 주어진 특별한 특권과 하늘의 축복이 이제 13:10에 예언된 대로 이방인들에게로 옮겨졌다. 그렇다면 7:27은 유대인들이 얻은 축복을 말한 것이 아니라 잃어버린 기회를 말한다고 할 수 있다. 이 사실은 행 13:46에서 바울과 바나바의 선포 속에서 분명해지고 있다. "하나님의 말씀을 마땅히 먼저 너희에게 전할 것이로되 너희가 버리고 영생 얻음에 합당치 않은 자로 자처하기로 우리가 이방인에게로 행하노라."

그 여인은 예수님의 말씀이 옳음을 인정하였다(7:28). 그렇다고 해서 자신의 간청을 포기하지는 않았다. 그녀는 귀신에 사로잡혀 고생하는 자기 어린 딸을 위해 아주 작은 은혜라도 베풀어달라고 요청하였다. "상 아래 개들도 아이들의 먹던 부스러기를 먹나이다"(7:28). 그 여인은 예수님이 상징적으로 사용하셨던 집 밖에 머물던 '들개'를 집 안에 머물면서 길들인 개로 전환하여 대답하고 있다. 여기서 우리는 '개'가 유대 전통 속에서 항상 부정적인 이미지로 묘사된 것이 아님을 상기해야 할 것이다. 들개와 달리 가정에서 사육되던 개는 종종 의로운 이방인을 상징하기도 하였다. 본문에서 개는 분명히 종말론적인 잔칫집에 참석하고 있다. 그러나 그 개는 잔칫집에 머물면서 부스러기는 먹지만 손님과 가족들처럼 정식으로 먹는 것은 아니었다. 이런 면에서 볼 때 연회에 동석하고 있는 개는 (새)이스라엘의 종말론적인 축복에 참여하고 있는 의로운 이방인들을 상징한다고 할 수 있다. 그러므로 여인이 자신을 상 아래에서 아이들과 함께 동참할 자격이 있는 애완견으로 묘사하고 있는 것은 하나님 나라의 축복에 동참하기를 원하는 그녀의 신앙고백이라 할 수 있다.

7:28에 "먹다 남은 부스러기"는 예수님을 따르던 유대인 5,000명을 먹이신 사건에서 남은 열두 광주리를 회상하게 만든다. 유대인 자녀들은 이미 예수님의 먹이심에 의해 풍족하게 되었을 뿐만 아니라 열두 광주리의 떡, 곧 이방인 개들을 위한 떡이 충분히 남아 있었다. 그리고 이방인 역시도 예수님에 의해 풍족히 먹게 될 것이다(8:1-10). 또 거기서도 다른 사람들을 위해 일곱 광주리가 남는다(8:8). 결국 하나님 나라의 축복은 유대인을 넘어 만국에 베풀어지게 될 것이다(13:10). 그러나 그 축복을 얻기 위한 중요한 요소는 믿음이다. 다음 구절에서 마가는 이 사실을 강조하고 있다.

여인의 믿음

예수님은 그녀에게 "이 말을 하였으니 돌아가라. 귀신이 네 딸에게서 나갔느니라"고 선언하셨다(7:29). 여기서 우리는 '이 말을 하였으니'를 어떻게 해석해야 하는가? 헬라어 본문을 그대로 직역하면 '이 말들 때문에' 이다. 마가복음 전체의 문맥상 우리는 '너의 믿음의 고백 때문에' 라고 해석할 수 있을 것이다.[2] 자신을 하나님 나라의 축복에서 배제된 성 밖의 들개로 보지 않고 신앙고백과 함께 하나님의 축복을 받아 누릴 자격이 있는 애완견으로 표현한 당당한 고백이 바로 그녀의 믿음이었다. 마가복음 도처에서 예수님은 사람들이 치유받은 것은 그들의 믿음 때문이라고 말씀하셨다(막 2:5; 5:34; 10:52; 참고, 마 15:28). 그녀는 예수님의 말씀에 의지하여 집으로 돌아갔고, 집에 돌아왔을 때 자기 딸에게서 귀신이 나간 것을 발견하였다(7:30).

이 본문 안에 나타난 수로보니게 여인의 믿음(7:29)은 앞 단락의 바리새인들의 형식적인 신앙과 대조를 이루고 있다. 마가는 이 두 사건의 대조를 통해서 사람이 구원받는 것은 인간들의 규례 준수를 통해서가 아니라 예수 그리스도를 향한 믿음을 통해서 이루어짐을 강조하고 있다(참고, 롬 3:19-31). 유대인을 대표하는 종교 지도자들에 의해 배척 당하셨던 예수님이 이제 이방인들에게는 환영을 받게 되었다. 이 사실은 복음에 대한 유대인의 거부로 인해 그 복음이 이방인들에게 전파될 것임을 암시한다.

귀먹고 어눌한 자의 치유(7:31-37)

예수님께서 시돈을 경유하여 갈릴리 동쪽 데가볼리 지역에 이르러 또 다시 병자를 고치신 본문의 기사는 앞 단락의 수로보니게 여인의 치유 사건과 연관하여 이방인들에게도 복음의 빛이 비춰질 것이라는 사실을 밝히고 있다. 또한 이 기사 속에서 예수님은 자신이 그들에게 빛을 가져오는 메시아라는 사실을 계시하고 있다.

예수님이 데가볼리 지역에 머무셨을 때 사람들이 귀가 먹고 어눌한 자를 데리고 와서 안수해달라고 청하였다(7:31-32). 그는 귀가 둔하여져 들을 수 없는 사람이었다. 이것은 지금까지 예수님을 따라오면서도 귀가 둔하여 깨닫지 못하고 있는 제자들의 실체를 경고하는 것으로 귀먹고 어눌한 자의 치유를 통하여 제자들의 영적인 둔함에 대한 치유의 필요성을 역설하고 있다. 여기서 "어눌한 자"(모기랄론, μογιλαλον)는 '말할 때 어려움을 느끼는 자'를 지칭하는 것으로 신약에서는 이곳에서 한번 사용된다. 마가는 이 헬라어 단어를 70인역의 사 35:6로부터 인용하였다.[3] 그는 이방인에게 구원을 가져오는 메시아에 대한 이사야의 예언이 예수님을 통해 성취된 것을 증거하는 의미로 이 단어를 사용했을 것이다.

예수님은 그 사람을 치유하시기 전에 무리들을 뒤로하고 그 사람을 따로 데리고 가셨다. 예수님은 손가락을 그의 두 귀에 넣으시고 침을 뱉으시고 그의 혀를 만지셨다(7:33). 1세기 유대 지역과 그레코-로만 세계에서 침을 사용하여 환자의 환부에 손을 대는 치료법은 당시 민간요법으로 널리 알려져 있었다. 예수님께서 말씀으로 능히 치유하실 수 있는데(요 4:50) 자칫 미신으로 오해를 불러일으킬 수 있는 이 방법을 사용하신 이유는 그의 말씀을 듣고 반응할 수 없는 귀먹은 자가 접촉을 통해 믿음을 드러내도록 하려는 예수님의 의도였던 것으로 보인다.

마가의 아람어 표현: "에바다"

특별히 우리가 주의해야 할 것은 예수님은 직접 치유기적을 행하시지 않고 하늘을 우러러 탄식하시며 "에바다"('열려라')라고 말씀하신 부분에 있다(7:34). 여기서 "탄식"은 신음과 같은 소리로서 예수님께서 그 사람의 처지를 마음속 깊이 동정하셨다는 사실을 보여주는 대목이다. 이런 의미에서 예수님의 치유는 자신의 신적 능력을 과시하기 위한 것이 아니라 이방인들을 향한 자비로우심에 근거한다(참고, 마 8:17; 9:36; 14:14; 15:32; 18:27; 20:34). 비록 '에바다'가 아람어라는 일반적 견해에도 불구하고 학자들 사이에서는 그것이 아람어 혹은 히브리어인지에 대해 일치된 의견을 보이지 않고 있다. 왜냐하면 두 언어는 매우 흡사하고 당시 팔레스타인 지역에 있던 유대인들은 두 언어를 모두 사용하기 때문이었다. 외국어 혹은 무의미한 음절을 주문으로 사용하는 것은 당시 마술사나 귀신을 쫓아내는 사람들 사이에서 일반적인 특성이었다. 그러면 지금 마가는 예수님께서 마술사처럼 주문을 사용하고 계신 것을 표현하고 있는 것인가? 아니다. 마가는 그들의 행동과 예수님의 행동을 구별하기 위해 그 단어의 번역을 덧붙이고 있다. '에바다'는 '열리라'는 의미의 단순한 명령어이다(참고, 15:34).

예수님은 그 사람을 잡고 있던 죄와 질병이 떠나도록 명령하셨다. 그러자 즉시 귀가 열리고 혀가 풀려서 그는 분명히 듣고 말할 수 있게 되었다(7:35). 1세기 팔레스타인 지역의 사람들은 귀먹고 말을 더듬는 증상이 귀신에 의한 것이라고 생각하였다. 그러므로 그가 치유되었다는 사실은 그를 붙들고 있던 귀신들이 떠나가고 하나님의 축복이 도래하였음을 상징한다. 또한 7:33에서 예수님은 자신의 손을 그 사람 양 귀에 넣으셨다. 여기서 "넣으셨다"(에발렌, εβαλεν)는 문자적으로 '쫓아내다'라는 의미를 갖고 있기도 하다. 특히 이 헬라어 동사는 1:34, 39; 3:15에서 예수님께서 귀신을 축출하실 때 선포하셨던 명령어이다. 그러므로 우리는 예수님께서 그 사람의 귀에 손을 넣으신 것이 그를 붙잡고 있던 귀신이 빠져나가도록 하기 위한 하나의 통로를 만드신 것이라 추측할 수 있다.

예수님의 새 창조

예수님께서는 이 사건을 목격한 사람들에게 함구를 명령하셨다. 그러나 그들은 말하지 말라고 경계할수록 더 널리 그 소식을 전하였다(7:36). 예수님께서 행하신 이적을 말하지 못하게 막으신 것은 1:44과 같이 자신이 단지 이적을 행하는 자로 잘못 알려지기를 원하지 않으셨기 때문이며, 5:20과 같이 단지 이적을 보고 놀라는 것이 아니라, 하나님 나라의 복음을 듣고 믿는 것을 더 원했기 때문이었다. 우리는 여기서 예수님의 명령을 어기고 전할 수밖에 없었던 그들의 감격적 체험을 간과해서는 안 될 것이다.

한편 그 소식을 접해 들은 데가볼리 사람들은 흥분하였으며 크게 놀랐다(7:37). 또한 그들은 "다 잘하였도다(포이에오, ποιεω) 귀머거리도 듣게 하고 벙어리도 말하게 한다(포이에오, ποιεω)"고 말하였다. 이것은 예수님이 첫 번째 데가볼리 지역을 방문하였을 때와는 대조적인 반응으로 그들은 놀라기만 한 것이라 아니라 그분의 창조적인 능력을 믿게 되었다(참고, 5:20). 특히 여기서 두 번 사용된 동사 "포이에오"는 '만들다, 창조하다'는 뜻으로 창 1:1-2:3의 창조 기사를 반영하고 있다. 또한 7:37의 "예수님께서 잘하셨다"("모든 것을 좋게 하셨다"He has done all things well〔칼로스, καλως〕)는 창 1:31을 반영하고 있다.[4] 거기에서 하나님은 자신이 창조하신 것들을 보고 "매우 좋았다"고 선포하셨다. 뿐만 아니라 사 35:5-6도 반영하고 있다. 이사야는 "앞으로 메시아 시대가 올 것이며 그때가 되면 귀머거리의 귀가 열리고, 벙어리의 혀가 노래할 것이라"고 했다. 이 본문은 이사야서 안에서 새로운 세상이 재창조될 때 이와 같은 일련의 사건들이 발생할 것을 예언하는 부분이다. 귀머거리와 소경의 치유는 창조 때처럼 새로운 세상이 출발하는 징조다(참고, 사 43:14-21). 그러므로 마가는 창세기의 창조 기사와 사 35장을 언급하면서, 예수님이 귀머거리이며 벙어리인 소년을 고친 사건은 하나님의 새 창조의 역사가 이방인들에게도 주어지고 있음을 말하려는 것이었다.

문학적 구조에서도 이 본문은 영적으로 둔한 제자들을 일깨우고 제자도의 필수조건으로 영적인 지각知覺을 강조하고 있다. 4:13에서 씨 뿌리는 비유에 대해 듣고도 예수님의 가르침을 깨닫지 못했던 제자들은 책망을 들었다. 그리고 7:17-18에서 예수님께서는 사람을 부정하게 하는 것들에 대한 비유적 가르침을 듣고도 깨닫지 못하는 무지한 제자들을 책망하셨다. 그들은 마치 영적으로 귀머거리와 같았다. 그러므로 예수님은 이 치유 이적을 통해 영적인 귀머거리와 같은 제자들에게 치유가 필요함을 상징적으로 나타내고 있는 것이다. 예수님을 따르기 원하는 사람들은 그의 말씀을 듣고 그분이 누구시고 무엇을 원하는지에 대한 분명한 자각과 함께 결단이 있어야 한다. 영적인 귀가 막혀 하나님 나라의 복음을 듣고 깨닫지 못하는 자들은 영적인 벙어리들로서 그 복음을 전할 수 없기 때문이다.

제 8 장 제자들의 영적인 무지와 오해

칠병이어의 기적(8:1–10)

제자들의 반응과 관련하여 8:1–26은 6:31–7:37과 유사한 문학적 구조를 가지고 있다. 마가는 6:31–44과 8:1–10에서 두 번에 걸쳐 무리를 먹이신 이적을 기록하고 있다. 한 사건은 유대 지역에서 일어났고, 다른 사건은 이방 지역에서 일어났다. 이 두 사건 속에서 예수님은 먹이심의 이적을 통해 종말론적인 목자로서의 자신의 신분을 계시하셨다. 그러나 이 사건들을 목격한 제자들은 아무것도 깨닫지 못하였다(6:52; 8:21). 7:14–16에서 예수님은 사람을 부정하게 하는 것들에 대해 비유적으로 말씀하셨지만 제자들은 그 말씀이 무엇을 의미하는지 전혀 깨닫지 못하였고(7:18–19), 8:14–15에서도 예수님은 누룩과 같이 퍼지는 바리새인들의 불신앙을 닮지 말라고 경고하셨으나 영적으로 무지한 제자들은 배 안에 떡이 부족한 것에 대한 책망으로 오해하였다(8:16). 그들은 마치 영적으로 귀머거리와 소경 같았다. 그들은 두 번에 걸쳐 베푸신 먹이심의 이적들을 보기는 보았지만 그것이 상징하는 의미를 이해하지 못하였고, 비유적 교훈들을 듣기는 들었지만 깨닫지 못하였다. 이런 맥락에서 귀머거리(벙어리)와 소경의 치유 사건들은 영적인 귀머거리와 소경인 제자들에게 영적 지각의 필요성을 상징적으로 나타내고 있다.

8:1의 "그 즈음에"는 앞서 일어난 귀머거리(벙어리)의 치유 사건과 본 사건이 시간적으로 연결되어 있음을 보여준다. 그리고 연이어 언급되는 "또"라는 말은 본 사건이 얼마 전의 오병이어 사건과 별개의 사건임을 분명히 한다. 예수님이 데가볼리 근처 갈릴리 호수에서 사역하시는 동안 수많은 무리들이 모여들었으며, 이 사역은 3일 동안 계속되었다. 그러므로 3일이 지나자 무리들은 더 이상 먹을 음식이 없었다(8:1-2). 그들 중에는 먼 곳에서 온 사람들도 있었기 때문에 지금 당장 집으로 돌아간다 해도 허기진 배를 참고 먼 길을 걸어가야만 했다. 예수님은 이러한 무리의 사정을 아시고 그들을 불쌍하게 생각하셨다(8:3). 여기서 "이미 사흘"이라는 말은 첫 번째 먹이심의 사건과 본 사건이 다른 사건임을 또 한번 입증한다. 6:30-44의 사건은 당일 발생한 사건이지만 본 사건은 3일 동안 무리와 예수님이 함께 머무르며 발생하였음을 나타내고 있다. 또한 첫 번째 먹이심의 사건은 제자들의 문제제기로 시작된 것인데 반해(6:35-36), 본 사건은 예수님의 문제제기로 시작된 것이다(8:2-3). 특히 8:3의 "멀리서 온 사람"은 사 60:4과 렘 46:27에서 이방인을 지칭하기 위해 사용한 표현으로 하나님께서 훗날 자신의 백성들을 원방에서 불러모으실 것을 약속하시는 구절이다. 이런 의도 가운데 이방 지역에서 행하신 예수님의 이적은 그러한 하나님의 약속들이 성취되고 있음을 보여준다. 비록 그 구약 본문들은 유배를 떠났던 이스라엘이 돌아올 것을 예언하고 있지만, 초대교회들은 이방인들이 교회로 영입될 것에 대한 예언으로 이 본문들을 이해하였다(엡 2:14). 그러므로 예수님의 두 번째 먹이심의 이

적은 하나님의 구원이 유대인의 울타리를 넘어 이방인에게까지 확대될 것을 암시하고 있다.

이방인 영역에 도래한 하나님의 축복

"사흘"과 "멀리서 온 사람"(8:2-3) 그리고 "일곱 개의 떡과 남은 바구니"(8:5, 8)라는 다양한 표현들은 수 9:6-9을 반영하고 있으며 두 번째 먹이심의 이적의 대상자들이 이방인임을 암시한다. 수 9장에 등장하는 화자는 이스라엘이 가나안에 들어가 쳐부수어야 할 일곱 족속 가운데 하나인 이방인 히위 족속의 기브온 사람들이었다(참고, 신 7:1-2). 그들은 곰팡이가 난 떡덩어리를 가지고 이스라엘을 속여 그들로부터 멸망 당하는 것을 피할 수 있었다. 이스라엘은 그 사실을 "사흘" 뒤에 알게 되었다(수 9:5, 12, 16). 결국 이러한 구약적 표현들의 반복적 언급을 통해 마가는 본 사건이 수 9장에서 언급되는 화자와 동일하게 이방인이 대상임을 나타내고 있다.

예수님의 말씀에 제자들은 이 많은 무리를 먹일 떡을 광야에서 구할 수 없다고 반응하였다(8:4). 그러자 예수님은 그들에게 "떡이 몇 개나 있느냐?"고 물으셨고, 제자들은 "떡 일곱 개"가 있다고 대답하였다(8:5). 여기서 우리는 6:32처럼 "광야"라는 어휘를 통해 본문의 열두 제자들의 태도를 출애굽 광야 시절 이스라엘의 불신앙적인 태도와 연결하고 있다.

이런 맥락에서 8:4에서 묘사되고 있는 제자들의 불평적인 질문은 광야에서 불평하는 이스라엘의 모습과 유사하다(출 16:3). 이스라엘 백성들이 이미 애굽과 홍해에서 하나님의 능력을 체험하였음에도 불구하고 광야에서 그것을 기억하지 못하고 불신앙적인 모습을 보인 것처럼, 제자들도 이전에 먹이심의 기적을 체험하였음에도 불구하고 지금 예수님의 능력을 깨닫지 못하고 불평하는 모습을 보인다. 여기서 제자들은 6:52에서 처럼 영적인 둔함과 무지를 다시 한 번 드러내 보이고 있다.

하나님께서 과거 우리 생애 가운데 보이신 수많은 기적 같은 사건들을 체험하고도 우리는 현재 직면한 시련 속에서 그가 반드시 지키실 것이라는 사실을 확신하지 못한다. 아마도 그것은 어떤 상황 속에서도 우리를 쉴 만한 물가로 인도하실 하나님 그분 자체에 대한 확고한 믿음이 없기 때문에 단지 순간마다 문제가 해결된 것에 대한 일시적 감사에 머물러 있었기 때문일 것이다. 문제가 해결되지 않고 어두움의 터널이 길게 느껴질지라도 그분이 우리를 품에 안고 계심을 확신한다면 앞을 향해 담대히 나아갈 수 있을 것이다.

예수님은 무리들을 땅에 앉게 하신 후에 제자들이 가진 떡을 앞에 놓고 축사하셨다(8:6). 축사를 마치신 후에 주님은 떡을 떼어 제자들에게 주시면서 그 떡을 무리들에게 나누어 주라고 하셨고, 제자들은 그 명령대로 그 떡을 무리들에게 나누어 주었다(8:6). 그리고 주님은 생선도 축사하시어 무리들에게 나누어 주라고 하셨다(8:7). 8:6에 "축복하시고"는 앞서 먹이심의 기적(6:30-44)과 두 가지 다른 점을 보이고 있다. 첫째, 6:41에 사용된 "하늘을 우러러"(6:41)라는 표현이 생략되었고, 둘째로 6:41과 다른 단어를 사용하고 있다(개역성경에는 "축사"로 동일하게 표현됨). 곧 8:6에 사용한 "축사"(giving thanks, 유카리스테사스, ευχαριστησας)는 '감사하다' 혹은 '감사를 돌리다' 라는 의미이나 6:41에 사용한 "축사"(blessing, 율로게센, ευλογησεν)는 '찬양', '칭찬', '축복하다' 는 의미이다. 그러므로 전자는 일상의 식사 기도에서(롬 14:6; 고전 10:30; 딤전 4:3) 자연스럽게 사용된 말이며, 후자는 기적을 위한 축복의 간구를 위해 사용된 말이다. 더욱이 전자는 눅 22:19과 고전 11:24에서 성만찬과 관련하여 사용되었다(실제로 현대의 '성만찬' 이란 뜻인 Eucharist가 이 단어에서 유래되었다). 아마 마가는 여기서 독자들이 유대인과 이방인이 함께 참여하는 성만찬에 대한 그림자를 볼 수 있도록 의도하고 있는 듯하다(참고, 고전 10장).

예수님의 먹이심의 이적은 출애굽 이후 광야의 생활, 기독교인들의 성만찬, 그리고 종말론적 연회를 연상시킨다. 유대인들은 매년 유월절 때 본문에서 예수님이 행하신 것처럼 하나님께서 아무것도 없는 광야에서 그들의 조상을 먹이셨던 것을 상고하였다. 그리고 그들은 또 다시 그와 같은 만나 이적과 메시아에 의해 베풀어질 거대한 연회를 기대하였다(참고, 사 25:6-8; 마 8:11-12; 눅 13:28-29). 그러므로 예수님은 광야에서 무리를 먹이시는 이적을 통해 자신이 종말론적 축복을 가져오시고 어린양의 혼인 잔치를 베풀 그리스도라는 사실을 계시하신 것이다.

예수님의 먹이심에 대한 이중기술을 통해 마가는 예수님이 유대인들뿐만 아니라 이방인들에게도 주가 되시고 온 세상을 위해 오신 분이심을 강조하고 있다. 또한 이것이 사건 자체를 간략하게 서술하는 마가의 서술 기법에도 불구하고 그가 마태보다도(마 15:32-38) 구체적으로 칠병이어를 기록한 의도이다.

제자들의 무지(8:11-21)

이 단락은 마가복음 전반부(1:1-8:21)의 요약으로 다양한 주제들을 내포하고 있다. 헤롯과 바리새인에 대한 언급(8:11; 참고, 3:5-6; 6:14), 제자들의 무지(8:17-18; 6:52; 7:18), 제자들의 완악한 마음(8:18; 6:52)이 그것이다. 이 주제들은 마가복음 전반부를 관통하는 핵심 주제들이다. 제자들의 '영적인 무지'와 '마음의 완악함'이라는 주제를 반복하면서 이야기를 전개하는 마가의 문학적 기술이 이 단락에서 나타나고 있다. 배 안에 있는 제자들은 상징적으로 외인들과 구별된다. 그들은 선택된 자들이며 그들에게는 하나님 나라의 비밀이 주어졌다(4:11-12). 그러므로 그들은 예수님의 메시지를 듣고, 믿어서 30배, 60배, 100배의 열매를 맺어야 한다. 그러나 그들은 마음이 둔하고 눈이 어두워져 그 메시지를 깨닫지 못하고 열매를 맺지도 못하였다(참고, 4:12). 처음 그들이 예수님과 함께 배 안에 있을 때에도 그들은 비유적 말씀을 이해하지 못했다(4:13). 또한 세 번에 걸쳐 반복적으로 기록하고 있는 항해 기사들 속에서 제자들은 영적인 무지를 드러내고 있다(4:35-41; 6:45-52; 8:14-21). 제자들이 바다에서 광풍을 만났을 때 그들은 예수님의 신적인 정체성을 이해하지 못하고 의구심을 표명했다. "저가 뉘기에 바람과 바다도 순종하는고?"(4:41) 바다 위로 걸어오시는 예수님을 보았을 때도 제자들은 유령인 줄 알고 소리지르며 놀랐다(6:50). 그리고 바리새인과 헤롯의 누룩에 대한 예수님의 경고와 먹이심 기적의 의미를 이해하지 못하고 부족한 떡을 염려하였다. 그들과 함께 계시는 예수님의 정체를 이해하지 못한 제자들은 풍랑을 두려워하고, 물 위를 걸어오시는 예수님을 보고 놀랐으며, 배 안에 빵이 없음을 걱정하였던 것이다.

예수님은 이방 지역을 떠나 갈릴리로 돌아오자 또 다시 외식적인 바리새인들을 만나셨다. 바리새인들은 주님께 와서 "하늘로부터 오는 표적"을 보여달라고 요구하였다(8:11). 여기서 '표적'(세메이온, σημειον)이란 신적인 존재임을 거부할 수 없도록 만드는 외적인 증거를 말한다. 유대인들은 마술사들도 땅의 기적은 행할 수 있지만 하늘로서 오는 표적은 오직 하나님만이 할 수 있다고 생각했다. 구약의 선지자들은 자신들이 선포하는 메시지가 하나님의 말씀이라는 것을 입증하기 위해 여러 가지 표적을 행하였다. 엘리야는 하늘로부터 불을 내려오게 했으며(왕상 18:24), 사무엘은 블레셋 사람들에게 뇌성과 비를 내려오게 하였다(삼상 7:10). 여호수아는 전쟁 중에 해와 달을 머물게 하였으며(수 10:12-14), 모세는 하늘로부터 만나를 내려오게 하였다(출 16:4). 예수님께서는 선지자들보다 더 많은 이적을 행하셨다. 그 모든 이적들은 예수님이 신적인 권위를 갖고 계신 하나님인 것을 보여주는 표적들이었다. 바리새인들은 구약에 능통한 자들이었기 때문에 누구보다도 그 표적들의 의미를 더 잘 이해할 수 있었다. 그러나 마음이 완악한 그들은 이러한 표적을 보고도 예수님의 하나님 되심을 깨닫지 못하고 또 다른 표적을 요구하였다. 그들은 마치 광야에서 하늘로서 베풀어지는 만나와 메추라기를 먹으면서도, 끝없이 하나님의 존재를 깨닫지 못하고 원망하고 불평하던 그들의 조상과 같았다. 그러므로 예수님은 그들을 보시고 탄식하시며 더 이상 그들에게 표적 베푸시기를 거절하셨다(8:12).

바리새인과 헤롯의 누룩이 갖는 상징적 의미

이와 같은 바리새인들의 불신앙적인 태도를 염두에 두시고 예수님께서는 제자들에게 "바리새인과 헤롯의 누룩을 주의하라"고 경계하셨다(8:15). 신약에서 누룩은 다양한 의미를 내포하여 은유로 사용되었다. 마 13:33과 눅 13:31에서 누룩은 긍정적인 의미에서 '하나님 나라의 시작과 확장'을 나타내는 의미로 사용되었다. 그러나 고대 유대인들과 그리스도인들 사이에서 누룩은 부정적인 의미로 '악한 행동과 성향'에 대한 의미로 사용되었다(고전 5:6-8; 갈 5:9). 누가복음에서 제자들은 누룩을 바리새인들의 위선으로 이해하였으며(눅 12:1), 마태복음에서 제자들은 그것을 바리새인과 사두개인의 잘못된 교훈으로 이해하였다(마 16:20). 비록 마가는 바리새인들의 누룩이 무엇을 의미하는지 분명히 묘사하고 있지 않지만 우리는 마가복음의 문맥을 통해 그것의 의미를 짐작할 수 있다.

마가복음에서 바리새인들은 예수님 믿기를 완고하게 거부하는 배척자들로 묘사되고 있다(2:1-3:6; 3:22-30). 3:1-6에서 손 마른 자를 고치시는 예수님의 이적을 목격하였을 때, 그들은 예수님의 신적인 권위를 믿지 않고 그를 죽이기 위해 헤롯 당원들과 함께 음모를 꾸몄다(3:6; 참고, 12:13). 그리고 바리새인들은 수많은 예수님의 이적들을 경험하고도 하늘로부터 내려오는 표적을 요구하였다(8:11-13). 그들은 예수님의 이적들 가운데 계시된 예수님의 메시아적 성향을 어느 정도 이해하였음에도 불구하고 믿기를 거부한 것이다.

헤롯 역시 바리새인들처럼 예수님의 기적들을 들었을 때, 믿음으로 나아가지 못하고 불신앙적인 두려움과 적대감을 가졌다(6:16-17). 또한 그는 그 기적들 가운데 내포된 예수님의 신적인 권위를 깨닫지 못하고 죽은 세례 요한이 부활한 것으로 오해하였다(6:16). 더욱이 그는 바리새인들이 예수님의 표적들을 보고 죽이려는 음모를 꾸민 것처럼 세례 요한의 메시지를 듣고 그를 살해하였다(6:27-29). 결국 바리새인들과 헤롯의 누룩은 마음의 완악함으로 인해 야기된 그들의 불신앙적 태도와 행동을 의미한다. 그러므로 예수님은 제자들에게 불신앙에 빠져들지 않도록 경고했던 것이다.

제자들은 예수님께서 말씀하시는 것을 결코 이해하지 못하였다. 대신에 그들은 배 안에 떡이 없음을 염려했다. 그러므로 예수님은 제자들을 보고 "너희가 아직도 알지 못하며 깨닫지 못하느냐? 너희 마음이 둔하냐? 너희가 눈이 있어도 보지 못하며 귀가 있어도 듣지 못하느냐? 너희가 아직도 깨닫지 못하느냐?"고 책망하셨다(8:17-18). 4:13 이후 계속적으로 예수님과 함께하며 수많은 이적을 보고 가르침을 받았지만 그들은 아직도 영적인 귀머거리였고 소경이었다. 그러므로 예수님께서는 제자들의 영적인 무지에 대해 경고하셨다.

"마음의 완악함"에 대한 수사적 의문문의 기능

8:17-18은 렘 5:21을 반영하고 있다.[1] 예레미야는 하나님의 메시지를 거부하고 불순종하는 이스라엘을 책망하였다. 마음의 완악함 때문에 이스라엘 백성들은 자연 속에 계시되고 있는 하나님의 전능全能을 보지 못하고 하나님의 음성을 듣지 못하였다(렘 5:22-23). 그러므로 그들은 하나님의 통치를 거부하고 우상 숭배에 빠지고 말았다(렘 5:23; 참고, 시 115:4-7). 렘 5:25-28에서 선지자는 마음이 완악하여 하나님의 권위에 불순종한 이스라엘에게 무슨 일이 발생하였는지를 묘사하고 있다. 그 결과는 심판이었다. 이스라엘 위에 비가 중단된 것은 그들의 죄 때문이었다(렘 5:25). 그러므로 이스라엘 땅에 임한 황폐함은 불순종한 사람들 위에 임한 신적인 심판으로 이해될 수 있을 것이다(렘 5:29-30). 여기서 마가는 제자들이 마음의 완악함 때문에 하나님께 불순종하여 심판을 받게 된 이스라엘 백성과 동일함을 말하는 것이 아니다. 8:17-18에서 예수님은 제자들에게 과거에 마음이 완악하여 하나님의 말씀에 불순종한 이스라엘을 상기시키면서 그들이 그런 불신앙적인 늪에 빠지지 않도록 경고하고 계신 것이다.

또한 예수님에 대한 바리새인들의 불신앙적인 배척을 묘사하기 위해 사용되었던(3:5) '마음의 완악함' 이란 개념이 지금 제자들에게 사용되고 있다. 종교 지도자들처럼 제자들은 예수님의 정체를 깨닫지 못했다. 그러나 예수님께서 이 용어를 제자들에게 적용시켜 사용하신 것은 그들이 바리새인들처럼 자신의 적대자임을 지적하시기 위한 것이 아니었다. 제자들로 하여금 그들의 행위가 바리새인들의 불신앙적 태도를 복사하고 있음을 깨우치고 제자들(독자들)의 영적인 자각을 촉구하시기 위한 것이었다. 그러므로 3:5에서 바리새인들의 마음의 완악함을 지적하는 서술적 형태와 다르게 8:17-18에서는 수사적 이중 의문형이 사용되고 있다(참고, 4:13).

마가복음에서 신적 권위를 계시하는 예수님의 지속적인 이적과 가르침에도 불구하고 종교 지도자들은 의도적으로 예수님을 배척하였다. 그러나 제자들은 영적인 소경으로 예수님을 이해하는 데 실패하고 때때로 혼돈스러웠지만, 예수님을 적대시하지는 않았다. 그러기에 예수님은 그들에게 계속적으로 비유적 교훈과 이적에 숨겨진 의미들에 대해 개인적으로 설명해주셨다. 그리고 본문에서 예수님은 제자들이 종교 지도자들과 같은 불신앙에 빠져드는 것을 막기 위해 경고하고 계신 것이다. 그것은 동일하게 우리에게도 적용된다. 만약 예수님의 경고를 깨닫고 자신들의 믿음 없음을 회개한다면, 그들에게는 하나님 나라의 용서와 축복이 주어질 것이다(참고, 14:28; 16:7). 그러나 가룟 유다처럼 계속 불신앙에 머문다면 그들은 하나님으로부터 배척받게 될 것이다(참고, 14:21).

예수님은 떡이 부족한 것을 염려하는 제자들을 보시고 자신이 말씀하신 것은 음식 문제가 아니라는 것을 가르쳐주기 위해 질문을 하셨다. 예수님께서는 제자들에게 떡 다섯 개로 5,000명을 먹일 때 남은 조각에 관해 물으셨다. 제자들은 열두 광주리가 남았다고 대답하였다(8:19). 두 번째로 예수님은 떡 일곱 개로 4,000명을 먹일 때에 남은 떡을 얼마나 거두었느냐고 물으셨다. 제자들은 일곱 광주리였다고 대답하였다(8:20).

바리새인들처럼 제자들은 예수님의 오병이어와 칠병이어의 숨겨진 의미를 이해하지 못하였다. 그러므로 예수님은 수사적 질문을 통해 그들을 일깨우고 계셨다(8:19-21). 그들은 그 놀라운 먹이심의 이적들을 이미 경험하였지만 영적인 귀머거리이며 소경인 제자들은 예수님의 신분을 이해하지 못했다(참고, 7:31-37; 8:22-26). 왜냐하면 그들의 마음이 둔하고 영적인 눈과 귀가 닫혀 제 기능을 못하고 있었기 때문이었다. 이런 제자들의 영적인 상태와 관련하여 이전 단락의 귀머거리 치유 사건(7:31-37)과 다음 단락의 소경 치유 사건(8:22-26)은 육체적 귀머거리와 소경을 치유하신 예수님께서 영적으로 소경이고 귀머거리인 제자들 역시 회복하실 것을 암시한다. 특히 8:17, 21에서 사용된 부사 "아직은 아니지만"은 제자들이 지금은 보지 못하고 깨닫지 못하지만 점진적으로 그들은 보고, 듣고 깨닫게 될 것을 암시한다. 종교 지도자들과 다르게 제자들의 문제는 보고, 듣고 믿는 것을 거절하는 것이 아니라, 볼 수 없고 들을 수 없기에 깨달을 수 없다는 것이다. 그러므로 그들이 계속 예수님을 따르기만 한다면, 예수님께서는 볼 수 없고 들을 수 없는 그들의 눈과 귀를 열어주실 것이다(예수님의 부활 이후. 참고, 14:28; 16:8).

영적으로 소경인 제자들은 계속 주님이 요구하는 고난과 희생의 삶을 무시하고 영광스러운 외형적 지위를 얻기 위해 열심히 행동하였다. 그러므로 그들이 아무리 열정적으로 예수님을 따랐다 하더라도 그것은 예수님께서 원하시는 삶이 아니었다. 종종 현대 교회 안에서 우리들은 개인의 열심 있는 행동을 통해 신앙을 표현하려 한다. 그러나 우리 각자의 열정이 과연 예수님으로부터 받았기에 감사하는 마음으로 그분께 다시 나의 삶을 드리기로 작정한 결단에서 비롯된 것인지, 혹은 존경과 칭찬을 얻기 위한 것인지를 분명하게 점검해야 할 것이다.

벳세다 소경의 치유(8:22-26)

마가의 문학적 구성에 따르면 본문은 바로 전 단락에서 무슨 일이 일어났는지를 반영하고 앞으로 어떤 사건이 전개될 것인지를 예기한다. 본문의 육체적 소경은 앞 단락의 영적으로 소경인 제자들을 암시하고 있으며(8:14-21), 예수님의 소경 치유 사건은 제자들의 영적인 눈이 열려 예수님을 바로 보고, 그의 신분을 깨닫게 될 것을 예고해주고 있다(참고, 8:27-28). 또한 마가는 본문을 제자의 길을 교훈하고 있는 단락(8:27-10:52) 바로 앞에 구성하여 참된 제자도의 필수조건으로 영적인 인식을 강조하고 있다. 예수님의 수난과 죽음을 바로 보고 깨달은 자들만이 자기를 부인하고 십자가를 지고 예수님을 끝까지 좇을 수 있다.

예수님의 일행이 벳세다에 도착했을 때 몇 사람이 소경 하나를 데리고 와서 고쳐달라고 청하였다(8:22). 예수님은 그 요청을 받으신 후에 소경의 손을 잡고 마을 밖으로 나가셨다(8:23). 마가복음을 보면 이처럼 예수님께서 비공개적으로 병자를 치료하신 일이 세 번 기록되어 있다(참조, 5:35-43; 7:31-37; 8:22-26). 예수님께서 왜 비공개적인 장소로 그들을 데리고 가셨는지에 대해 정확하게 알 수는 없지만, 아마도 사람들이 소문을 듣고 하나님 나라의 복음보다는 이적을 바라고 몰려드는 것을 원치 않으셨기 때문일 것이다.

이중 치유의 상징적 의미

8:23은 치유의 과정을 묘사하고 있다. 예수님은 소경의 손을 붙드시고 마을 밖으로 데리고 나가서 눈에 침을 뱉으시며 그에게 안수하셨다. 그리고 소경에게 "무엇이 보이느냐?"라고 물으셨다. 예수님의 질문에 대

해 그는 "우러러보며"라는 말과 함께 "사람들이 보이나이다. 나무 같은 것들이 걸어가는 것을 보나이다"라고 대답했다(8:24). 이 단락에서 "우러러보다"(아나블렙사스, αναβλεψας)라는 동사는 7:34의 단어와는 다른 기능을 한다.[2] 7:34에서 이 동사는 예수님께서 위를 쳐다보는 것을 묘사하는 단순한 표현이었다. 그러나 이 동사가 본문과 같이 소경과 관련하여 사용될 때에는 시력의 회복을 말한다(막 10:51-52; 마 11:5; 20:34; 눅 7:22; 18:43; 요 9:11, 15, 18; 행 9:12, 17, 18: 22:13).[3] 그의 눈은 시력을 회복하여 사람들이 이리저리 걸어다니는 것을 볼 수 있었다. 그러나 그의 시력이 아직 완전히 회복된 것은 아니었다. 왜냐하면 그는 걸어다니는 사람들이 분명하게 보이지 않고, 나무 같은 것들이 걸어다니는 것처럼 보였기 때문이다. 예수님께서는 그의 눈이 아직 완전히 회복되지 못했다는 것을 확인하신 후에 다시 한 번 손을 그 사람의 눈에 대고 안수하셨다. 그리고 두 번째 안수를 받은 소경의 눈은 완전하게 시력을 회복하였으며 사물을 분명하게 볼 수 있게 되었다(8:25).

우리는 마가가 두 번째 안수와 함께 치유된 소경의 상태를 묘사하기 위해 사용한 두 개의 동사에 주목해야 한다. 첫 번째로, "주목하여 보더니"(디에블렙센, διεβλεψεν)는 단회적 행동으로 분명하게 응시하게 되었음을 의미하며(부정과거시제), "밝히 보는지라"(에네블레펜, ενεβλεπεν)는 주의 깊게 응시하되 계속적으로 보는 것을 말한다(미완료시제). 이처럼 마가는 이 두 개의 동사를 통해 예수님께서 다시 안수하시어 시력이 완전히 회복되고 지속적으로 보게 되는 과정을 묘사하고 있다. 이제 불분명하게 보이던 것이 완전하게 보이게 되었다. 그런데 여기서 나타난 이 두 단계의 치유는 예수님의 무능함을 나타내는 것이 아니라 제자들의 영적 무지 상태를 지적하기 위한 상징적인 표현이다. 이 상징적 표현은 제자들이 두 단계에 걸쳐 치유될 것을 암시한다.

이 기사는 제자들의 무지(8:14-21)와 예수님에 대한 베드로의 부분적 이해(8:27-31)를 연결하는 다리 역할을 하고 있다. 1:16-8:21에서 제자들은 예수님의 정체성을 이해하는 데 실패하였다. 그런 그들이(베드로는 마가복음에서 제자들을 대표한다) 갑작스럽게 예수님의 정체성을 이해하고 예수님을 그리스도라고 고백한다(8:27). 그러나 그것은 부분적 인식에 불과할 뿐 예수님의 정체성을 완전히 이해한 것은 아니었다. 왜냐하면 그는 예수님이 그리스도라는 사실은 알았지만 고난 당하실 그리스도라는 사실은 이해하지 못하고 예수님의 수난과 죽음을 만류하였기 때문이다. 제자들의 영적인 시력이 아직은 완전히 회복되지 않았던 것이다. 그러기에 그들은 예수님에 대해 오해하고 차후에 사람들 앞에서 그를 부인했고 배반했으며(14:44-47, 66-72) 종교 지도자들에게 넘겨주었다. 제자들은 부분적 시력을 넘어서 완전한 시력을 갖기 위해 두 번째 치유가 필요했던 것이다.

비록 마가는 그의 복음서에서 완전히 회복된 제자들의 모습을 그리지는 않지만, "내가 먼저 갈릴리로 가리라"(14:28; 16:7)라는 예수님의 약속을 통해 그들이 완전한 시력을 회복할 것이라는 힌트를 제공하고 있다. 그들의 완전한 치유는 부활 후 갈릴리에서 예수님과의 재결합을 통해 성취될 것이다(16:15-20). 자신들의 잘못을 회개하는 제자들에게 예수님은 용서와 완전한 시력의 회복을 수여할 것이다. 신앙에 실패했거나 갈등 가운데 있는 독자들은 열두 제자들의 실패와 회복의 가능성에 대한 기사를 읽으면서 감정이입感情移入을 하게 된다. 그리고 그들은 신앙에 실패한 자신들의 삶을 회개하면서 그들의 신앙을 회복시켜주실 예수님께 소망을 갖을 것이다.

인자의 길(8:27-9:1)

마가복음은 내용상 베드로의 신앙고백 사건을 중심으로 전반부(1-8:26)와 후반부(8:27-16:20)로 나눌 수 있다. 전반부는 주로 하나님의 아들로서 예수님에 대해 초점을 맞추고 있다. 후반부는 수난과 죽음의 메시아로서 예수님을 묘사하고 있다. 여기서 8:27-10:52은 예루살렘으로 가는 도중 일어난 사건을, 그리고 11:1-16:20은 예루살렘과 그 주변에서 일어난 사건들을 기록하고 있다. 또한 마가복음의 후반부는 '올바른 제자도'에 초점을 맞추고 있다. 8:34에서 예수님은 자기를 부인하고 자기 십자가를 지고 따르는 것이 참된 제자의 도라 말씀하셨다. 예수님은 세 번 반복해서 자신이 십자가를 지고 죽을 것과 그 후에 다시 살아나실 것을 예고하셨다(8:31; 9:31; 10:33-34). 그리고 제자들에게도 믿음으로 자기 뒤를 따르라고 요구하셨다. 그러나 제자들은 이러한 예수님의 교훈을 전혀 깨닫지 못하였다. 예수님께서 죽으셨다가 다시 사셨을 때, 그때서야 십자가와 부활의 의미가 무엇인지 깨닫게 된다.

마가는 예수님께서 제자들에게 던지신 질문 "너희는 나를 누구라 하느냐?"를 복음서의 중심에 두고 있다. 그리고 마가는 그의 복음서 첫 문장에서 그 질문에 대한 올바른 대답을 제공한다. "하나님의 아들 예수 그리스도." 특히 이 질문이 '제자의 길'을 교훈하고 있는 단락(8:27-10:52)의 초반부에 제자들과 독자들에게 심도 있게 던져졌다는 사실은 예수님에 대한 분명한 이해와 신앙고백이 제자도의 골격임을 암시한다.

예수님은 제자들을 데리고 가시는 도중에 제자들에게 "사람들이 나를 누구라고 하느냐?"고 물으셨다(8:27). 당시 사람들은 예수님을 세례 요한, 엘리야, 혹은 선지자 중에 하나로 인식하고 있었다(8:28). 예수님의 첫 번째 질문에 대한 사람들의 대답은 6:14-15에 주어진 예수님의 신분에 대한 헤롯의 오해를 연상케 한다. 세례 요한을 죽인 후 괴로움에 젖어 있던 헤롯이 예수님의 이적에 대한 소식을 들었을 때 그는 세례 요한이 자기를 심판하기 위해 부활한 것으로 생각하였다. 그리고 실제로 일부 사람들은 헤롯처럼 예수님을 부활한 세례 요한이라고 생각하였다. 또한 당시 유대인들은 예수님을 엘리야라고 생각하기도 했는데 이는 말 3:1과 4:5에 근거한 것이었다. 그러나 엘리야는 메시아의 길을 예비하는 선구자였을 뿐이지 구원을 가져올 참 메시아는 아니었다. 마지막으로 사람들은 신 18:15에 근거하여 "모세와 같은 선지자"로 오해하였다.[4] 이 또한 사람들의 영적 무지에 근거한 것으로 예수님을 이스라엘 역사 가운데 스쳐 지나갔던 선지자들 중에 한 사람으로 생각하였다. 실로 영적인 눈이 어두워지고 귀가 막혀 있었기에 사람들은 오래도록 대망해왔던 참 메시아가 그들 앞에 존재함에도 불구하고 깨닫지 못하였다.

베드로의 불신앙적 오해

예수님의 신분에 대한 다른 사람들의 다양한 이해와 대조적으로, 베드로는 예수님을 "그리스도"(메시아)로 고백하였다(8:29). 이 칭호는 마가복음 서두에서 예수님에게 주어진 칭호이며(1:1), 마가복음 안에서 분명 올바른 칭호임에 틀림없다. 그러므로 베드로가 그의 고백 안에 이 칭호를 사용하고 있다는 것은 그가 어느 정도 예수님의 정체성을 이해하고 있었음을 암시한다. 그러나 언뜻 보기에 베드로의 고백은 그와 제자들이 예수님의 신분에 대해 완전히 이해한 것처럼 보이지만 실상은 그렇지 않다. 왜냐하면 바로 이어 예수님께서는 베드로의 관점과 고백에 대해 칭찬하기보다는 그를 "꾸짖어"rebuke 아무에게도 이 사실을 말하지 말라고 하셨기 때문이다(8:30). 여기서 한글 개역성경에는 "경계하셨다"라고 번역했지만 실상은 "꾸짖다"(에페티매센, επετιμησεν)가 더 적당한 번역이다. 마가복음에서 이 단어는 예수님께서 귀신들에게 함구를 명령할 때 사용하셨던 단어와 동일하다(1:24-25; 3:11-12).[5] 그리고 이 단어는 예수님께서 자신의 수난과 죽음을 만류하는 베드로를 꾸짖을 때도 사용하셨다(8:33-34). 예수님께서는 그리스도에 대한 베드로의 고백이 잘못되었고 교정이 필요했기 때문에 그가 침묵하도록 꾸짖으신 것이다. 예수님께서는 자신의 정체성에 대한 오해가 제자 그룹을 넘어 사람들에게 퍼져나가는 것을 원치 않으셨다. 그래서 예수님께서는 그의 잘못된 견해를 바로잡기 위해 당신이 많은 고난을 받고 죽임을 당한 후 사흘 만에 다시 살아날 것을 예고하셨다(8:31). 예수님의 수난, 배척, 죽음, 그리고 부활을 통한 하나님의 구원이야말로 이제까지 감춰져 있던 하나님 나라의 비밀인 것이다.

갑작스런 예수님의 예고는 제자들 사이에 반감을 야기시켰다(8:32). 베드로는 예수님을 비난하며 그 예고를 받아들이지 않았다. '십자가에 달려 죽는 무력해 보이는 메시아'를 그는 받아들일 수 없었던 것이다. 그들이 생각하는 예수님은 로마를 정복하고 흩어진 유대인들을 불러모아 세상적인 왕국을 세울 메시아였다. 그들의 가치관 가운데 예수님이 수난을 받고 십자가에 달려 죽는다는 것은 있을 수 없는 일이었다. 바울은 십자가가 헬라인에게는 어리석은 것이고, 유대인에게는 꺼리는 것이라고 말한 바 있다(고전 1:23). 베드로도 영적으로 아직 깨어 있지 못했기에 이 일로 예수님을 비난하는 행동을 하였다(8:32). 베드로의 만류는 예수님의 그리스도적인 사역에 대한 그의 영적인 무지함을 드러내는 것으로 이 일로 베드로는 그리스도의 수난과 죽음을 가로막는 첫 번째 인물이 되었다. 그러자 예수님은 "사탄아 내 뒤로 물러가라. 네가 하나님의 일을 생각지 아니하고 도리어 사람의 일을 생각하는도다"라고 하시면서 베드로를 책망하셨다(8:33). 원리적으로 볼 때 제자인 베드로는 예수님의 뒤에서 따라야 했다. 그러나 지금 사탄의 유혹에 빠진 베드로는 앞으로 달려가 예수님께서 가고 계신 십자가의 길을 가로막고 있다. 그러기에 예수님께서는 베드로에게 사탄의 유혹에 빠진 것을 경고하시면서 원래 있어야 할 위치인 뒤로 돌아갈 것을 명하신 것이다. 그러므로 1:12-13절에서 예수님을 시험했던 사탄은 지금 베드로를 통해 동일하게 예수님을 시험하고 있다. 사탄은 예수님이 구속 사역을 성취하지 못하도록 계속하여 그를 시험하였던 것이다.

참된 제자의 길

예수님께서는 무리와 제자들을 함께 부르시고 그들에게 제자의 도에 대해서 교훈하셨다. 그는 제자들에게 세 가지를 요구하시고(8:34), 이 요구들을 받아들여야 하는 이유를 설명하셨으며(8:35-37), 중대한 경고(8:38)와 확고한 약속을 주셨다(9:1).

먼저 예수님은 자기를 따르려는 사람은 먼저 자신을 부인해야 한다고 말씀하셨다(8:34). 여기서 예수님은 제자들에게 그들 자신의 세상적인 기대와 소망(참고, 9:32; 10:34-35)뿐만 아니라 불신앙을 야기하는 의심과 두려움(참고, 4:41; 6:50; 8:15)조차도 단절하기를 요구하셨다. 제자의 삶은 여가 시간을 활용해서 아르바이트를 하는 것이 아니다. 하나님은 우리의 삶의 일부만 제자로 살아가는 것을 원치 않으시고, 삶 전체를 제자로 살아가기를 원하신다. 둘째로, 예수님은 제자들이 자기 십자가를 지기를 원하셨다(8:34). 우리는 이 말을 생활의 어려움을 빗대어 말하는 정도로 이해해서는 안 될 것이다. 초대교회에서 이것은 예수님께서 우리를 위해 고난과 죽임을 당하신 것처럼 예수님을 믿기 때문에 당하는 그리스도인들의 수난과 죽음을 의미하였다. 십자가는 자신을 장식하는 액세서리가 아니라, 그리스도를 따르는 제자라면 마땅히 감수해야 할 고난과 죽음을 의미한다. 이처럼 예수님의 제자가 된다는 것은 처음부터 자기를 포기하고 예수님께서 가셨던 고난의 길을 따라가는 것이다. 셋째로, 예수님께서는 제자들에게 그들 자신이 선택한 길이 아니라, 예수님이 선택한 길을 따르라고 말씀하셨다. 예수님은 영적인 소경으로 헤매는 자를 깨닫게 하신 후 영적인 통찰력을 갖고 믿음으로 죽기까지 따르기를 원하신다.

8:35-37은 "왜냐하면"(γαρ)이라는 접속사로 시작하여 8:34에서 명령의 이유를 설명하고 있다. 제자들은 자기를 부인하고 자기 십자가를 지고 예수님을 따라야 한다. 왜냐하면 자기 목숨을 구원하려고 하면 잃을 것이지만, 예수님과 복음을 위해 자기 목숨을 잃으면 구원받을 것이기 때문이다(8:35). 특히 이 교훈은 죽음 앞에서 갈등하고 있는 로마의 기독교인들에게 매우 도전적으로 다가왔다. 당시 많은 기독교인들은 자기 목숨을 위해서 예수님을 부인하고 황제를 주로 고백할 것인지, 아니면 신앙을 지키기 위해 자기 목숨을 포기할 것인지를 놓고 갈등하고 있었기 때문이었다. 그러기에 예수님의 도전적인 말씀은 로마 성도들에게 용기를 주었다.

8:36-37에서는 예수님을 부인하는 자가 당할 운명에 대해 말하고 있다. 예수님은 온 천하를 얻고도 자기 생명을 잃으면 아무 유익이 없다고 말씀하셨다(8:37). 본문에서 "온 천하"는 예수님의 참된 제자가 되기 위해 버려야 할 것, 즉 높아지고자 하는 욕망(9:32), 얻고자 하는 재물(참

고,10:17-21), 세상의 권력(10: 35)을 말한다. 이것을 얻고도 육체의 생명을 잃으면 그것들은 아무 소용이 없다. 아무리 소중한 것이라도 자기의 목숨과 바꿀 수는 없기 때문이다. 육체적인 생명도 그러한데 하물며 영원한 생명은 어떠하겠는가? 따라서 참된 제자들은 모든 것을 포기하고 영원한 생명을 제공하실 예수님을 따라야 한다.

이와 관련하여 예수님께서는 제자들에게 중대한 경고를 하셨다. 만일 그들이 이 음란하고 죄 많은 세상에서 복음을 부끄러워하고 예수님을 부인한다면, 예수님도 하나님의 영광으로 천사들과 함께 오실 때에 그들을 부인하실 것이라고 말씀하셨다(8:38). 여기서 "음란하다"(모이칼리디, μοιχαλιδι)는 하나님의 뜻에 순종하기를 거부하고 다른 것을 신뢰하는 불신앙적인 태도를 말한다(참고, 막 9:19; 마 12:39). 유대 종교 지도자들은 예수님의 메시지를 거부하고 그를 배척하였다(3:5-6). 그들은 마음이 완악하여 성경에 명백히 예언된 메시아의 속성이 예수님에게 밝히 드러남에도 불구하고 예수님을 거부하였다. 그러나 유대 종교 지도자들뿐만 아니라 초대교회 속에서 그리스도를 주라 고백한 자들 가운데서도(참고, 8:30) 환난과 핍박으로 생명의 위협을 당하자 예수님을 부인하는 자가 많았으므로 마가는 예수님의 이 경고를 특히 강조하였다. 예수님께서 재림하실 때 그를 부인하고 떠나간 자들은 어린양의 연회에 참여하지 못하고 밖에서 슬피 울 것이다.

권능으로 임할 하나님 나라

9:1에서 예수님은 제자의 도에 대한 교훈을 확고한 약속과 함께 결론 맺는다(참고, "또"라는 접속사는 본 절이 8:28-38의 구조 속에 포함되며 그 결론에 해당된다는 사실을 보여준다). 예수님은 "그 자리에 서 있는 사람들 중에

죽기 전에 하나님 나라가 권능으로 임하는 것을 볼 자가 있다"고 하셨다(9:1). 그러면 '여기 서 있는 사람이 죽기 전'이 구체적으로 언제인가? 그리고 '하나님 나라가 권능으로 임하는 것'이 무엇인가? 여기서 전자의 문제는 후자를 어떻게 이해하는가에 달려 있다. 먼저, 이것은 다음 절에 이어지는 예수님의 변형과 연관지어 볼 수 있다(9:2-8). 이 두 본문은 "엿새 후에"라는 시간적 표현과, 세 명의 선택된 제자들이 모세와 엘리야와 함께 광채 나는 옷을 입고 계신 예수님을 "본다"는 표현과 서로 연결된다. 이 변형 사건은 천사와 함께 영광으로 오실 예수님의 임박한 출현을 암시하고 있다. 그러기에 예수님의 변형 사건은 "하나님의 나라가 권능으로 임하는 것"에 대한 실제적인 성취라기보다는 그 성취를 상징한다고 볼 수 있다.

둘째로, 이것은 예수님의 수난과 죽음에 대한 최종적 결과인 '부활'로 볼 수 있다. 즉 9:1은 8:31에서 시작된 예수님의 수난, 죽음, 그리고 부활에 대한 예언의 결론이다. 어떤 사람들은 예수님이 죽음을 넘어서 하나님의 능력으로 영광 중에 부활하신 것을 볼 수 있을 것이다. 셋째로, 이것은 세상 끝 날에 이루어질 사건으로 해석할 수 있다. 왜냐하면 8:38은 인자가 아버지의 영광으로 천사들과 함께 올 것을 언급하고 있기 때문이다(참고, 13:26-27). 그러나 만약 예수님께서 이것을 세상 끝 날과 관련하여 말씀하신 것이라면, 제자들의 생애 중에 일어날 것이라는 말씀과는 상치한다. 그러므로 9:1에 나타난 약속은 마가복음 내에서 묘사하고 있는 부활 후 사건에서 성취되는 것으로 이해해야 할 것이다.

그러면 9:1에서 "본다"는 무엇을 의미하는가? 예수님께서 십자가에 달려 계실 때 지나던 구경꾼들은 "거기서 내려와 우리로 보고 믿게 하라"고 외치면서 예수님을 조롱하였다. 그들은 엘리야에 의해 예수님이 구원되는 것을 보기 원했다(15:36). 그러나 이들과 대조적으로 백부장은 예수님의 죽음을 보았다. 그리고 그는 "이 사람은 진실로 하나님의 아들이었도다!"라고 선포하였다(15:39). 또한 예수님은 제자들에게 부활 후에 갈릴리에서 만나게 될 것을 약속하셨다(14:28; 16:7). 이처럼 예수님의 죽음과 부활을 통해 제자들은 능력과 함께 도래하는 하나님 나라를 곧 보게 된다.

사도행전에서 예수님의 부활 이후 하나님 나라가 성령의 권능과 함께 임하고 역동적으로 움직이는 것을 본다. 그러나 그 나라의 진행은 멀리서 수동적인 자세를 취하는 자들에게 보인 것이 아니라 능동적으로 담대하게 복음을 전하는 사도들에게 보였다. 오늘날도 역동적으로 복음을 전하는 자들에 의해 모든 영역에 하나님 나라는 권능으로 임한다. 하나님께서는 우리에게 밀려오는 세속의 물결을 멀리서 바라보고 거기에 동화되기를 원치 않으신다. 하나님 나라의 원리들로 그것을 밀어내고 주의 통치권을 세워가기를 원하고 계신다.

제 9 장 제자들의 불신앙과 무능력

예수님의 변형 사건(9:2-13)

9:1에서 예수님은 제자들 중에 살아서 "인자가 권능으로 올 것을 볼 자가 있다"고 예고하셨다. 그 후에 예수님께서는 산꼭대기에서 베드로, 야고보, 요한에게 자신의 변형된 모습을 통해 부활과 재림의 영광을 보여주셨다. 예수님께서는 이러한 자신의 영광을 제자들에게 미리 보여주심으로 고난 중에라도 분명한 믿음을 가지고 십자가의 길을 가도록 제자들을 격려하셨다. 그런데 본문에서는 8:27-9:1에서 예수님의 수난과 죽음을 깨닫지 못하고 사탄의 유혹에 빠진 베드로의 불신앙적인 모습이 재차 반복되어 나온다.

예수님께서 변형되신 사건은 초막절이 임박한 때에 가이사랴 빌립보에서 가까운 헤르몬 산에서 일어난 일인 듯하다. 예수님은 베드로와 야고보와 요한을 데리고 높은 산으로 올라가셨다(9:2). 9:2에 "엿새 후에"라는 어구는 이전 단락(8:38-9:1)과 본문을 연결하는 다리 역할을 한다. 이것은 예수님이 8:38-9:1에서 말씀하신 뒤 엿새 뒤에 변형되는 사건이 발생했다는 것이다(참고, 눅 9:28). 이때 '엿새'는 출 24:16의 "엿새"와 매우 흡사하다. 엿새 후에 모세는 하나님으로부터 산꼭대기로 호출되고 하나님의 계시가 주어진다. 이것과 연관시켜 마가는 '엿새 후에'라는 어구를 언급함으로써 출 24:15-18에서 보인 것과 같은 하나님의 현현과 계시의 징조가 있음을 암시하고 있다. 하나님께서 시내 산에서 모세에게 자신의 영광을 보여주신 것처럼 예수님도 세 제자들에게 자신의 위대한 영광의 모습을 보여주셨다. 예수님은 베드로와 야고보와 요한을 계시적인 면에서 특별하게 대우해주셨던 것이다(5:37; 13:3; 14:33).

예수님께서는 제자들 앞에 빛과 광채가 나는 신적인 영광의 모습으로 나타나셨다(9:3). 예수님의 "옷의 광채"에 대한 묘사는 단 7:9을 반영하는 바 여기에서 하나님은 희기가 눈과 같은 옷을 입고 계셨다. 이 구절의 언급을 통해, 마가는 구약의 선지자들처럼 제자들이 산꼭대기에서 하나님의 현현을 경험했다고 나타낸다(참고, 단 7:9-14; 사 6:1-13; 겔 1:4-28; 8:1-4). 지금 변형된 모습을 통해 예수님은 제자들에게 자신이 성자 하나님이심을 계시하고 있다. 곧 예수님께서는 부활 이후 자신의 영광스러운 모습을 미리 보여주심으로, 장차 예수님께서 죽음을 넘어 부활로 나타나실 분이라는 것을 확실하게 가르쳐주셨다. 그러나 마가복음에서 이들은 계속 영적으로 무지한 모습을 드러낸다. 야고보와 요한은 예수님의 죽음에 대한 예언을 이해하지 못하고 세상의 영광스런 위치를 요구하였으며(10:35), 베드로는 모든 것을 포기하고 예수님을 추종한 것에 대한 대가를 요구하였다(10:28).

구약의 두 인물이 갖는 의미

그때에 제자들은 모세와 엘리야가 나타나서 주님과 대화하는 것을 보았다(9:4). 모세와 엘리야의 언급에는 또 다른 구약의 언급이 분명하게 나타나고 있다. 모세는 모든 구약의 위대한 인물 가운데 최고의 인물이고, 하나님은 그에게 언약법을 주셨다. 모세는 자신이 죽은 뒤 하나님께서 자기와 같은 위대한 선지자를 보내실 것이라고 약속했다(신 18:15). 그러기에 고대 유대인들은 하나님의 구원이 도래하기 전에 하나님께서 모세와 같은 위대한 선지자를 보내실 것이라고 생각했다. 초대 기독교인들은 모세의 진술을 예수님에 대한 것으로 해석하였다(참고, 행 3:22-26; 7:35-37). 본문에서 모세의 출현은 신 18:5에 나타난 모세의 진술이 지금 예수 그리스도에게서 성취되었음을 확증하고 있는 것이다. 이 사실을 보충하기 위해, 마가는 9:7 안에 신 18:15의 한 어구 "저의 말을 들으라" listen to him를 직접 인용하고 있다.

엘리야에 대한 언급(9:4)은 구원의 약속된 시간이 도래했음을 가리킨다. 유대 전통에서 엘리야는 도래할 하나님 나라를 선포하고 그것을 위해 사람들을 준비시키는 인물이었다. 그러기에 산꼭대기에서 엘리야의 출현은 엘리야가 예수님을 하나님 나라를 가져오는 자로 인정하고 그를 경배하고 있다는 의미이다. 그러나 제자들은 이 광경에 대해 의심을 하였다. 왜냐하면 엘리야는 메시아가 오시기 전에 하나님 나라를 선포하고 준비하기 위해 땅 위에 출현해야 하는데, 지금 그가 산꼭대기에서 나타났기 때문이었다. 그러나 9:12-13에서 예수님은 엘리야와 세례 요한을 동일시하면서 엘리야가 이미 이 땅 위에 와서 그 일들을 성취했음을 말씀하신다(참고, 1:1-8; 6:14-19). 결국 구약의 두 인물은 예수님이 진정한 메시아이시며 그를 통해 하나님 나라가 도래할 것임을 증거한 것이다(참고, 1:15).

이 광경을 본 베드로는 너무 감격스러워서 그곳에 주님과 모세와 엘리야를 위해 초막 세 개를 짓겠다고 자청하였다(9:5). 베드로는 그 광경을 경험하고 환희에 넘쳐 하나님 나라가 이미 완성된 것으로 착각하였던 것이다. 그래서 그는 영광스러운 순간에 머물기 위해 그 세 명을 환대하였다. 또한 천막은 종종 신적인 존재들의 처소로 간주되었기 때문이었다(출 25:1-9; 행 7:43; 계 21:3). 베드로(다른 두 제자들과 함께)는 예수 그리스도의 수난과 죽음 이후에 주님의 부활의 영광이 도래할 것을 깨닫지 못했다. 이런 제자들의 영적인 무지에 대해 마가는 베드로가 그 광경을 보고 심히 두려워서 어떻게 해야 할지 몰랐다고 말하고 있다(9:6). 두려움은 그의 마음을 더욱 흐리게 만들었으며, 초막 셋을 짓겠다는 것은 그가 예수님을 다른 두 인물과 동일시 한 것이었다. 그는 계속적으로 인간적인 견지에서 반응하였다. 이것은 그가 예수님의 진실된 신분을 깨닫지 못했음을 보여준다. 모세와 엘리야는 위대한 인물들이지만 예수님과 함께 하나님의 영광을 공유할 수는 없는 인물들이다. 모세는 인간의 완악한 마음을 바로잡을 수 없었고(10:5), 엘리야는 인간의 두려움을 극복하지 못했다(왕상 19:3-4). 오직 예수 그리스도만이 인간의 곤경을 해결하고 인류를 향한 하나님의 목적을 성취하실 수 있다.

제자들의 영적인 무지

이제 구름 가운데서 하나님은 예수님에 대해 제자들에게 분명히 말씀하신다. "이는 내 사랑하는 아들이니 너희는 저의 말을 들으라"(9:7). 하나님께서는 예수님이 세례를 받고 물 위로 올라오실 때에도 이러한 증거를 하셨다(1:11). 하나님께서는 제자들에게 이 음성을 들려줌으로 모세나 엘리야보다 예수님께서 더 위대한 하나님의 아들이라는 것을 밝히셨다. 수난과 죽음에 대한 예수님의 예고를 이해할 수 없었던(참고, 8:32)

제자들에게 죽음과 부활에 대한 예수님의 말씀을 듣고 순종할 것을 명령하신 것이다. 그러므로 제자들이 다시 주변을 둘러보았을 때에는 엘리야와 모세는 사라지고 예수님 혼자 제자들 앞에 남아 있었다(9:8).

이 사건이 일어난 후에 예수님께서는 산을 내려오시면서 제자들에게 이렇게 말씀하셨다. "인자가 죽은 자 가운데서 다시 살아날 때까지는 너희가 본 것을 아무에게도 말하지 말라"(9:9). 마가복음 중반부에서 베드로는 예수님을 그리스도로 고백하였지만 예수님의 고난과 죽음을 이해하지 못하고 만류하다가 책망을 들었다. 그리고 본문에서 베드로는 예수님의 수난과 죽음 뒤에 찾아올 영광에 대해 이해하지 못하고 성급하게 초막을 짓겠다고 하였다. 실제로 제자들은 아직도 예수님의 정체성을 분명히 깨닫지 못하고 있었다. 그러기에 그들이 목격한 변모 사건을 잘못 이해하여 예수님을 정치적인 메시아로 전할 수 있었다. 곧 그들은 아직 예수님에 대해 총체적으로 이해하고 전파할 만한 증인의 자격을 갖추지 못했던 것이다. 그러므로 예수님께서는 제자들에게 이 사건을 발설하지 말라고 당부의 말씀을 하신 것이다. 그러나 예수님께서는 이 일을 영원히 비밀로 남겨두는 것이 아니라 '인자가 죽은 자 가운데서 살아날 때까지' 임을 말씀하셨다. 이는 제자들이 예수님의 부활을 체험하고 난 이후에야 확실히 그분의 정체성을 깨닫고 확실한 증인으로 설 수 있음을 예시하신 것이다.

그러나 제자들은 아직도 '죽은 자 가운데서 다시 살아난다는 말' 이 무슨 말인지 깨닫지 못하였다(9:10). 그리스도가 고난받고 죽었다가 살아난다는 것은 유대인들의 상식으로는 불가능한 일이었다. 그래서 그들은 죽은 사람들의 일반적인 부활에 대해서는 알고 있었지만(6:14-15), 인자의 부활에 대해서는 전혀 이해할 수 없었다. 그런데 제자들은 그것에 대해 직접 질문을 던지지 못하고 서기관들이 가르쳤던 엘리야의 종말론적인 출현과 관련하여 질문하였다(9:11). 당시 서기관들은 말 3:1과 4:4-5을 근거로 하여 메시아가 오기 전에 엘리야가 먼저 와서 백성들을 회개시키고 메시아의 길을 준비할 것이라고 가르쳐왔다. 예수님께서는 서기관들의 가르침대로 엘리야가 먼저 와서 모든 일을 회복할 것이라고 말씀하시면서 성경에는 메시아가 와서 많은 고난과 멸시를 받을 것이라는 예언도 있다고 가르치셨다(막 9:12; 참고, 시 22:6, 7; 사 53:2, 3; 단 9:26; 슥 13:7).

예수 그리스도는 고난과 죽음 이후 부활과 함께 영광을 얻으실 것이다. 그러나 제자들은 산꼭대기에서 예수님의 변형과 엘리야의 증거를 보고 즉시 예수님이 영광을 받으실 것이라고 생각하였다. 그들은 인자로서 고난과 죽음을 맞이하게 될 예수님의 운명에 대해 전혀 알지 못했던 것이다. 그러기에 예수님은 그들에게 엘리야의 예언과 동시에 주님이 받을 고난도 함께 가르쳐주셨다.

9:13에서 예수님은 종말론적인 엘리야가 이미 출현하였다고 말씀하셨다. 그러나 예수님께서 말씀하신 그 엘리야는 산꼭대기에 출현한 엘리야가 아니라 세례 요한이었다. 그러나 사람들은 세례 요한의 종말론적인 정체성과 역할을 이해하지 못하여 그를 죽이고 말았다. 여기서 예수님께서는 세례 요한이 죽임을 당한 것처럼 자신도 동일한 운명에 처해질 것을 예고하고 계신다. 예수님은 다시 한 번 인자가 수난받고 죽을 수밖에 없다는 사실을 분명히 나타내고 있다. 그러나 제자들은 이러한 주님의 가르침을 전혀 이해하지 못하였다. 영적으로 무지한 제자들은 십자가를 향해 가고 계신 예수님의 뒤를 따르면서도 영광스러운 위치만을 추구하였다.

오늘날 제자로 자칭하며 살아가고 있는 우리들은 무엇을 추구하며 살고 있는가? 진정한 예수 그리스도의 제자라면 세상이 주는 영광의 자리를 추구하며 살기보다는 예수 그리스도의 복음으로 인한 고난의 자리에 동참해야 할 것이다. 우리에게는 세상의 영화가 아닌 고난 뒤에 주어질 하늘의 영광을 볼 수 있는 영적인 눈들이 필요하다.

세 명의 제자들은 나머지 아홉의 제자들이 산 밑에서 영적인 전투를 벌이고 있는데도 불구하고 산 위에서 안주하는 공동체를 꿈꾸고 있었다(참고, 9:14-29). 일반적으로 우리는 초대교회로 돌아가기를 소망하며 행 2:42 이후의 공동체 모습을 그린다. 그러나 그것은 공동체 형성의 시작을 묘사한 것일 뿐 공동체의 실제적인 모습은 행 3장과 4장에서 베드로와 요한의 역동적인 예루살렘 대각성운동을 통해 나타난다. 그러므로 하나님 나라의 공동체는 외곽에 굴을 파고 집단을 이루어 안주하는 것이 아니라 세상 속에서 하나님 나라를 주도적으로 세워가는 것이다.

믿음의 힘(9:14-29)

산 위에 있던 제자들은 예수님의 영광스런 모습에 도취되어 그분의 수난과 죽음에 대해 전혀 깨닫지 못하는 불신앙적인 모습을 드러냈다. 그리고 그 시간 산 아래 머물러 있던 제자들은 귀신을 쫓아내는 데 실패하고 비난과 조롱을 받는 무기력한 모습을 드러낸다. 6:7-13에서 이미 놀라운 이적을 행한 바 있는 제자들이 지금은 영적인 무기력에 빠지게 된 것이다. 모세가 40일간 시내 산에 머물면서 하나님의 언약을 갱신하고 있을 때 산 아래에서 이스라엘 백성들이 금송아지를 섬기는 불신앙에 빠져 있었던 것처럼 예수님께서 산꼭대기에서 하나님의 증거를 받으시는 동안 산 아래에서 제자들은 자만과 안일에 빠져 귀신축출에 실패하는 믿음 없는 모습을 드러냈다. 그러므로 예수님께서는 제자들의 불신앙적 태도를 책망하시면서 믿음으로 나아가기를 촉구하셨다.

문학적 구조라는 측면에서 본문은 제자의 도를 교훈하고 있는 부분(8:27–10:52)에 위치한다. 8:27–10:52의 핵심적인 두 주제는 임박한 예수님의 수난과 제자들의 실패이다. 그러므로 제자들의 믿음 없음을 지적하기 위해서 마가는 본문의 서두(9:14–19)와 끝(9:28–29)에 제자들의 믿음 없는 모습들을 배치하고 있다. 9:18에서 귀신축출에 실패한 제자들이 9:19에서 "믿음 없는 세대"로 평가되었으며, 9:28–29에서는 제자들의 영적 무기력의 원인으로 기도(믿음)의 부재가 지적되었다.

예수님과 세 명의 제자들이 산꼭대기에 머물고 있는 동안 무리들은 나머지 제자들 주변에 모여 있었으며, 그들은 서기관들과 심한 논쟁을 벌이고 있었다(9:14). 마가복음에서 "논쟁하다"라는 동사가 서기관들과 관련하여 사용될 때 그 속에는 예수님을 향한 적대적 의미를 내포하고 있다(2:6, 16; 3:22; 7:1). 지금 그들은 제자들과 논쟁하고 있지만 실제로 그들의 선생인 예수님을 적대하고 있는 것이다. 제자들이 서기관들과 논쟁하고 있을 때 예수님께서 나타나시자 사람들은 심히 놀라며 달려와 문안하였다(9:15). 종종 학자들은 산꼭대기에서 변형된 예수님의 모습이 아직 남아 있었기 때문에 그들이 심히 놀랐다고 말하기도 하나(참고, 출 34:35)[1] 본문은 그런 사실을 언급하고 있지 않다. 다만 그들은 예수님의 도움이 필요한 순간에 그분의 갑작스런 등장에 단순히 놀란 것이었다.

예수님은 무리들에게 "너희가 그들과 무엇을 변론하고 있느냐?"고 물으셨다(9:16). 예수님께서 질문을 던지신 것은 제자들과 서기관들 사이에 있었던 논쟁 내용을 알고자 하신 것이 아니었다. 이미 6:48에서처럼 예수님은 신적 통찰력으로 당시 제자들이 당하고 있는 곤경을 알고 계셨을 것이다. 그럼에도 불구하고 질문을 던지신 것은 그들에게 자신의 필요를 자각시키기 위해서였다. 그런데 제자들은 자신들의 영적 무기력을 고백하며 예수님께 믿음을 간청하지 않았다. 그저 침묵만 지키고 있었다. 그러기에 예수님의 질문에 대해 귀신 들린 아이의 아버지가 무리 가운데서 나와 그 상황에 대해 설명하였다(9:17-18).

예수님께서는 제자들을 하나님 나라 사역의 핵심 그룹으로 세우셨다(1:16-20). 그리고 그는 자신의 핵심 그룹으로 부른 제자들에게 귀신을 축출하고 질병을 치유하며 하나님 나라를 선포할 수 있는 권세와 능력을 부여하시고 그들을 세상으로 보내셨다(참고, 3:14-15). 그들은 지팡이 외에 양식이나 주머니나 전대의 돈이나 아무것도 없이 보냄을 받았음에도(6:6-13) 치유와 귀신축출을 통해 하나님 나라의 능력을 체험했고 그것을 예수님께 보고하였다(6:12-13, 30). 그들은 예수님의 능력을 공유하면서 하나님 나라의 중개자 역할을 하였던 것이다. 그러나 지금 그들은 귀신을 축출하는 데 실패하였다. 그것은 제자들이 예수님의 정체성을 분명히 깨닫고 그를 더욱 신뢰하는 것보다 자신들의 능력을 의지하고 자만과 안일에 빠져 있었기 때문이었다.

믿음 없는 세대

제자들의 영적인 실패와 수치의 원인은 믿음이 없었기 때문이었다. 예수님의 계속적인 교훈과 이적에도 불구하고 영적으로 무지한 그들의 삶은 여전히 "믿음 없는 세대"와 다를 바 없었다(9:19). 마가복음에서 '이 세대'는 예수님을 거부하고 표적만 요구하였으며(8:12), 죄악이 난무하였고(8:38), 불신앙적이었다(9:19). 그러므로 이 세대가 불신앙을 고집한다면 종말론적인 하나님의 심판을 피할 수 없다(8:38). 특히 '세대'(게네아, γενεα)라는 단어는 타락과 불신앙으로 인해 하나님의 심판을 당한 노아의 세대와 광야의 세대를 지칭하는 데 사용되었다. 신 32:20에서 광야의 세대는 패역한 세대로 불렸다(참고, 시 95:10). 또한 신약 성경에서 그 당시 사람들이 종종 노아의 불신앙적 세대와 동일시되었다(마 24:37-38; 눅 17:26-27).[2] 이처럼 '이 세대'는 불신앙적인 삶을 살았던 세대의 이야기들을 반영하고 있다. 그러므로 믿음으로 반응하는 데 실패한 제자들은 실제로 하나님의 명령에 불순종한 광야의 세대들과 매우 유사한 태도를 취했다. 비록 제자들은 예수님과 함께 동행할 수 있는 특권을 가졌고(3:14) 치유와 귀신축출의 능력을 소유했지만(6:13), 믿음이 없는 그들은 더 이상 그 능력을 행사할 수 없었다(9:14-19). 그러므로 예수님께서는 부정적인 용어 '믿음 없는 세대'를 통해 제자들의 믿음 없는 태도를 지적하고 계신 것이다.

제자들은 아직도 영적으로 무지하여 무리들보다 나은 점이 별로 없었다. 그래서 예수님께서는 그들을 보고 이렇게 탄식하셨다. "내가 얼마나 너희와 함께 있으며, 얼마나 참으리요?"(9:19) 마가복음에서 예수님은 종종 이중의 수사적 질문들을 사용하시어 제자들의 믿음 없음을 경고하셨다(4:13; 7:18; 8:17).[3] 본문에서도 예수님께서는 이중적 질문을 통해 제자들의 믿음 없는 태도를 지적하셨다. 그러나 영적으로 무지한 그들은 수사적 질문들 속에 숨겨진 예수님의 경고를 전혀 깨닫지 못하였다.

믿음 없음을 도와주소서

9:28-29에서 제자들은 왜 자신들이 귀신을 축출할 수 없었는가에 대해

개인적으로 예수님께 질문을 하였다. 그때에 예수님께서는 믿음의 표현이며 하나님께 믿음을 요청하는 행위로서의 기도가 필수 불가결적인 요소라고 말씀하셨다(9:29, 어떤 사본들에는 '금식'을 또 다른 필수적인 요소로 제시하지만 그것들은 신빙성이 희박하다). 11:23-24에서 믿음과 기도는 불가분의 관계에 있다. 기도는 믿음을 증거하며 믿음 없는 기도에는 능력이 나타나지 않기 때문이다. 제자들은 예수님으로부터 부여받은 귀신을 제어할 능력이(6:7) 기도를 통해 하나님을 의지하고 신뢰할 때 나타난다는 것을 깨닫지 못하였다. 제자들은 하나님을 의지하지 않고 자신들의 경험에 의존하였다. 더 이상 기도로 하나님을 의지하지 않았기 때문에 귀신을 축출하는 데 실패하였던 것이다.

9:29의 기도에 대한 언급은 귀신 들린 아이 아버지의 간청적 기도를 연상하게 만든다(9:21-24). 9:21-24에서 예수님은 그 아이의 아버지가 올린 불완전 기도("무엇을 하실 수 있거든")를 완전한 신앙적 기도("내가 믿나이다. 나의 믿음 없음을 도와 주소서")로 나아가도록 유도하셨다. 이것을 통해 예수님께서는 실패한 제자들에게 성공적인 사역을 위해 믿음의 기도가 필수적 요소임을 알리고자 하셨다. 그 아버지의 첫 번째 간청 속에 드러난 그의 믿음 없는 태도는 실제로 제자들의 믿음 없는 모습을 반영하고 있는 것이었다. 그의 간청은 분명히 1:40의 문둥병자의 간청과 대조를 이룬다. 1:40에서 문둥병자는 "원하시면 저를 깨끗게 하실 수 있나이다"라고 말했다. 그런데 이 사람이 이렇게 간청한 것은 예수님께서 신적인 능력을 소유하신 분이라는 사실을 믿고 있었기 때문이었다. 그러나 본문의 그 아비는 예수님의 능력을 의심하였다. 그러므로 예수님께서는 그 남자의 "하실 수 있거든"이란 말을 반복하시면서 그의 반신반의半信半疑하는 믿음을 책망하셨다(9:23). 예수님께서 원하시는 것은 의심이 내포

된 믿음이 아니라, 할 수 있다는 것을 믿는 믿음이었다.

그 아이의 아비는 믿음 없음에 대해 예수님으로부터 책망을 듣자 즉시 자신의 믿음 없음으로부터 구해달라고 호소하였다(9:24). 사실 이 호소는 그의 믿음을 확증하는 것이었다. 여기 "도우소서"에서 사용된 현재명령법은 지속적, 습관적, 반복적인 의미를 내포한다. 믿음은 한번 소유하면 변하지 않는 것이 아니라 항상 주변의 불신앙적 요소들로부터 위협을 받는다. 그러므로 믿음을 유지하기 위해서 우리는 계속적으로 하나님께 도움을 구해야 한다. 예수님과 아이 아버지 사이의 대화는 본문의 서두와 절정에 등장하는 제자들의 믿음 없음을 경고하기 위한 것이었다. 예수님께서는 제자들의 부족한 믿음을 일깨워 믿음 없음을 도와달라고 요청하게 만들기를 원하셨다. 아이 아버지의 간청 "내가 믿나이다 나의 믿음 없음을 도와주소서!"는 실제로 믿음 없는 제자들(또한 마가의 독자들)이 간청해야 할 내용이었다. 본문에서 드러난 제자들의 불신앙은 4:35-41에서 보이는 "두려움"이 아니라 하나님을 신뢰하지 않고 자신의 경험과 능력을 의지하는 태도였다. 예수님의 진정한 제자는 자신의 능력에 의존하며 살아가는 자가 아니라 철저히 하나님을 신뢰하고 예수님이 가신 고난의 길을 믿음으로 따르는 자들이다.

두 번째 수난 예고(9:30-37)

이 본문에도 8:31-9:1에서 드러나고 있는 제자들의 영적인 무지와 불신앙적 모습이 반복되고 있다. 즉 예수님께서는 자신의 고난과 죽음에 대한 첫 번째 예고를 하셨다(8:31). 그러나 제자들은 그 수난과 죽음의 의미를 깨닫지 못하고 그의 죽음을 만류하다가 주님으로부터 책망을 듣는다(8:32-33). 그리고 예수님은 곧바로 제자들에게 자기를 부인하고 십자가를 지고 주님을 따르라고 말씀하셨다(8:34). 또한 예수님께서는 산꼭대기의 변형 사건(9:1-13)과 산 밑에서의 귀신축출 사건(9:14-29) 속에서 자신이 하나님의 아들이심을 증거하셨고, 본문에서 예수님은 재차 자신의 수난, 죽음과 부활을 예고하셨다. 그러나 영적으로 무지한 제자들은 또 한번 예수님의 수난과 죽음에 대해 깨닫지 못하고 길가에서 누가 제일 높은 사람이냐로 다툰다(9:33-34). 그러자 예수님께서는 제자들에게 겸손과 섬김의 자세로 주님을 본받도록 교훈하셨다(9:34-35).

더욱이 예수님께서는 어린아이를 비유로 들어 바람직한 제자의 삶에 대해 교훈하셨다. 당시에 어린아이들은 힘도 없고 사회적 신분도 낮을 뿐만 아니라 절대적으로 부모에게 부속되어 있었다. 그들은 연약하여 노동과 전쟁에서 별 볼일 없는 존재들이었다. 그런데 예수님께서는 제자들에게 이런 어린아이와 같은 낮고 천한 자, 약한 자들을 영접하여 섬기라고 말씀하셨다. 제자들이 미미한 자를 영접하고 섬기는 것은 곧 예수님과 그를 보내신 자를 영접하는 것이었다(9:36-37). 곧 그들이 할 수 있는 가장 위대한 것은 어린아이처럼 약하고 멸시 당하고 있는 자들을 섬기는 것이었다. 이처럼 예수님에 대한 믿음은 낮은 자에 대한 영접과 섬김으로 나타나야 할 것이다.

예수님의 사역 초기에 예수님을 유혹하는 데 실패한 사탄은 지금 다시 제자들로 하여금 세속적인 야망을 위해 다투도록 유혹하고 있다. 그러기에 많은 사람들을 위해 수난과 죽음을 통해 섬김의 모습으로 나아가셨던 예수님께서는 지금 제자들(그리고 우리들)에게도 동일하게 사탄의 유혹을 멀리하고 섬김으로 나아가기를 요구하신다. 예수님께서는 이것을 가르쳐주시기 위해서 제자들 앞에 어린아이를 세우셨던 것이다. 진정으로 제자들은 '누가 더 위대한가?' 가 아니라 '누가 더 잘 섬기는가?' 를 의논해야 했다.

만약 오늘 우리도 예수님을 통한 현세적 축복과 고난 없는 삶을 추구하려 한다면, 결국 주님의 수난과 죽음을 앞두고 정치적인 다윗 왕국을 꿈꾸며 좀더 높은 위치를 차지하기 위해 논쟁을 벌였던 당시의 제자들과 조금도 다를 바 없다. 우리는 지금 왜 제자훈련에 참여하고 있는가? 구별된 교회 속에서 지위를 확보하기 위해서인가? 아니면 하나님 나라를 위해 예수님께서 가셨던 그 고난의 길에 동참하기 위해서인가? 다시 한번 참된 제자의 길이 무엇인지 숙고하고 결단해야 한다.

제자의 도를 위해 버려야 할 독선과 배타심(9:38-50)

앞 단락에서 예수님께서는 세상적 야망에 대해 논쟁을 벌이고 있는 제자들을 책망하시면서, 그들에게 섬김을 교훈하셨다. 본문에서 예수님께서는 요한의 질문에 대한 대답으로 제자들의 편협하고 배타적인 자세를 책망하시면서 결코 독선에 빠지지 않기를 경고하셨다. 또한 제자들이 자신의 죄에 대해서는 단호한 자세로 나아가도록 촉구하시면서 서로에 대해서는 화목할 것을 교훈하셨다.

본문에서 요한은 앞 단락 9:37의 "예수님의 이름"에 대한 교훈을 기억하면서, 자기들 중에 하나가 아니면서 예수님의 이름으로 귀신을 쫓아내는 자가 있어 그 행위를 금하였다고 예수님께 보고하였다(9:38). 제자들은 자기들 그룹에 속해 있지 않으면서 예수님의 이름으로 귀신을 쫓아내는 것에 대해 시기하고 질투하였다. 믿음이 부족하여 귀신축출에 실패한 (9:14-29) 제자들은 그것을 행할 수 있는 자를 시기하고 질투하여 능력을 행치 못하도록 방해하고 있었던 것이다. 이 사실은 자신들의 배타적인 특권을 옹호하기 위한 제자들의 불신앙적 태도로 여호수아가 엘닷과 메닷의 예언을 금하도록 모세에게 요청한 사실을 연상시킨다(민 11:26-29). 본문에서 제자들이 보이는 독선과 배타심은 하나님 나라 확장에 큰 장애물이라 할 수 있다. 영적인 우월감으로 인해 우리가 하나님을 향해 나오는 사람들의 장애물이 되어서는 안 될 것이다.

요한의 보고에 대해 예수님께서는 그에게 그러한 행위를 금하지 말라고 말씀하셨다. 누구든지 예수님의 이름으로 능력을 행한 후에 즉시 주님을 비방할 사람은 없기 때문이라는 것이었다(9:39). 또한 예수님께서는 "누구든지 우리를 반대하지 않는 자는 우리를 위해 있는 자니라"고 말씀하셨다(9:40). 제자들은 그들과 함께하지 않는 자를 그들의 적으로 생각하고 있었다. 반면에 예수님께서는 자신을 배척하지 않는 자들을 친구로 간주하셨다. 그러면 이 말씀은 마 12:30 혹은 눅 11:23 말씀("나와 함께 하지 않는 자는 나를 반대하는 자요")과 대조적이지 않는가? 물론 이 말씀도 귀신축출의 본문 속에 나타나지만, 그 적용에 있어서는 서로 다르다. 9:40의 '우리를 대적하지 않는 자들'은 사탄의 나라와 싸우기 위해 주의 이름을 긍정적으로 사용하고 있는 자에게 적용되고 있다. 반면에 마 12:30에 말하고 있는 "나와 함께하지 않는 자"는 예수님의 귀신축출을 비난하고 대적하는 자들을 언급하는 것이다. 9:38에 언급되고 있는 그 사람은 예수님을 대적하는 것이 아니고 예수님을 위해 믿음으로 사탄의 나라를 대적하여 싸우는 자였다. 그러므로 제자들은 그의 행동을 금하는 것 대신에 기쁨으로 대해야 했다.

9:41에서 예수님께서는 그리스도께 속한 제자들에게 물 한 그릇이라도 대접하는 자는 반드시 그 상을 잃지 않을 것이라고 하셨다. 9:33-37에서 제자들은 세상적 야망을 놓고 논쟁을 벌였다. 제자들은 가장 큰 자가 되기 위해서 다른 사람을 섬기는 종이 되어야 한다는 예수님의 가르침을 받았으므로 예수님의 이름으로 하나님의 일을 하는 자를 시기하고 대적하는 일은 하지 말았어야 했다. 자신들을 환대하는 자들에게 하나님께서 상을 베푸실 것인데, 그들 역시 주의 이름으로 사역하는 자들을 환대함으로 대해야 했던 것이다.

9:42은 독선과 배타심의 교훈에 대한 결론이며 9:43-50의 교훈으로 들어가는 서론이기도 하다. 과장법적 표현을 통해 예수님은 믿는 소자 한 명을 실족하게 하는 것에 대해 엄히 경고하시고 있다. 본문에 나오는 "실족하게 하다"는 말은 실제로 믿음을 떠나 멸망의 자리로 내려가게 하는 것을 의미한다. 즉 어린아이와 같이 나약하고 미천한 자들이 예수님께 믿음으로 나아오는 것을 막음으로 죄악의 구덩이로 빠져들게 하는 행위를 말한다. 예수님께서는 소자 하나를 실족하게 하느니 차라리 연자 맷돌을 목에 매고 바다에 빠지는 것이 낫다고 하셨다. 그레코 - 로만 시대에 있어서 반역자나 부모를 죽인 자들은 맷돌의 구멍에 목을 끼워 바다에 던진 일이 있었다(참조, 행 5:37). 예수님께서 이렇게 단호하게 말씀하시는 것은 아무리 연약한 존재라도 믿음의 공동체의 일원을 그리스도에게서 멀어지게 해서는 안 될 것을 경고하시는 것이다. 어쩌면 이것은 제자들의 배타적인 태도가 예수님의 이름으로 귀신축출의 능력을 행한 그 사람을 실족하게 만들 수도 있었음에 대한 경고라고 할 수 있다.

9:43-48에서 예수님께서는 계속해서 과장법을 사용하시어 제자들이 독선적이고 배타적인 죄악을 끊어버릴 것을 촉구하신다. 제자들에게

“만일 네 손이나 발, 또는 눈이 너를 범죄하게 만들면 그 지체를 찍어 버리라”고 말씀하셨다. 본문에서 언급되는 신체의 일부분들은 실제 행위의 다양한 상징들이다. 예를 들어 손은 잡지 말아야 할 것을 잡고, 발은 가지 말아야 할 곳을 가며, 눈은 보지 말아야 할 것을 본다. 유대 사회는 스스로 신체의 일부를 제거하는 것을 금하였고, 예수님께서도 제자들이 이것을 문자 그대로 받아들이기를 의도하지 않으셨다(참고, 갈 5:15). 신체의 일부를 절단하는 것은 당시의 주요한 형벌이었으나 그것은 사형보다 다소 자비로운 형벌이었다. 왜냐하면 하나님 나라에 들어갈 때 거기에는 소경도 절름발이도 모든 자들이 고침을 받게 될 것이기 때문이다(9:47-48). 예수님께서는 이것을 제자들의 영적인 삶에 적용하고 계셨다. 우리를 죄악으로 이끄는 모든 것에 경계심을 갖고 제거하는 것이 하나님 나라에 들어가지 못하고 나중에 지옥에 던져지는 것보다 낫다(9:46-48).

예수님께서는 제자들이 죄를 범하는 신체의 일부를 베어버리는 것과 같은 결단력으로 그들의 독선과 배타심을 과감히 떨쳐버릴 것을 요구하셨다. 우리가 쉽게 독선적이고 배타적인 태도를 취하는 것은 그 죄악을 심각하게 여기지 않고 끊어버리겠다고 결단하지 않기 때문이다. 우리의 독선과 배타심은 우리 자신은 물론 우리가 속해 있는 공동체 전체를 실족하게 만드는 위험한 결과를 가져오게 할 것이다. 이런 죄악은 소극적인 결단으로는 뿌리 뽑을 수 없고 자신의 신체 가운데 일부를 떼내는 것과 같은 적극적 결단으로 나아갈 때만이 이길 수 있다.

예수님께서는 9:50에서 서로 화목할 것을 요구하시면서 9:34부터 계속되던 이야기를 결론 맺으셨다. 제자들은 자기들 그룹에 속하지 않은 사람이 예수님의 이름으로 귀신 쫓는 것을 보고 그 행위를 금하였다. 그러나 예수님께서는 제자들을 책망하시면서 금하지 말라고 명하셨다. 예수님께서는 제자들의 배타적인 행동으로 하나님 나라의 일을 행하는 사람이 실족하게 되는 것에 대해 경고하셨다. 세상에서 소금의 역할을 감당해야 할 제자들이 화목의 능력을 상실하고 독선과 배타심에 사로잡혀 한 사람을 실족시키고 있었던 것이다. 그러므로 예수님께서는 그들에게 하나가 되어 화평할 것을 요구하셨다. 오늘날도 예수님의 제자들이라면 독선적이고 배타적인 마음을 가지고 공동체의 다른 사람을 실족하게 해서는 안 될 것이다. 이러한 죄악에 사로잡혀 있는 자들은 마치 맛을 잃은 소금처럼 아무 능력도 나타내지 못할 것이다. 그러므로 우리는 서로 화목하고 섬기는 가운데 세상의 소금의 역할을 감당해야 한다.

제 10 장 외형적 제자와 참된 제자의 삶

바리새인들의 율법주의와 마음의 완악함(10:1-12)

본문에서 예수님을 죽이려는 종교 지도자들의 음모(3:6)가 점점 구체화되면서 예수님의 수난이 실제화되기 시작했다. 예수님을 죽이기 위해 책잡으려 하는 종교 지도자들의 모습이 여기 이혼에 대한 문제제기에서 여실히 드러나고 있다.

바리새인들은 또 다시 이혼과 재혼에 대해 질문을 던진다(10:2, "남편이 아내를 버려도 좋습니까?"). 바리새인들의 질문은 예수님을 시험하여 책잡기 위한 함정이었다. 당시 서기관들과 율법학자들은 율법 해석에 있어 가장 영향력이 있었던 힐렐을 따르는 자들과, 샴마이를 추종하던 두 분파로 나누어져 있었다. 특별히 이 두 파는 이혼의 문제를 지적하고 있는 모세의 율법 - "사람이 아내를 취하여 데려온 후에 수치되는 일이 그에게 있음을 발견하고 이혼 증서를 써서 내어보낼 것이요"(신 24:1-2) - 에 대해 서로 상반되는 견해를 보이고 있었다. 율법을 엄격하게 적용하던 샴마이 학파는 이혼조건을 오직 아내가 간음죄를 범한 경우에만 가능하다고 주장했다. 그러나 비교적 율법을 자유롭게 적용했던 힐렐 학파는 간음 외에도 남편을 수치스럽게 만드는 모든 일들을 이혼조건에 포함시켰다. 이로 인해 당시 유대 남자들은 마음대로 아내를 버릴 수 있는 기회를 얻게 되었다. 바리새인들이 예수님께 와서 물어본 질문은 바로 이러한 문제였다. 따라서 바리새인들의 교활한 질문은 예수님께서 긍정하든 부정하든 어느 한쪽 파와 충돌하여 알력을 빚게 되어 있었다.

또한 그들은 이 질문을 통해서 예수님을 헤롯의 적으로 만들려고 했을지도 모른다. 당시에 예수님께서 계시던 베뢰아는 헤롯 안디바가 다스리던 곳이었다. 헤롯 안디바는 본처와 이혼하고 자기 동생의 아내와 재혼을 하였다. 그리고 이 사실에 대해 세례 요한은 그를 찾아가서 잘못을 지적하였다. 이 일로 인해 세례 요한은 체포되었고 후에 헤로디아의 음모에 넘어가서 참수를 당하였다. 그러므로 당시 이혼에 대한 문제는 헤롯의 신경을 거슬리는 문제였다. 주님께서 이 문제를 섣불리 발언하여 반대의 의견을 개진할 경우에는 헤롯의 재혼에 대한 부당성不當性을 주장한 것으로 오해받을 수 있었다. 특히 헤롯은 예수님을 세례 요한이 부활한 것으로 오해하여 그를 지속적으로 감시하고 있었다. 이런 상항 속에서 이혼에 대한 질문은 예수님을 헤롯의 적으로 만들기에 충분한 것이었다. 세례 요한이 헤롯의 이혼과 재혼을 반대하다가 죽었다는(6:14-29) 사실과 예수님께서도 역시 이혼을 엄격히 제한함으로 모세의 율법보다 차원 높은 도덕을 가르쳤다는 사실을 염두에 둘 때(참고, 마 5:27-32), 바리새인들은 예수님의 답변에서 율법과 배치되는 점을 찾아내어 예수님을 공격할 증거를 삼으려 했다. 뿐만 아니라 세례 요한과 같은 운명에 빠뜨리려는 계획을 세웠다고 볼 수 있다.

예수님께서는 자신의 견해를 밝히시기에 앞서 최종 권위가 되는 모세의 율법을 통해 그들의 질문에 스스로 대답하게 하셨다. 예수님께서 "모세(하나님이)가 어떻게 너희에게 명령하였느냐?"(10:3)라고 질문하셨을 때 바리새인들은 다음과 같이 답변했다. "모세는 이혼 증서를 써 주어 내어버리기를 허락하였나이다"(10:4). 이혼에 대해 바리새인들은 신 24:1-4에 기록된 규정에 근거하여 이혼이 허락된 것으로 이해하였다. 예수님께서는 '하나님의 명령'(결혼의 법칙)에 대해 묻고 계시는 데 그들은 '모세의 허락'으로 대답하였다. 그러므로 예수님께서는 바리새인들이 율법을 악한 의도로 왜곡하고 그 본질조차 깨닫지 못하고 있다는 것을 폭로하기 위해서 "허락된 것"(10:3-4)에서 "명령하신 것"(10:5-7)으로, "이혼"에서 "결혼"으로 토론의 주제를 전환하셨다.

신 24:1-4은 유대 사회에서 이혼을 합법화하기 위한 근거로 이용되었다. 그러나 예수님은 모세의 허락이 하나님의 뜻을 반영하고 있지 않는 것으로 보셨다. 예수님은 모세가 이혼을 허락한 근본적 이유가 무엇인가를 분명히 밝히고 계신다. 모세가 이혼을 허락한 이유는 유대인들의 완악한 마음 때문이었다(10:5). 여기서의 "완악한 마음"(스클래로칼디안, σκληροκαρδιαν)이란 하나님의 말씀을 깨닫지 못하여 순종할 수 없는 상태를 말한다. 즉 모세는 이스라엘 백성들에게 이혼의 정당성을 부여하고 있는 것이 아니라, 남편들의 강퍅한 마음과 행동들로 인해 유린 당하는 아내의 인권을 보호하기 위한 소극적인 명령이었다. 즉 한 남자가 충동적으로 아내와 이혼하거나 아내를 한 인격체로 대하지 않고 싫증난 물건처럼 학대하는 것에 제재制裁를 가함으로써 아내를 보호하려 했던 것이다. 이렇게 볼 때 모세의 이 법령은 이혼을 찬성하거나 조장하기 위해서가 아니라 오히려 이혼을 억제시키며, 아내가 남편의 희생물이 되는 것을 막기 위한 것이었다. 모세의 근본 의도는 하나님의 결혼 목적이 철저히 무시된 사회 속에서 그 목적을 세워보려는 데 있었다.

바리새인들은 이혼의 문제제기로 예수님을 책잡으려 했지만, 예수님께서는 한 단계 위에서 하나님께서 제정하신 결혼의 신성을 강조하시면서 이혼에 대한 단순한 논리를 깨고 그 자체가 부당하다는 사실을 지적하셨다. 그리고 그들의 사고가 하나님의 뜻과는 너무나 멀리 있으며 그것은 그들의 완악함 때문이었음을 드러내셨다.

어린아이들을 축복하심(10:13-16)

앞선 단락에서 완고한 바리새인들을 암시적으로 꾸짖으셨던 예수님은 이제 대조적으로 어린아이 같은 믿음을 제자들에게 촉구하고 계신다. "누구든지 어린아이와 같이 하나님의 나라를 받아들이지 않으면 결코 하나님의 나라에 들어가지 못하리라"(10:15). 1세기 팔레스타인 지역에서 어린아이들은 실제로 무능했기 때문에 법적인 규례를 따라 생활하기보다는 전적으로 아버지를 의존하고 살았다. 이런 상황은 오늘날도 마찬가지이다. 어린아이들은 아버지가 함께하기만 하면 세상의 어떤 것도 필요 없고, 그 무엇도 두렵지 않다. 어린아이들은 부모님의 말을 그대로 믿고 신뢰한다. 또한 그들의 정체성도 역시 부모님에게 의존한다. 이와 같이 하나님 나라의 백성으로서 또한 예수 그리스도의 제자가 되기 위해서는 종교적인 관습 혹은 사회적인 규례를 의존하여 자기의 의를 자랑하는 태도보다는 예수님을 믿고 신뢰하는 태도를 가져야 한다.

부자와 하나님 나라(10:17-31)

본문에서 예수님은 하나님 나라의 백성이 되는 것과 모든 것을 버리고 예수님을 좇는 것을 동일시하고 있다(참고, 10:21). 본문에 등장하는 부자 청년은 모든 계명을 지켰지만 그가 가진 재물을 포기할 수 없어서 예수님을 따르는 일에 실패하고 말았다. 예수님께서는 실패한 부자 청년의 실례를 통해 제자들에게 자기 십자가를 지고 예수님이 당하실 수난과 죽음의 현장 끝까지 따라올 것을 암시적으로 교훈하셨다(10:32-34).

독자들은 제자의 도를 다루는 단락(8:27-10:52)의 거의 끝자락에 위치한 본문의 문학적 구조를 통해 본문이 참된 제자의 삶에 대해 교훈하고 있음을 짐작할 수 있다. 분명 재물을 의존하여 예수님을 좇는 것에 실패한 부자 청년의 모습은 앞 단락의 아버지만을 의존하고 나아가는 어린아이의 모범적 사례와 대조를 이루고 있다. 그 부자는 예수님의 부르심을 거절하였고, 하나님 나라의 백성이며 예수님의 참된 제자가 되는 것에 실패하였다. 예수님의 참된 제자가 되기 위해서는 그의 주위를 둘러싼 환경들을 뒤로하고 예수님만을 바라보면서 그 길의 끝이 십자가 죽음일지라도 그분의 뒤를 좇는 것이다.

본문에서 제자들과 그 부자 청년 사이에는 어떤 대조를 이루고 있다. 제자들은 모든 것을 버리고 예수님을 좇는 데 실패한 부자 청년(10:28)을 조롱하면서 자신들은 모든 것을 버리고 예수님을 좇았다고 내세운다(1:16-20). 그러나 제자들의 말 속에는 진정한 포기와 헌신이 내포되어 있지 않다. 그저 보상심리가 담겨 있을 뿐이었다. 그들은 예수님께 모든 것을 버리고 따랐으니까 주님이 새로운 왕국을 세울 때 높은 위치를 달라고 압박을 가하고 있는 것이다. 그렇다면 1:16-19에서 예수님이 제자들을 부르셨을 때 그물과 배, 부친을 버리고 좇은 것이 모든 것을 포기하고 헌신한 것이라고 할 수 있을까? 그들은 지금 예루살렘 입성을 앞두고 보상을 기대하며 자신들이 포기한 소유의 대가를 요구하고 있다. 즉 실상은 제자들 역시 그 부자 청년과 다를 바 없다. 예수님의 참된 제자라면 모든 것을 버리고 그분이 가시는 길을 끝까지 함께하는 것만으로도 기뻐했을 것이다.

그래서 예수님께서는 본문 바로 뒤에 수난과 죽음을 위한 예루살렘 입성을 앞에 두고 제자들에게 세 번째로 자신의 수난과 죽음에 대해 예고하신다(10:33-34). 그것은 당시 예수님을 정치적인 왕으로 기대하였고, 하나님 나라 또한 지상적 다윗 왕국의 재건으로 오해하고 있던 제자들을 일깨우기 위한 것이며, 그들이 어떻게 행해야 할지를 암시적으로 교훈하는 것이다. 그래서 본문은 우리들로 하여금 "자기를 부인하고 나를 따르라"(8:34)는 예수님의 명령을 회상하게 만든다. 자기를 부인한다는 것은 철저히 세상적인 야망과 보상을 포기하고 따르는 것이다.

10:29-30에서 예수님께서는 제자들에게 포기의 근본적 동기가 무엇이어야 하는지에 대해 분명하게 정의하고 계신다. 거기서 예수님은 보상을 바라고 포기하는 척하는 자들이 아니라 복음의 실체이신 예수님을 위해 기꺼이 모든 것을 포기하고 따르는 자들에게 주어질 하나님의 보상을 말씀하고 계신다. 예수님께서는 자신과 복음을 위해 집이나 토지를 버린 사람은 집과 토지를 백 배나 받을 것을 약속하셨다(10:30). 그러나 그것은 핍박과 함께 주어질 것이요 내세에 영생으로 얻게 될 것이다. 현세에서 집을 잃은 자들은 그들이 전하는 메시지를 영접하는 자로부터 집을 제공받게 될 것이다(참고, 6:10).

1세기 유대 사회에서 예수 그리스도를 따른다는 것은 유대 가족 공동체로부터 추방 당할 것을 각오한 행동이었다. 그러므로 박해와 추방 당함으로 인해 가족을 뒤로하고 예수님을 따르는 자들에게는 육체적 가족이 아닌 하나님 나라의 일원이 되는 특권을 주셨다(3:33-35). 또한 전토를 포기하는 자들에게는 주님께서 추수할 들판을 주셨다(마 9:37-38).

기대치 포기

외형적 그물과 배를 포기하고 예수님을 따랐던 열두 제자들은 재물에 발목이 잡혀 제자의 길을 포기하고 돌아간 부자를 빗대어 자신들의 공로를 인정받고 싶은 기대치가 있었다. 그러나 모든 물질과 명예, 욕망을 접고 예수님을 위해 헌신의 길에 들어선 자들이라 할지라도 그 행동에 대해 칭찬과 보상을 기대하고 나간다면 그것은 참된 제자라고 할 수 없다. 사탄은 우리로 하여금 기대치 만족을 추구하는 외형적 제자의 모습에 머물러 있도록 유혹한다. 지금 우리 시대에는 제자훈련 과정을 무사히 끝낸 사람들이 필요한 것이 아니라 바디매오처럼 모든 기대치를 버리고 옛것을 아쉬워하지 않는 진실한 제자가 필요하다.

섬김의 길(10:32-45)

예수님께서는 이미 두 차례에 걸쳐 자신의 수난과 죽음에 대해 예고하신 바 있다(8:31; 9:31). 그러나 그때마다 제자들이 보인 반응은 영적인 무지와 믿음 없는 모습 그 자체였다. 예수님의 수난과 죽음의 의미를 깨닫지 못한 제자들은 그의 죽음을 만류하였을 뿐 아니라 계속적으로 세상적인 그리스도 왕국을 꿈꾸며 높은 자리를 놓고 다투기만 하였다. 그런 제자들에게 예수님은 예루살렘으로 올라가시면서 다시 한 번 자신의 수난과 죽음을 예고하셨다. 물론 예루살렘이 높은 산 위에 있기 때문에 "예루살렘으로 올라가는 길"이라고 표현할 수도 있다. 그러나 마가복음에서의 그 길은 1:2-3에 언급되고 있는 예수님이 가셔야 할 길, 즉 십자가의 길인 것이다. 예수님께서는 길을 가시던 도중에 제자들에게 자신이 당하게 될 고난과 십자가, 그리고 죽음과 부활에 대해서 가르쳐주셨다. 이 수난과 죽음 그리고 부활의 이야기는 마가 당시 박해를 경험하고 있던 성도들에게 꼭 필요한 메시지였다. 그들은 예수님과 복음 때문에 모든 것을 잃었고 죽음에 직면해 있었다. 그들의 믿음은 흔들리고 있었고 사람들은 예수님을 부인하며 떠나갔다. 이런 상황 속에서 마가는 그들을 위해 십자가에서 죽으신 예수 그리스도의 모습을 상기시키면서 외형적인 열두 제자처럼 실패의 전철을 밟지 말고 참된 예수님의 제자로서 믿음으로 자기를 부인하고 자기의 십자가를 지고 주님의 뒤를 따라갈 것을 촉구하고 있다.

예수님의 세 번째 예고는 앞선 두 차례의 예고와 달리 좀더 구체적인 내용을 담고 있다. 즉 예수님이 유대 종교 지도자들의 손에 넘겨지게 될 것과, 그들에게 모욕을 받고, 침 뱉음을 당하며 채찍으로 매질을 당할 것이 추가로 명시되어 있다. 이러한 예수님의 수난은 이미 시 22:6-8과 사 50:6, 53:5에 미리 예고된 것이었다. 예수님께서는 자신의 수난과 죽음이 구약에 미리 예고되었다는 것을 제자들에게 가르쳐주셨다. 그러나 영적으로 무지한 제자들은 예수님의 말씀이 무엇을 말하는 것인지 전혀 알지 못했으며 깨닫지 못하였다. 제자들은 아직도 예수님을 정치적인 그리스도로 이해하고 있었다. 그러기에 예수님께서 이스라엘을 로마로부터 구원하여 예전에 누리던 다윗 왕국을 세울 것으로만 기대하고 있었다.

제자들의 잘못된 패러다임 구조

여기서 우리는 제자들과 예수님의 대조적인 패러다임 구조를 엿볼 수 있다. 제자들의 머릿속에는 십자가를 지고 죽음을 향해 올라가시는 예수님과 전혀 다른 생각이 자리하고 있었다. 곧 제자들은 예수님께서 새로운 다윗 왕국을 세우실 것이라고 생각하였다. 그래서 예수님의 제자인 야고보와 요한조차도 예수님께서 다윗의 왕국을 회복하실 때에 높은 우편과 좌편의 자리에 앉혀달라고 청하였다(10:35-37). 많은 사람들을 구원하시기 위한 예수님의 죽음이 다가오고 있었음에도 불구하고, 여전히 제자들은 지상의 다윗 왕국을 꿈꾸며 서로 더 높은 자리를 차지하겠다는 생각에 사로잡혀 있었던 것이다.

그러나 예수님은 "너희가 요구하는 것이 무엇인지 너희가 알지 못한다"고 책망하셨다(10:38). 그들은 예수님을 따르기 위해 감당해야 할 고난을 알지 못하고 영광만을 구했다. 그들이 앉게 될 좌우편이 죽음의 십자가 좌우편인 것을 알지 못했던 것이다. 만일 그들이 예수님의 좌우편에 앉을 사람이 감당해야 할 조롱과 멸시, 수난을 깨달았다면 그 자리를 요구하지 않았을 것이다. 실제로 예수님께서 십자가에 달려 돌아가시는 것을 목격한 제자들은 그 자리를 포기하고 도망을 쳤다. 대신 그 자리에는 두 명의 강도가 앉게 되었다.

예수님께서는 제자들에게 이렇게 질문을 던지셨다. "너희가 나의 마시는 잔을 마시며, 나의 받는 세례를 받을 수 있겠느냐?"(10:38) 구약에서 "잔"은 불순종한 이스라엘에 대해 내리시는 하나님의 심판으로서의 고난을 상징하였다(시 75:8; 사 51:17-23; 렘 25:15-28; 겔 23:31-34; 합 2:16; 슥 12:2). 또한 세례는 예수님께서 인간의 모든 죄를 담당하신다는 표였다(참고, 1:9-11). 예수님께서는 인간의 죄를 짊어지시고 인간이 당해야 할 심판을 대신 당하셔야 했다. 그렇다면 예수님의 좌우편에 앉기 원하는 제자들 역시도 당연히 이 잔을 마셔야 했다. 그러나 제자들은 예수님의 세례와 잔의 의미를 깨닫지 못하고 그 잔을 받겠다고 대답하였다(10:39).

야고보와 요한의 태도에 나머지 제자들은 분개하였다. 세상적인 야심에 대해 이미 예수님으로부터 책망을 들었음에도 불구하고(9:35-37), 영적으로 무지한 제자들은 불순한 욕망 때문에 서로 시기하고 질투하였다. 제자의 길에 대해 무지하고, 세상적 야망으로 가득찬 제자들에게는 진정한 공동체의 모습이란 찾아볼 수 없었다. 그들은 이방인 집권자들이 하는 것처럼 노예들에게 명령하고 그들로부터 섬김받기를 원했다(10:42). 그러나 이것은 하나님 나라의 원리가 아니다. 누구든지 크고자 하는 자는 종이 되어 모든 사람을 섬겨야 한다(10:43). 이것은 분명 성공하기 위한 묘책이 아니다. 섬김을 받음으로 얻어지는 기쁨이 아닌 다른 사람을 섬김으로 인해 얻어지는 기쁨을 발견하라는 예수님의 명령이다. 또한 다른 사람들에게 명령함으로 얻는 기쁨이 아닌, 다른 사람들을 사랑함으로 얻는 기쁨을 발견하라는 것이다. 이것은 예수님의 삶 속에서 모범적으로 드러난다. 즉 그의 섬김은 자기 목숨을 많은 사람의 대속물로 주신 것이었다(10:45).

이와 같은 예수님의 섬김에 대한 배경은 시 49:7-9과 사 53:10-12에서 발견된다. "많은 사람의"(안티 폴론, αντι πολλων)라는 말은 '많은 사람을 대신하여' 라는 의미이다. 즉 전치사 안티αντι는 '…을 위해' 로 해석될 수도 있으나 여기서는 '…을 대신하여' 로 이해해야 한다. 따라서 예수님은 모든 사람을 대신하여 죽으신 것이 아니라 많은 사람을 대신하여 죽으신 것이다. 여기서 '많은 사람' 은 인종이나 국적, 계급, 연령, 성별 등의 차별이 없이 믿는 자들을 말한다(사 53:8; 마 1:21; 요 10:11, 15; 17:9; 행

20:28; 롬 8:32-35; 엡 5:25). 예수님의 진정한 제자는 세상의 야망을 따라 살지 않고 예수님께서 섬기시며 목숨을 버리신 것처럼 형제들을 섬기는 모습으로 살아야 할 것이다(참고, 요일 3:16).

소경 바디매오 이야기(10:46-52)

소경 바디매오 이야기는 마가복음 내에서 문학적 위치 때문에 매우 중요한 기능을 한다. 이것은 예수님의 고난, 죽음, 제자도의 의미를 가르치고 있는 긴 단락(8:27-10:52)의 결론이다. 8:27-10:45에서 제자들은 예수님의 가르침 - 인자의 고난과 죽음 - 을 이해하지 못하는 영적인 소경들이었다. 이 제자의 도를 교훈하고 있는 단락에서 예수님은 세 번에 걸쳐 자신의 수난과 죽음을 예언하시지만(8:31; 9:31; 10:33-34), 영적으로 무지한 제자들은 예수님의 죽음의 의미를 깨닫지 못하고 예수님을 만류하였으며(8:32), 길가에서 누가 제일 높은 사람이냐는 문제로 서로 다투었고(9:33-34), 예수님께 메시아 왕국이 세워질 때 자신들에게 높은 자리를 보장해줄 것을 요구했다(10:34-35). 예루살렘을 향해 올라가는 길에서도 예수님은 앞서 가시는데 제자들은 두려워하며 뒤쫓아가고 있었다(10:32). 그러나 이와는 대조적으로 본문의 바디매오는 믿음과 함께 담대함으로 그 길에서 예수님을 따르고 있었다(10:52). 바디매오 치유 사건을 통해 예수님(혹은 마가)은 제자들이(혹은 독자들) 영적인 통찰력과 함께 예수님을 바로 깨닫고, 두려움보다는 믿음으로 반응하여 자기 십자가를 지고 예수님을 좇으라고 말씀하셨다.

예수님과 제자들이 여리고를 지나가실 때에 바디매오('디매오의 아들'

을 의미함)라는 소경 걸인이 길가에 앉아 구걸하고 있었다. 다른 복음서와 달리 마가복음만이 그 소경 걸인의 이름을 밝히고 있다. 마가가 특별히 그 걸인의 이름을 명시한 것을 보면 바디매오가 마가의 공동체에 잘 알려진 인물이었음을 짐작할 수 있다(참고, 15:21에 알렉산더와 루포의 아비 구레네 시몬).

그 소경 바디매오는 "길가"에 앉아 있었다(10:46). 마가복음에서 '길'이란 단어는 세례 요한에 의해 준비되고 십자가에서 끝나는 수난과 죽음을 의미하며, 예수님의 참된 제자들이 따라 할 길이었다. 지금은 바디매오가 그 "길"on the way이 아닌 "길가"beside에 있지만, 그가 고침을 받은 후에는 그 길 위에서 예수님을 따르게 된다(10:52). 대조적으로 제자들은 길 위에서 예수님을 따라갔지만 그 길이 어떤 길인지 전혀 이해하지 못했기에 예수님께서 죽음에 직면하시자 예수님을 배반하고 길가로 도망치고 말았다(참고, 14장).

신新 솔로몬이신 예수

나사렛 예수가 지나가신다는 소식을 들었을 때 바디매오는 "다윗의 자손(아들) 예수여!"라고 외쳤다(10:47). 이 호칭은 마가복음에서 이곳에서만 언급된다. 그러면 이 호칭은 어떤 의미를 가지는가? 먼저 유대 전통 가운데 '다윗의 자손'은 정치적이며 민족주의적인 인물로 이해되었다. 그들은 삼하 7:12-16을 정치적으로 해석하여 이스라엘의 영광스런 종말론적 회복이 다윗의 후손을 통해 이루어질 것으로 기대하였다. 또한 이런 정치적 인물로서 다윗의 자손에 대한 유대인들의 기대는 유대문헌 「솔로몬의 시편」 14:4, 21-32에서 드러나고 있다. 거기서 "다윗의 자손"은 통치자로서 이스라엘의 적들을 물리치고 예루살렘을 직접 통치하는 인물이다.

다윗의 자손에 대한 또 다른 기록이 주전후 1세기 유대의 문헌들 가운데서 발견된다. 특히 유대문헌 「솔로몬의 시편」 17:21에서 다윗의 자손은 솔로몬으로 지칭되며, 거기서 솔로몬은 치유와 귀신축출의 힘을 가진 자였다. 또한 고대역사가 요셉푸스는 하나님께서 솔로몬에게 지혜를 수여하신 것은 병자를 치유하고 악한 영들을 몰아내기 위함이라고 서술하고 있다(「유대 전쟁사」 8.44-45).[1] 그리고 유대문헌 「솔로몬의 유언서」는 솔로몬이 하나님께 불순종하여 그로부터 수여받은 치유와 귀신축출의 능력을 상실하게 되었다고 말한다. 이런 맥락에서 본문의 '다윗의 자손'이란 칭호는 치유 사건과 관련이 있는 바 이적을 행하는 자로 묘사되고 있지 않다. 그러므로 바디매오는 예수님을 정치적인 목적을 성취할 메시아로 이해했다기보다는 솔로몬보다 더 위대하신 새新 솔로몬으로서 자신의 질병을 치유해주실 분으로 깨닫고 믿었다(참고, 마 12:42).

바디매오의 믿음과 포기

바디매오는 주님을 향해서 "불쌍히 여겨 달라고"라고 부르짖었다(10:47). 그러나 사람들은(아마도 제자들) 그를 꾸짖어 더 이상 부르짖지 못하게 말렸다. 그러나 소경은 더욱 소리를 질러 예수님께 자비를 구했다(10:48). 여기서 "꾸짖다"와 "소리지르다"라는 두 동사의 시제가 미완료시제로 사용된 것은 여러 사람들이 계속적으로 바디매오를 꾸짖었으나, 그 역시 거기에 굴하지 않고 계속 소리 질렀음을 보여준다. 즉 많은 사람들의 계속적인 저지에도 불구하고 자신을 치유해주실 분은 새 솔로몬이신 예수님밖에 없다는 믿음으로 계속해서 외쳤던 것이다. 육신의 눈은 온전하였지만 영적인 눈이 어두워 예수님의 신분을 깨닫지 못하고 있는 제자들과는 달리, 바디매오는 육신적으로는 소경이었지만 영적으로 예수님의 신분을 깨달을 수 있는 눈을 갖고 있었다.

마침내 예수님께서 그의 부르짖음을 들으시고 가던 길을 멈추시고 제자들에게 그를 데려오라고 지시하셨다. 제자들은 즉시 바디매오에게 가서 "안심하고 일어나라 너를 부르신다"고 말하였다(10:49). 여기서 '일어나라' (에게이레, εγειρε)는 5:41에서 회당장의 죽은 딸을 살리실 때 예수님이 하셨던 말씀을 연상시킨다. 초대교회 그리스도인들은 이 단어를 그리스도 안에서 얻은 새 생명을 표현할 때 특히 찬송해서 사용하였다(엡 5:14). 여기서 우리는 예수님의 부르심이 치유를 통해 새로운 생명을 주시기 위한 것임을 알 수 있다. 치유와 새 생명의 소유는 예수님께 믿음으로 나아갈 때 가능하다. 왜냐하면 예수님의 부르심은 신앙적인 반응을 요구하기 때문이다. 비록 외형적인 제자들은 예수님께서 그들을 부르셨을 때 그물을 버려두고 따랐지만(1:16-18), 믿음 없이 예수님을 따라갔다(8:27-10:45). 그러므로 예수님께서 예루살렘으로 올라가시는 길에 제자들에게 요구하시는 것은 영적인 통찰력으로 주님의 길을 명확히 깨닫고 믿음으로 따르는 것이었다.

예수님께서 바디매오를 부르셨을 때 그는 겉옷을 내어버리고 뛰어 일어나 예수님께 나아왔다(10:50). 구약 성경에 따르면, 걸인의 겉옷은 그의 전 재산과 같은 것이었다. 그래서 채권자라 할지라도 겉옷만큼은 빼앗아갈 수 없었다(출 22:26; 신 24:12-13).[2] 대부분의 걸인들은 낮에는 구걸하기 위해 겉옷을 깔고 앉았다가 밤이 되면 이불로 사용하였다. 그런데 바디매오는 예수님을 따르기 위해 거추장스러운 것을 뒤로하였던 것이다. 13:16에서 예수님은 종말의 위기 때에 겉옷을 가지러 뒤로 돌아가지 말 것을 경고하신 바 있다. 왜냐하면 뒤로 돌아갔다가 화를 당할 수 있기 때문이다. 본문의 "겉옷"은 예수님을 따르기 위해서 포기해야 할 것들을 상징적으로 나타내고 있다. 시몬과 안드레는 그물을 버려두었으며(1:18), 야고보와 요한은 아버지를 남겨두었고(1:20), 과부는 그녀가 가진 모든 것을 받쳤다(12:44). 그러나 대조적으로 부자 청년은 가진 것을 포기하고 따르는 데 실패하였다(10:17-22). 이런 부자 청년을 보면서 베드로는 모든 것을 버리고 예수님을 따랐다고 자랑하였다(10:28-30). 비록 제자들은 예수님이 부르실 때 가시적인 겉옷 즉 그물은 버려두고 따랐지만(10:28) 높은 자리를 탐내는 욕심은 버리지 못했다(10:35-45). 실제로 그들은 그 부자 청년과 다르지 않았던 것이다.

그가 예수님께 왔을 때 예수님은 그에게 물으셨다. "네게 무엇을 하여 주기 원하느냐?"(10:51) 이것은 예수님이 10:36에서 제자들에게 했던 질문과 같다. 이 질문은 10장 안에서 특별한 의미를 내포하고 있다. 이 동일한 질문에 대한 제자들과 소경의 대답은 대조를 이룬다. 제자들은 하나님 나라에서 높은 위치(10:35-36)를 원했고 소경은 다시 보기를 원했다. 제자들은 예수님을 단지 정치적인 메시아로 이해했던 것이다. 그러나 소경은 예수님을 자신을 치유하실 수 있는 새 솔로몬으로 보았다. 제자들에게도 필요한 것은 높은 자리가 아니라 예수님을 바로 보고 깨달을 수 있는 영적인 눈이었다.

치유 뒤에 예수님께서는 "가라 네 믿음이 너를 구원하였느니라"고 선언하셨다(10:52). 이 선언은 열두 해를 혈루증으로 앓고 있던 여인 이야기(5:34)를 회상케 한다. "딸아 네 믿음이 너를 구원하였으니 평안히 가라." 그의 믿음이 질병을 낫게 하였던 것이다. 치유된 사람은 길 위에서 예수님을 좇았다(10:52). 비록 "따르다"라는 단어가 항상 제자의 도와 관련이 있는 것은 아니지만(3:7; 5:24; 11:9; 14:13), 적어도 그 단어를 제자를 부르시는 장면과 관련하여 사용할 때는 예수님의 제자로서 충성을 의미하였다(1:18; 2:14; 10:21, 28, 32; 15:41; 참고, 9:38).

마가복음에서 영적인 통찰력과 진실된 제자의 삶은 궤적을 같이한다. 하나님의 아들, 그리스도의 수난과 죽음, 다윗의 자손으로서 예수님의 본질을 이해하는 데 실패한 제자들은 잘못된 것을 기대하고 요구하였으며(6:35-37; 8:4, 14-21, 32-33; 9:34; 10:35-37), 결국 참된 제자의 삶을 사는 데도 실패하였다(9:18, 28-29, 38-40; 10:13-14, 28-30; 14:32-42, 66-72). 영적인 통찰력을 갖고 예수님의 신분에 대해 분명하게 깨달은 자만이 십자가의 길 위에서 믿음으로 예수님의 뒤를 따를 수 있다.

4부

구원을 성취하신 예수님

제 11장 | 예루살렘 입성

제 12 장 | 불신앙적 배척과 신앙적 헌신

제 13 장 | 종말론 강화

제 14 장 | 제자들의 배신과 회복

제 15 장 | 십자가를 향한 불신앙적 조롱

제 16 장 | 예수님 부활과 제자들의 회복

마가복음을 마무리하며

take up his cross and follow me

제 11 장 예루살렘 입성

예루살렘 입성(11:1–11)

11–15장은 수난주간에 예루살렘 주변에서 있었던 몇몇 사건들과 교훈들을 기록하고 있다. 지금까지 마가는 "곧," "즉시"라는 부사를 사용하여 사건들을 빠르게 전개해왔지만, 이제 예수님의 수난에 대해서는 전체의 3분의 1을 할애하며 상세히 서술하고 있다. 이러한 사실은 마가복음이 수난받고 죽으시는 예수님의 모습을 강조하여 묘사함으로써 박해 가운데 처해 있는 독자들에게 예수님의 본질을 상기시켜, 죽음을 두려워하지 않고 신앙을 지키게 하려는 목적이 있음을 시사한다. 11장에서는 여러 가지 상징적인 예수님의 행동들이 나열되고 – 나귀를 타고 입성하심, 무화과나무를 저주하심, 성전을 청결케 하심(11:1–26) – 난 후 종교 지도자들과의 논쟁적인 대화가 따라나오고 있다(11:27–33).

본문은 예수님의 수난주간의 첫 번째 사건이다. 예수님은 감람 산 동편에 있는 베다니에 이르렀을 때에 제자 둘을 반대편에 있는 마을로 보내어 아직 아무도 타지 않은 어린 나귀를 풀어서 끌어오라고 하셨다

(11:2). 이는 예언에 근거한 것으로 스가랴 선지자는 이스라엘 왕이 오시는데, 그는 공의로 구원을 베푸시며 겸손하셔서 새끼 나귀를 타고 오실 것을 예언한 바 있다(슥 9:9; 참고, 창 49:11). 지금 예수님께서는 상징적 행동을 통해 자신이 그 예언된 메시아임을 증거하고 계신다.

한편 예수님께서는 제자들에게 만일 누가 나와서 "왜 이리 하느냐?"고 물으면, "(그것을) 주가 쓰시겠다"고 대답하라고 지시하셨다(11:3). 여기서 헬라어 "호 퀴리오스"(ο κυριος)는 일반적인 '주인'을 의미한다. 그러면 본문의 '주'는 누구를 가리키고 있는가? 나귀의 주인을 가리키는 것인가? 아니면 예수님이 주라 부를 수 있는 오직 유일한 분, 하나님을 가리키는 말인가? 아니면 예수님 자신을 직접 가리킨 말인가? 5:19의 대화 속에서 마가는 예수님을 '주'라고 언급하고 있다. 이것은 마가의 공동체에서 '주'라는 칭호가 예수님을 가리키는 용어로 이미 잘 알려져 있음을 암시한다. 그러기에 마가가 의도적으로 다른 곳에서 사용되지 않는 칭호를 사용하여 어린 나귀를 타고 예루살렘에 입성하셨던 예수님께서 우리의 주이시며 메시아이심을 드러내고 있음을 알 수 있다.

상반된 메시아 이해

제자들은 예수님의 말씀대로 맞은편 마을로 가서 보니, 나귀가 문 앞에 있는 거리에 매여 있었다. 제자들은 그 나귀를 풀기 시작했다(11:4). 그러자 거기에 서 있던 사람 중에 한 사람이 "나귀 새끼를 풀어 무엇 하려느냐?"고 물었다(11:5). 이에 제자들은 예수님이 이르신 대로 "주가 쓰시겠다"라고 말하였고 이 말을 들은 그 사람은 나귀를 데려가도록 허락하였다(11:6). 이것은 저들이 예수님의 신분을 분명히 깨닫고 있었음을 암시한다.

한편 마가복음에는 열두 명의 제자들 이외에도 예수님의 명령에 순종하기를 원하였던 또 다른 예수님의 제자들을 소개하고 있다(참고, 15:40; 16:1). 이들 가운데 어떤 자들은 "주가 쓰시겠다"라는 말씀을 따라 머무실 숙소(14:13-15). 나귀 새끼, 또는 무덤까지도(15:46) 예수님을 위해 드리려고 하였다. 오늘 우리 역시 예수님의 참된 제자들이라면 내가 설정해놓은 분야와 한계 속에서 예수님의 요청을 받아들이는 것이 아니라 그분께서 쓰시고자 하신다면 무엇이든 기꺼이 드릴 수 있어야 한다.

제자들은 나귀 새끼를 예수님께로 끌고와서 자기들의 겉옷을 벗어 나귀 등에 걸치고 예수님께서 나귀를 타시고 예루살렘으로 들어가시도록 준비하였다(11:7). 유대 전통 가운데 옷을 벗어 나귀 등에 얹는 행위는 존경하는 자에게 경의를 표하는 것으로 모든 것을 바쳐 복종을 다짐한다는 표현이다(참고, 왕하 9:13). 고대 근동 지방에서도 전쟁에서 승리하여 돌아오는 개선장군에게 이와 같은 행동을 하여 환호와 경의을 표하였다. 이로 보건대 본문의 제자들은 예수님께서 예루살렘에 영광스럽게 입성하시어 그들이 바라던 정치적인 메시아 왕국을 건설하실 것이라고 기대하였다. 그러나 예수님께서는 개선장군처럼 백마를 타고 입성하시지 않고 겸손과 섬김을 상징하는 나귀 새끼를 타고 입성하심으로 당시 유대인들이 기대하던 정치적인 왕이 아닌 겸손과 섬김의 왕임을 증거하셨다.

이 광경을 보고 어떤 사람들은 자신들의 겉옷을 길 위에 깔며 환호하였으며, 또 다른 사람들은 예수님을 영접하기 위해서 바닥에 푸른 나뭇가지들을 깔았다(11:8). 이때에 예수님의 앞과 뒤에 서서 따르던 사람들은 번갈아가면서 "찬송하리로다 주의 이름으로 오시는 이여! 찬송하리로다. 오는 우리 조상 다윗의 나라여!"라고 외치며 환호하였다(11:9-10). 이 구절 - "찬송하리로다 주의 이름으로 오시는 이여" - 은 유월절에 부르는 시편(시 113-118장) 가운데 시 118:26을 인용한 것이었다. 이러한 외침은 처음에 유월절에 예루살렘으로 들어오는 순례자들을 향해 외치는 소리였으나, 후에 장차 올 메시아를 기다리며 속히 임하기를 기원하는 의미로 변하였다.

또한 유대인들은 예수님을 향해서 "우리 조상 다윗의 나라여!"라고 외쳤다. 이것은 유대인들이 예수님을 이스라엘의 대적인 로마를 몰아내고 이스라엘을 회복할 다윗 혈통의 정치적인 왕으로 오해했기 때문에 나온 외침이었다. 그러나 예수님은 그들의 죄를 대속하시기 위해 십자가에 죽으실 메시아이시지 결코 정치적인 메시아가 아니셨다(참고, 사 9:6-7; 암 9:11). 그러기에 예수님께서는 나귀를 타심으로 자신이 무력으로 로마를 정복할 정치적 메시아가 아니라, 인류에게 평화를 주기 위해 오셨다는 것을 증거하셨다. 그러나 영적인 소경인 제자들과 유대인들은 그 의미를 깨닫지 못하였다.

예수님께서는 예루살렘에 들어가신 후에 곧 성전으로 가셔서, 그 안에서 행해지는 일들을 돌아보시고 문이 닫힐 때가 되어 제자들과 함께 베다니로 옮겨가셨다. 그리고 예루살렘에서의 첫날밤을 보내셨다(11:11). 예수님은 지금 말 3:1-2의 예언을 그대로 성취하고 계신 것이다. 구약 본문에서 선지자는 하나님께서 먼저 메신저를 보내시어 자신의 길을 준비시키시고 다음에 심판을 위해 성전에 갑작스럽게 들어가실 것이라고 예언하였다. 이제 그 예언이 성취되었다. 세례 요한을 통한 회개의 세례가 선포되었고 이제는 예수님께서 홀연히 성전에 들어가시어 메시지를 거부하고 세례 요한과 하나님 나라를 배척한 자들에 대해 심판을 상징하는 행동들을 행하신 것이다(무화과나무 저주 사건과 성전청결 사건).

무화과나무의 저주 사건(11:12-14; 20-33)

3:1-6의 장면은 11-12장의 장면과 매우 흡사하다. 3:1-6에서 종교 지도자들은 완악한 마음 때문에 예수님의 가르침과 기적들 속에 계시된 하나님 아들로서의 예수님의 정체를 믿음으로 받아들이지 않았다. 이제 11:12-12:40에서도 그들은 성전청결 사건과 악한 소작인의 비유를 통해 경고하시는 예수님의 심판의 메시지를 받아들이지 않는다. 대신에 예수님을 어떻게 죽일지를 꾀함으로(11:18; 14:1) 심판을 더욱 재촉하였다.

본문에서는 또 다시 마가의 독특한 문학적 특징인 샌드위치 기법이 엿보인다. 마가는 무화과나무를 저주한 사건(11:12-14; 20-26) 사이에 성전을 청결케 한 사건(11:15-17)을 삽입하고 있다. 마가는 이러한 문학적 기법을 통해서 종교 지도자들의 불신앙적인 태도를 지적하고, 그들을 향한 하나님의 엄중한 심판을 암시한다. 유대 종교 지도자들은 종교적 행위로 말미암아 잎사귀는 무성했으나, 신앙의 열매는 없었다. 그들은 복음을 배척하고 다른 사람들도 그 복음을 받아들이지 못하게 막았다. 그러므로 예수님께서는 성전청결의 행위를 통해서 그들에게 임박한 하나님의 심판을 상징적으로 예고하셨다.

다음 날 아침 예루살렘으로 가는 도중 시장해지신 예수님께서는 잎이 많은 무화과나무를 보시고 혹시 그 나무에서 열매를 얻을까 하여 그곳으로 가셨다. 그러나 그 나무에는 아무 열매도 없었다. 이때는 아직 무화과나무가 열매를 맺을 때가 아니었기 때문이었다(11:12-13). 이스라엘과 지중해 연안의 무화과나무는 3월 말에서 4월 초에 새잎이 펴지고 잎 겨드랑이 사이로 녹색의 작은 열매가 생기며 이것이 점점 커져서 8-9월에 연하고 껍질이 잘 벗겨지는 맛있는 열매를 맺는다. 그러므로 본문의 시간적 배경은 유월절이 가까운 4월이기에 무화과나무의 열매들은 잎보다 먼저 열리는 풋과일로서 대부분 먹을 수 없는 것들이었다. 그럼에도 불구하고 예수님께서는 매우 시장하셨기 때문에 그 녹색의 작은 열매라도 찾으려고 하셨던 것이다. 그러나 무화과나무에는 그 작은 열매조차도 달려 있지 않았다. 예수님께서는 그 무화과나무를 향해서 "이제부터 영원히 사람이 네게서 열매를 따먹지 못하리라"고 선언하셨다.

여기서 우리는 이런 예수님의 행동에 대해 만족을 채우지 못한 인간적인 분노로 이해해서는 안 된다. 본 사건과 성전청결 사건은 예수님의 상징적 행동으로 우리는 그 행동이 내포하고 있는 상징적 의미를 이해해야 한다. 겔 5:1에서 하나님은 선지자에게 날카로운 칼을 가지고 그의 머리털과 수염을 깎아서 저울에 달라고 명하셨다. 이 머리털의 운명은 불순종한 이스라엘의 운명을 상징하는 것이었다. 이처럼 예수님께서 무화과나무를 저주하신 사건은 불신앙적이고 영적인 열매를 맺지 못하고 있는 이스라엘의 종교 지도자들에게 임박한 심판을 상징하고 있는 것이다.

심판에 대한 상징적 표현

구약에서 종종 무화과나무는 이스라엘에 대한 상징으로 이해되었다 (참고, 렘 8:13; 호 9:10; 욜 1:7; 미 7:1). 그래서 선지자들은 이스라엘이 하나님께 순종하여 번영하고 있는 모습을 충실한 열매를 맺은 무화과나무에 빗대었다.[2] 반면 불순종으로 인해 하나님의 심판을 받은 이스라엘을 더 이상 열매를 맺지 못하는 무화과나무로 표현하였다(참조, 호 2:12; 사 34:4). 그러나 마가는 이 표현을 이스라엘 백성 전체가 아닌 그들을 대표하고 있던 종교 지도자들을 향해 사용하였다. 왜냐하면 이미 예수님께서 하나님 나라의 도래와 회개를 선포하셨으나(1:14-15) 이스라엘 가운데 종교 지도자들은 그의 선지적 메시지를 거부하고 그를 죽이기로 꾀하였기 때문이었다(참고, 3:5). 그러므로 불신앙적이고 복음에 대해 적대적인 그들에게 하나님의 심판은 멀지 않았다(참고, 13장).

예수님께서 찾으시려고 했던 무화과나무의 열매는 종교 지도자들의 죄에 대한 회개와 복음을 믿는 믿음이었다. 그러나 예루살렘을 대표하는 종교 지도자들은 종교 제도와 형식으로 가득차 있었지 하나님을 경외하고 예수 그리스도를 하나님의 아들로 영접하려는 신앙은 없었다. 마가가 무화과나무의 사건 사이에 성전청결 사건을 삽입한 것도 이러한 의미를 강조하고 있다. 종교 지도자들은 예루살렘 성전 안에 이방인의 뜰을 상거래 장소로 만들어 이방인들이 하나님께 나아가 더 이상 예배할 수 없게 만들었다. 또한 그들이 제정한 인간적인 규례와 전통은 사람들이 복음으로 나오는 길을 차단하였다. 그러므로 예수님께서는 성전을 청결케 하시는 상징적 행동을 통해 종교 지도자들의 불신앙을 지적하고 엄중한 심판을 선고하셨던 것이다. 예루살렘은 이 예고가 있은 지 얼마 뒤에 로마에 의해 멸망 당하고 말았다(주후 70년). 하나님께서는 끝까지 메시아를 거부하고 악을 행하던 종교 지도자들과 복음을 배척하고 그들의 교훈을 따르던 사람들을 심판하셨던 것이다.

11:20에 나타난 한 어구 – "뿌리로부터 마른" – 는 호 9:10–10:2과 매우 흡사하다. 그곳에서 이 표현은 유대 종교지도자들의 멸망을 예고하기 위한 상징으로 사용되었다(욥 18:16; 31:12; 겔 17:9). 유대 사회에서 '말라버린 나무'는 임박한 심판을 생생하게 예고하기 위해 사용되는 표현이었다(참고, 막 13:2; 시 90:6; 요엘 1:12; 호 9:16).[3] 특별히 "마른"(에크세람메낸, εξηραμμενην)은 독자들로 하여금 3:1–6을 연상시킨다. 그곳에서 이 단어는 한 중풍병자의 증상을 설명하기 위해 사용되었다. 마가는 본문에서

같은 단어를 사용함으로 손이 마른 남자와 마음이 말라 예수님을 배척하는 바리새인들을 서로 대조하고 있다. 레 21:16-24에 따르면 중풍병자는 성전에 들어갈 수 없었다. 왜냐하면 유대인들은 그의 병이 죄로 인한 심판의 결과라고 생각하였기 때문이었다. 그러나 그 중풍병자는 예수님의 신적 권위를 믿음으로 '마른' 손이 치유되었다. 대조적으로 마음이 강퍅해져 말라버린 바리새인들은 예수님의 권위를 배척했다. 그러기에 그들에게는 하나님의 심판이 임박해 있었다. 이런 점에서 말라버린 무화과나무의 비유는 종교 지도자들 위에 임박한 진노를 상징한다.

산을 옮길 믿음의 의미

다음 날 아침 주님과 제자들은 다시 예루살렘을 향해 가다가 어제 저주한 나무가 뿌리부터 말라 있는 것을 보았다. 베드로는 무화과나무가 마른 것을 보고 어제 주님이 그 나무를 저주하신 일이 생각나서 그 사실을 주님께 전하였다(11:20-21). 그러자 예수님께서 제자들에게 무엇이든지 믿음으로 기도하고 조금도 의심하지 아니하면 응답받지 못할 일이 없다고 강조하여 말씀하셨다(11:22-24). 유대 종교 지도자들이 멸망하는 근본 원인이 불신앙인 것을 상징적으로 보이신 예수님께서 이제 제자들에게 믿음을 촉구하며 교훈하고 계신 것이다. 믿음은 산을 옮기는 것과 같은 불가능한 일도 가능하게 한다(막 11:23; 참고, 마 17:20; 고전 13:2).

예수님께서는 "산들"에 대해 말씀하시지 않고 "이 산"에 대해 말씀하고 계신다. 11:15-19의 문맥과 관련하여 "이 산"은 예루살렘 성전이 있는 시온 산을 의미한다. 본문은 유대인들이 기대하는 것처럼 예루살렘 성전이 산 위에 우뚝 세워지는 것이 아니라(참고, 사 2:2; 미 4:1) 바다에 던져지게 될 것이라고 말한다. 대부분의 유대인들은 예루살렘 성전에서 기도할 때 하나님께서 더 잘 응답하신다고 생각했다. 그러나 예수님께서는 기도의 효과가 더 이상 성전과 그곳의 희생 제사에 있지 않고 오로지 믿음에 있다고 교훈하셨다. 거대한 힘과 거룩함에도 불구하고 종교 지도자들의 불신앙 때문에 예루살렘 성전은 파괴될 것이다. 이제 하나님 나라의 복음 전파를 방해하는 예루살렘 성전은 더 이상 하나님이 존재하는 성소가 아니다. 어느 곳이든 하나님 나라의 복음을 믿는 사람들이 모인 곳이 바로 하나님의 성소인 것이다.

하나님과의 교제는 믿음과 용서에 기초한다. 만약 어떤 사람이 믿음으로 하나님의 능력을 체험하고 회개함으로 죄 용서를 받았다면, 성전의 제사 의식은 이미 지나간 것이며, 강도의 소굴로 변해버린 성전은 이제 더 이상 유용하지 못하다. 이제 하나님의 능력은 외형적인 성전을 통해서 주어지는 것이 아니라, 믿음을 통해 가능하게 되었다. 그러므로 믿음으로 나아가 기도하는 자들은 하나님의 능력과 죄 용서의 축복을 누리게 될 것이다.

여기서 산을 옮길 만한 믿음은 지금까지 유대인들을 지탱해온 제사 규례와 같은 옛 관습을 과감하게 청산하고 새로운 원리인 복음을 따라 살기로 작정하는 것을 가리킨다. 이것은 당시에 생명의 위협과 배척을 각오한 결단이었다. 죽음과 추방에 직면해서도 확신 가운데 행할 수 있는 것이 바로 믿음이다. 우리도 믿음이 있다면 분명 수십 년 동안 우리의 삶을 얽어매고 있던 구습舊習을 벗어버리고 예수 그리스도의 새로운 패러다임에 맞추어 살아갈 수 있다.

성전청결 사건(11:15-19)

다음 날 예수님과 제자들은 다시 예루살렘에 내에 있는 성전에 들어갔다. 여기서 성전은 성소나 지성소와 같은 성소 본관을 가리키는 것이 아니라 성전의 뜰, 즉 바깥 마당인 이방인의 뜰을 가리킨다. 왜냐하면 성소나 지성소는 제사장과 대제사장만이 들어갈 수 있기 때문이었다. 예수님께서는 이방인의 뜰에 제물 시장과 환전 시장이 열린 것을 보셨다. 포로기 이후 여러 지역에 흩어져 살고 있던 유대인들은 명절이 되면 멀리서부터 제물을 가져와야 하는 불편함이 있었다. 그래서 초창기에 불편함을 덜기 위해 감람 산에 제물을 매매하고 돈을 환전할 수 있는 합법적인 시장을 개설하였다. 그러나 대제사장 가야바는 주후 30년경에 이러한 시장에서 나오는 막대한 이익을 직접 챙기기 위해 이방인의 뜰에서 이러한 일을 대신할 수 있도록 허용하였다. 그러기에 이방인의 뜰에서의 환전과 매매 행위들이 성전 관계자들에 의해 묵인되었으며, 제사장들의 허욕과 탐욕으로 인해 불공정한 거래가 유도되었고, 하나님께 바칠 제물이라는 명목하에 종교 지도자들과 결탁한 상인들이 폭리를 취하도록 방관되었다. 또한 대제사장들은 순례객들이 가져오는 제물에 대해 불합격 판정을 내림으로, 그들이 그곳에 있는 제물을 사도록 만들었다. 이러한 일들로 인해 이방인의 뜰은 상거래하는 사람들과, 돈을 환전하는 사람들로 가득 차 시장 바닥으로 변해버렸다. 그러므로 예수님은 이 광경을 보고 진노하여 성전 안에서 매매하는 자들을 내쫓으시며 돈 바꾸는 자들의 상과 비둘기를 파는 자들의 의자를 엎으셨다(11:15-16).

비록 예수님께서 이방인의 뜰에서 행해지는 행위들에 분노하고 계시지만, 실상은 성전의 형식적인 제사 의식에 사로잡혀 예수님을 배척하는 제사장들에 대한 심판을 예고하신 것이다. 예수님께서는 이 상징적 행동을 통해 종교 지도자들의 죄를 지적하고 임박한 심판을 경고하셨다. 그러나 마음이 완악한 그들은 예수님의 상징적인 행동을 깨닫지 못하고, 오히려 그분을 배척하여 어떻게 죽일까를 꾀하였다(11:18). 그들은 결코 임박한 하나님의 심판을 피할 수 없을 것이다. 특히 열매 맺지 못하는 무화과나무에 대한 예수님의 저주 사건과 관련해서 생각할 때, 성전청결 사건도 신앙의 열매를 맺지 못하고 불신앙에 머물러 있는 종교 지도자들 위에 임한 임박한 하나님의 심판을 상징적으로 보여주고 있다.

이사야 56장과 예레미야 7장 인용

11:17은 예루살렘 성전이 멸망 당할 분명한 이유를 말하고 있다. 그 이유는 예루살렘을 대표하고 있던 제사장들이 만민의 기도하는 집인 성전을 강도의 굴혈로 만들었기 때문이었다(11:17). 본 절은 사 56:7과 렘 7:11을 혼합하여 인용한 것이다. 바벨론 포로 이후 제기된 신학적 질문은 "누가 진정으로 하나님의 백성인가?"이었다. 사 56-66장에서 하나님은 자신과의 언약을 무시하고 성전만을 숭배하는 이스라엘을 책망하시고, 언약을 신실하게 지키는 자들이 언약 백성임을 선포하셨다.[4] 특히 사 56:7에서 선지자는 하나님을 경배하며, 하나님의 이름을 사랑하며, 하나님의 언약을 굳게 지키는 이방인들이 성산에 모여 하나님께 예배할 것이며 이로 인해 장차 하나님의 성전은(유대인뿐 아니라) 만민이 기도하는 집이 될 것이라고 예언하였다. 이것은 이방인도 하나님을 경배하며 성전에서 예배하는 것이 허용될 것이라는 예언이었다. 그런데 당시 제도로서는 이방인이 성전에서 기도할 수 있는 곳이 이방인의 뜰밖에 없었다. 그런 이방인의 뜰을 제물 시장으로 만들었다는 것은 이방인이 하나님께 나올

수 있는 길을 차단하는 유대 지도자들의 횡포였고 하나님의 은혜를 저지하는 사탄적 행동이었다.

예레미야 당시 이스라엘의 지도자들은 온갖 악한 일을 행하고서도 하나님의 성전에 나와 회개하기는커녕 오히려 하나님의 위로를 기대하였다. 이에 하나님은 회개치 않는 범죄자들의 소굴로 변한 성전을 "도적의 굴혈"로 표현하셨다(렘 7:11). 결국 성전은 하나님의 언약을 무시하고 악행을 자행하는 자들이 모이는 장소로 전락하고 만 것이다. 거기다 예레미야는 이스라엘 백성들에게 "이것이 여호와의 전이라"고 외치는 거짓 지도자들의 말을 믿지 말라고 경고하며(렘 7:4) 하나님의 언약에 순종하기를 촉구하였다. 그러나 이스라엘 백성들은 하나님의 언약을 사회 속에서 실천하기보다는 성전의 제사 제도에서 찾았고, 그것들이 그들을 안전하게 보호하리라 생각하였다(렘 7:10-11). 이런 그들의 잘못된 태도 속에는 하나님을 향한 신앙이 부재되어 있었다. 이와 마찬가지로 예수님 시대에도 종교 지도자들은 성전을 상인들과 교권주의자들의 경제적 이익을 도모하는 장소로 변모시켰고 사람들을 하나님 중심이 아닌 성전 중심의 삶을 살도록 만들었다. 그러기에 예수님은 회개와 믿음이 부재된 성전 안에서의 형식적인 종교적 행위를 질타하고 계셨다. 이와 관련하여 예수님께서 매매하는 자들을 내쫓으시며 돈 바꾸는 자들의 상과 비둘기를 파는 자들의 의자를 엎으신 것은 성전 주위에서 악행을 자행하고 복음을 배척하며 사람들을 불신앙으로 이끄는 성전의 지도자들 위에 임한 임박한 하나님의 심판을 예고하는 상징적인 행동이었다. 하나님은 유대인들 전체를 배척하고 계신 것이 아니다. 부패하고 불신앙적인 종교 지도자들을 배척하고 계신 것이다. 그들 위에 임박한 하나님의 심판은 12장의 악한 소작인의 비유를 통해 강조되고 있다. 이제 자신들의 죄를 회개하지 않고 복음과 예수님을 배척한 종교 지도자들의 온상인 예루살렘 성전이 하나님의 심판 아래 놓이게 되었다.

본문에서 성전청결 사건과 무화과나무 저주 사건은 매우 밀접한 관계를 갖고 있다. 그것은 두 사건이 다 같이 종교 지도자들을 심판하는 예언적 성격을 지니고 있기 때문이다. 즉 무화과나무 저주 사건은 경건의 모양은 있으나 그 내용이 없는 종교 지도자들의 심판을 상징적으로 보여준 사건이고, 성전청결 사건은 하나님께 기도하는 집인 성전을 도적의 굴혈로 변모시킨 제사장들에게 심판을 선언하는 상징적인 사건이었던 것이다.

제 12 장 불신앙적 배척과 신앙적 헌신

불의한 소작농 비유(12:1-12)

예수님께서는 불의한 소작인의 비유를 통해서 불신앙을 고집하는 종교 지도자들에게 임할 하나님의 심판의 당위성을 설명해주셨다. 본문의 비유 속에서 예수님은 사 5:1-7로부터 야기되고 유대 사회에 잘 알려진 주제를 선택하시고 발전시키시어 말씀하셨다.

사 5장을 보면 하나님께서 좋은 열매를 얻기 위해서 기름진 땅에 포도원을 만들고 거기에 극상품 포도나무들을 심으셨다(사 5:1).[1] 그리고 하나님은 그 나무가 좋은 열매 맺기만을 기다리셨다. 하나님의 기대와는 달리 포도나무들은 좋은 포도가 아닌 들포도를 맺고 말았다(사 5:2). 하나님은 포도나무가 극상품 포도 대신 들포도를 맺은 것을 보시고 탄식하셨고(사 5:3-4), 마침내 포도원 울타리와 담을 헐어서 그 포도를 짐승들이 먹고 짓밟도록 허락하셨다(사 5:5-6). 이 비유에서 포도원은 이스라엘을, 포도나무는 이스라엘 백성을 상징하고 있다. 하나님께서는 이스라엘 백성들을 애굽에서 불러내시고 언약을 맺어 자신의 백성으로 삼으시고 언약법을 주셨다. 하나님은 이스라엘 백성들이 언약을 잘 지켜 좋은 신앙의 열매(공의) 맺기를 기대하셨다(사 5:7). 그러나 기대와는 달리 이스라엘 백성들은 하나님과의 언약을 파기하고 악한 행동을 일삼았고, 우상을 숭배하였으며, 하나님보다 인간의 나라를 더 의지하는 들포도와 같은 백성이 되고 말았다. 하나님은 그들의 죄악을 지적하고 회개를 촉구하기 위해서 선지자들을 보냈지만 그들은 오히려 선지자들을 핍박하고 죽음으로 몰아갔다. 그래서 하나님께서는 이스라엘을 짐승과 같은 원수들의 손에 붙여서 짓밟히도록 만드셨다. 그러나 사 5장에서는 포도원인 이스라엘이 비난의 대상이었지만 마가복음에서는 소작인들, 즉 종교 지도자들이 비난의 대상이 되었다.

상징적 표현들

본문에서 포도원은 이스라엘을 상징하며(참고, 시 80:8-16; 사 5:7; 렘 2:21), 포도원의 소작인들은 이스라엘의 대표자들, 즉 종교 지도자들을 상징한다. 부재 중인 지주는 소작인들로부터 수확을 거둬들이기 위해 그의 "종"들을 보냈다. 때때로 '종'은 구약 성경에서 하나님의 백성(신 32:36; 느 1:6; 시 135:14; 사 63:17)이나 하나님의 일꾼들(시 132:10; 학 2:23), 또는 선지자들(왕상 14:18; 15:29; 18:36; 왕하 9:36; 렘 7:25; 25:4; 단 9:6; 암 3:7; 슥 1:6)을 가리킬 때 사용되었다. 그러나 본문의 비유에서 '종'은 하나님이 이스라엘 백성들에게 보낸 선지자들로 이해하는 것이 타당하다. 소작인들은 처음에 그 종들을 잡고 때리고 거저 보냈다(12:3). 그 다음에는 종들의 머리에 상처를 내고 능욕하였고(12:4), 끝내는 죽이고 말았다(12:5). 연속적으로 언급되는 소작인들의 악행은 구약 성경에서 선지자들을 계속적으로 배척하고, 학대하며, 나중에는 죽이기까지 한 이스라엘

지도자들의 악행과 상응한다(참고, 왕상 18:13; 대하 36:15-16; 느 9:26). 이 비유에서 예수님은 배척받고 죽임 당한 종들을 자신보다 앞서 보냄받은 선지자들(세례 요한을 포함)로 언급하고 계신다(참고, 마 5:12; 23:31-39; 눅 13:31-33; 행 7:52; 살전 2:15; 히 11:36-38).[2]

불신앙적 배척에 대한 하나님의 심판

지주는 마지막으로 그들이 그의 아들만큼은 존경하리라 기대하며 사랑하는 아들을 보냈다(12:6). 마가복음에서 "사랑하는 아들"은 하나님의 아들로서 예수님의 신분을 확증하는 선포였다. 세례받으시고 물 위로 올라오셨을 때(1:11), 그리고 산꼭대기에서 변형되셨을 때(9:7) 모두 확증하는 선포였다. 그러므로 이 비유에서 아들은 예수님을 가리키고 있다. 하나님께서는 예수님을 통해 종교 지도자들에게 죄를 회개하고 하나님의 요구에 합당한 열매 맺을 기회를 주셨다. 그러나 종교 지도자들은 그들의 조상들이 선지자들에게 행한 것처럼 사랑하는 아들, 예수 그리스도를 배척하고 붙잡아 죽이고 그를 내던졌다(12:7-8; 참고, 14-15장). 특히 12:7에 "우리가 그를 죽이자"라는 표현은 창 37:20과 매우 흡사하다. 요셉의 형제들은 요셉을 종으로 팔아넘길 것을 결정하기 전에 죽이고자 하였다. 여기서 우리는 요셉과 예수님에 대한 모형론적인 공통점을 엿볼 수 있다.[3] 요셉이 죄 없이 고통 당하다가 팔린 것처럼, 지주의 사랑하는 아들(예수) 역시 악한 소작인들에 의해 죄 없이 고통받다가 죽임을 당하였다. 형제들이 요셉을 시기하고 질투하여 그를 팔아버린 것처럼, 악한 소작인들 역시 지주의 아들을 시기하고 질투하여 죽이고 말았다.

악한 소작인들은 지주의 사랑하는 아들을 죽여 포도원 밖으로 내던졌다(12:8). 그들은 죽은 아들을 위해 매장지를 주는 것조차 거부하였다. 이것은 보통의 종들에게 행하는 것 이상의 모욕적인 처사였다. 히브리서 저자는 이 사실에 대해 다음과 같이 말하고 있다. "예수도 자기 피로써 백성을 거룩하게 하려고 성문 밖에서 고난을 받으셨느니라"(히 13:12). 막 12:8과 히 13:12은 예수 그리스도께서 예루살렘 성문 밖에서 십자가에 달려 죽으신 사실을 반영하고 있다.

주인은 그곳에 돌아와서 악한 소작인들을 진멸하였다(12:9). 이처럼 누구든지 하나님의 아들이신 예수 그리스도를 배척하면 그들 역시 하나님으로부터 배척받게 될 것이다. 12:9에 "진멸하다"(아폴레세이, απολεσει)는 3:6과 11:18에서 등장한 종교 지도자들의 불신앙적 태도를 상기시킨다. 거기에서 그들은 예수 그리스도를 죽이기 위해 음모를 꾸민다. 그러나 지금 예수님을 죽이려고 했던 그들이 오히려 하나님의 심판의 대상이 되고 만다. 그렇다고 이 비유에서 소작인들의 멸망이 포도원의 종말을 의미하지는 않는다. 포도원은 새로운 소작인들에게 넘겨지게 될 것이다(사 5:5-6과 대조). 곧 하나님의 약속과 축복이 예수 그리스도를 믿는 자들에게 넘겨질 것이다.

12:10에서 예수님께서는 종교 지도자들에게 시 118:22을 인용하여 말씀하셨다. "건축자들의 버린 돌이 모퉁이의 머릿돌이 되었나니 이것은 주로 말미암아 된 것이요 우리 눈에 기이하도다." 시 118:22의 버려진 돌의 운명적 전환은 악한 소작인 비유에서 배척받고 죽임 당한 지주의 사랑하는 아들(예수 그리스도)의 전환된 상태를 나타내고 있다. 원래 시 118장에서의 이 구절은 사울에게 쫓기는 초라한 다윗이 후에 이스라엘의 왕이 된 사실을 반영하고 있다. 그러나 예수님께서는 이 비유를 자신의 죽음과 부활에 적용하셨다(참고, 행 4:10-11). 유대의 종교 지도자들은 예수님을 이단으로 정죄하고 그를 십자가에 못 박아 죽였다. 그러나 하나님

께서는 신성모독의 죄를 적용하여 죽인 예수님을 다시 살려서 하나님 나라의 기초의 돌이 되게 하셨다(엡 2:20; 고전 3:10-11).

유대 종교 지도자들은 예수님이 그들을 향해 이런 비유로 말씀하고 계심을 알았다. 그러나 그들은 자신의 죄를 회개하지 않고 계속적으로 예수님을 배척하였다(12:12; 참고, 3:5-6). 그리고 예수님을 죽음에 넘겨주었다. 그러므로 예수님을 의도적으로 배척한 종교 지도자들은 하나님의 용서의 축복에서 배제되어 임박한 하나님의 심판을 피할 수 없다.

납세에 대한 논쟁(12:13-17)

유대의 종교 지도자들은 악한 소작인 비유의 경고에도 불구하고 완악한 마음을 돌이키지 않았다. 오히려 이 일로 이전에 불화관계에 있던 바리새인들과 헤롯 당원들이 연합하여서 예수님을 함정에 빠뜨릴 음모를 꾸몄다. 여기서 복음서 저자는 이 사실을 "책잡으려"라는 말로 표현하고 있다. 성경에서 '책잡는다'고 번역된 말(아그류소신, αγρευσωσιν)은 원래 '사냥꾼이 사냥감을 집요하게 추적하면서 덫을 놓고 면밀히 관찰한다'는 의미를 갖고 있다.

그들은 예수님께 나아가서 이렇게 물었다. "가이사에게 세를 바치는 것이 가하나이까 불가하나이까?" 여기서 말하는 세는 유대인의 모든 성인들이 로마에 해마다 내는 인두세를 말한다. 인두세를 내는 것은 유대인들이 로마의 식민지 백성이라는 것을 인정하고 로마 황제에게 신적인 권위까지 부여하는 것을 의미하였다. 열렬한 애국자인 열심 당원과 경건한 유대인들은 이 제도에 깊은 반감을 갖고 있었다. 그러기에 예수님께서 이 질문에 긍정적으로 대답하시면 사회에서 인정받는 바리새인들과 열심 당원들의 극한 반발이 예상되었으며, 부정적으로 대답하신다면 그것은 로마에 대한 반역으로 헤롯 당원들에 의해 고발되어 반역자로 체포될 어려운 상황이었다. 결국 이 질문은 예수님의 대적자들이 예수님을 궁지에 빠뜨리기 위해 준비해온 것이었다.

예수님께서는 그들의 외식함을 분명히 아시고 "어찌하여 나를 시험하느냐?"고 탄식하셨다. 그리고 가부적인 대답 대신 세금을 내는 데에 사용되고 있는 데나리온(여기에는 황제의 초상이 그려져 있고, "신의 아들"이라고 새겨져 있다) 하나를 가져오라고 지시하셨다(12:15). 그리고 그들에게 "가이사의 것은 가이사에게 하나님의 것은 하나님께 바치라"고 말씀하셨다(12:17). 이것은 황제의 이미지가 새겨진 동전은 황제에게 바치고, 하나님의 이미지가 새겨진 그들 자신은 헌신과 함께 하나님께 바치라는 의미였다. 예수님께서는 한 국가의 통치자인 황제에게 백성들이 돌릴 예의와 창조주이신 하나님께 돌릴 영광을 구분하여 가르치셨던 것이다.

그들이 실제로 추구해야 할 것은 세금을 황제에게 납부하는 문제가 아니라, 하나님의 말씀에 순종하고 영광을 돌리는 것이었다. 그러나 그들은 외식적인 규례에 사로잡혀 예언을 따라 오신 하나님의 아들 예수 그리스도를 배척하였고 죽일 음모를 꾸몄다. 그들이 계속적으로 불신앙을 고집한다면 12:1-12에서 예고된 하나님의 심판을 피하지 못할 것이다. 하나님의 형상이 드리워져 있는 자들은 그들의 삶을 온전히 하나님께 드릴 것이다. 하나님의 이미지가 우리의 삶 가운데 있다는 것은 피상적인 정의가 아니다. 하나님께 귀속됐다는 증거로서 각 영역에서 그분의 원리를 따라 살아갈 때 증거된다.

부활에 대한 논쟁(12:18-27)

예수님을 함정에 빠뜨려 사로잡으려는 종교 지도자들의 공격이 본문에서 계속되고 있다. 앞 단락에서 바리새인들과 헤롯 당원들이 정치적인 질문을 통해 예수님을 함정에 빠뜨리려 시도하였다면, 본문에서는 사두개인들이 부활 교리에 대한 논쟁으로 예수님을 책잡으려 하였다. 사두개인들은 이스라엘 초기 왕정 시대에 대제사장이었던 사독의 후손들로서 세습적인 제사장직을 수행하여왔다(삼하 8:17). 이들은 모세 오경에만 권위를 두었기에 다른 성문 율법에 기초를 둔 바리새인들의 교리와 구전을 무시하였고, 모세 오경에 부활의 교리가 명확하게 나타나지 않았다는 이유로 죽은 자의 부활과 내세, 그리고 영생을 믿지 않았다. 죽은 사람이 부활한다는 것은 모세 오경이 가르치고 있는 결혼 제도(신 25:5-6)와 모순된다는 것이었다. 그러므로 그들은 예수님을 자신들의 논리에 동의하게 만들어 예수님의 부활에 대한 예고(8:31; 9:31; 10:33-34)가 거짓에 불과하다는 것을 시인하도록 만들려고 하였다(12:19-23). 이것이 바로 그들의 불신앙적인 태도였다.

그러나 예수님께서는 성경과 하나님의 능력에 대한 무지를 책망하셨다(12:24). 구약 성경 도처에서 이미 부활에 대해 가르치고 있었고(욥 19:25; 사 26:19; 단 12:2), 특히 출 3:6에서도 부활을 암시하고 있었음에도 불구하고 그들은 단지 문자적으로만 해석하고 있었던 것이다. 거기다 하나님의 능력에 대해 철저하게 무지하여 무에서 유를 창조하신 하나님께서 죽은 자도 능히 살리실 수 있다는 것을 깨닫지 못하고 있었다.

사두개인들은 실제로 부활에 대해 무지하였다. 현세에서 사람들은 때가 되면 죽는다. 그래서 혈통을 유지하기 위해 후손을 낳아야 했고, 결혼이 필요하다. 그러나 내세에서는 더 이상 죽지 않기 때문에 결혼이나 자손을 낳을 필요가 없으며, 사람들은 천사와 같이 변화될 것이다(12:25). 그러나 그들은 이러한 부활 이후의 삶에 대해서 올바로 이해하지 못하고 있었다.

사두개인들은 모세 오경에만 권위를 두고 있었기에 신 25:5-6에 기록된 계대 결혼법Levirate marriage을 가지고 예수님을 시험하고자 하였다. 그러자 예수님께서는 그들이 권위를 두고 있는 모세 오경(출 3:1-6)으로부터 부활의 증거를 역으로 제시하셨다(12:26). 떨기나무 불 속에서 하나님은 모세에게 자신을 계시하시면서 "나는 아브라함의 하나님이요, 이삭의 하나님이며, 야곱의 하나님이라"고 말씀하셨다. 하나님께서 모세에게 자신을 계시하실 때 족장들은 이미 존재하지 않았다. 그럼에도 불구하고 하나님은 자신을 "나는 그들의 하나님이었다"라고 말씀하시지 않고 "나는 그들의 하나님이다"라고 현재적으로 말씀하셨다(마가는 동사를 생략하고 있지만 마태는 하나님이 자신을 소개하실 때 현재형 동사를 사용하고 있다. 참고, 마 22:32). 이렇게 현재형 동사를 통해 계시를 표현하고 있는 것은 지금도 족장들이 하나님과 함께하고 있음을 나타내기 위함이었다. 12:27에서 예수님은 하나님이 죽은 자들의 하나님이 아니라 산 자들의 하나님이라는 사실을 통해 족장들이 하나님과 함께하고 있다는 사실을 좀더 확실하게 증명하셨다.

이처럼 육신적으로 죽었던 족장들이 생존해 있다는 사실은 부활의 확실한 증거이다. 생명의 근원이신 하나님과 언약관계에 있는 자들은 비록 육신이 죽는다 할지라도 영혼은 계속 하나님과 함께할 것이며 마지막 날에는 육신까지 부활함으로써 영원한 언약 백성으로의 삶이 완성될 것이다.

신앙으로 반응한 서기관(12:28-37)

12:34이 지시하고 있는 것처럼 본문은 종교 지도자들과 예수님 사이에 야기되었던(참고, 2:1-3:6) 논쟁들의 마지막 부분이다. 예수님께서 사두개인과 논쟁을 벌이고 계실 때 무리 중에 한 서기관이 어려운 질문에도 분명하게 대답하시는 예수님을 보고 평상시에 자신이 궁금해했던 문제를 예수님께 질문하였다. "모든 계명 중에서 첫째가 무엇입니까?" 사실 이 질문은 유대 사회에서 지속적으로 토론되었던 것이었다. 당시 유대인들에게는 해야 할 적극적인 명령 248개와 하지 말아야 할 소극적 명령 365개의 계명이 있었다. 그러나 그 많은 계명들을 기억하거나 지키기가 너무 어려웠기에 서기관들은 계명들을 더 중요한 것과 덜 중요한 것을 구분하여, 더 중요한 계명을 가르치고 지키도록 하였다. 그러나 이 모든 계명들 중에 가장 근본적인 것이 무엇인가에 대한 논쟁은 계속되었다. 이것과 관련하여 서기관은 준수해야 할 계명과 무시해도 되는 계명에 대해서 묻고 있는 것이 아니라 모든 계명들 가운데 근본 혹은 최고의 계명에 대해서 묻고 있다.

예수님께서는 여호와에 대한 헌신을 다짐하기 위한 이스라엘의 신앙고백인 '쉐마' Shema 구절과 함께 대답하셨다. 유대인들은 이 계명을 아침과 저녁으로 암송하고 양피지에 적어 작게 접은 후에, 통에 넣어 팔목 혹은 이마에 착용함으로써 하나님의 말씀을 지켜 행하는 것이 자신들의 본분임을 고백하였다. "들으라 이스라엘아 우리 하나님 여호와는 오직 하나인 여호와시니 너는 마음을 다하고 성품을 다하고 힘을 다하여 네 하나님 여호와를 사랑하라." 사람들은 다른 사람과의 관계를 떠나서 하나님을 사랑할 수 없다. 그래서 예수님께서는 하나님을 사랑하는 계명을 이웃을 사랑하는 계명과 함께 묶어서 말씀하시고 계신다(참고, 레 19:18). 한글 개역성경에는 "이에서 더 큰 계명이 없으니"(12:31)라고 번역되어 있지만 "거기에는(613계명들) 이것들(하나님 사랑과 이웃 사랑)보다 더 큰 계명이 없다"There is no commandment greater than these가 더 정확한 번역이다. 예수님께서는 하나님 사랑과 이웃 사랑을 동일시하고 계신 것이다.

서기관은 예수님의 답변에 감동을 받아 하나님이 "유일한 참 신"이라는 사실에 동의했다. 그리고 동시에 하나님 사랑과 이웃 사랑을 실천하는 일이 모든 번제나 제물을 드리는 제사보다도 더 낫다고 동의했다. 이것은 마가복음 안에서 서기관이 예수님의 교훈에 동의한 유일한 본문이다. 그는 다른 종교 지도자들과 달리 예수님께 신앙적인 모습을 보이고 있다. 그는 분명하게 계명 준수의 차원을 넘어서 하나님 말씀에 대한 순종의 중요성을 깨달았다. 12:1-12에서 예수님께서는 모든 종교 지도자들에게 임박한 하나님의 심판을 예고하셨다. 그 심판의 원인은 예수님을 불신앙했기 때문이었다. 비록 임박한 심판의 대상인 종교 지도자들이라고 할지라도 본문의 서기관처럼 신앙으로 반응하며 나오는 자들에게는 하나님 나라의 용서와 축복이 주어지게 된다. 그래서 예수님께서는 그에게 "네가 하나님 나라에서 멀지 않도다"(12:34)라고 선포하셨다.

예수님께서는 종교 지도자들의 질문에 대답하시던 때와 달리 사람들이 몰랐던 메시아에 대해서 가르쳐주셨다. 이를 위해 예수님께서는 당시 유대인들 사이에 알려져 있던 메시아 개념에 대해서 물으셨다. "어찌 서기관들은 그리스도를 다윗의 자손이라고 부르느냐?"(12:35) 구약 성경에서 다윗은 이스라엘의 위대하고 영웅적인 왕으로 묘사되었고 여러 선지자들은 실제적인 다윗의 후손으로 하나님께 헌신된 또 다른 왕이 올 것을 예언하였다(사 9:2-7; 11:1-9; 렘 23:5-8; 30:9; 33:15, 17, 22; 겔 34:23; 37:24; 호 3:5; 암 9:11 등). 그러므로 예수님의 시대에 유대인들은 다윗의 후손이 로마로부터 이스라엘을 구원하고 자유를 선사할 것을 기대하였다.

그러나 예수님께서는 메시아가 단순히 다윗과 같은 정치적인 왕 이상의 존재임을 가르치기 위해서 다윗이 성령에 감동하여 기록한 시 110:1을 인용하셨다. 시 110장에서 다윗은 하나님 우편에 앉아 하늘과 땅을 다스릴 권세를 받는 메시아의 모습을 노래하였다. 그 시편에서 다윗은 그리스도를 "나의 주님"이라고 불렀다. 그러기에 예수님께서는 "메시아가 다윗의 후손이라면 어찌 다윗이 메시아를 주라고 불렀겠느냐?"(12:37)고 물으셨다. 곧 예수님의 질문은 메시아가 단순한 다윗의 후손만이 아니라, 다윗이 주님으로 부를 만큼 다윗보다 더 위대한 하나님의 아들이심을 암시하셨다. 다윗은 전쟁의 승리로 주변 국가들로부터 이스라엘 백성들만을 구원하였지만 예수님께서는 수난과 죽음을 통해 모든 인류를 구원하실 분이시다. 이렇듯 예수님께서는 이 질문과 가르침을 통해 그들에게 영적인 분별력과 함께 자신의 신분을 정확히 이해할 것을 촉구하셨다.

서기관들의 위선과 과부의 신앙(12:38-44)

본문은 서기관들의 불신앙적인 위선(12:38-40)과 과부의 신앙적 태도(12:41-44)가 대조를 이루고 있다. 본문에 등장하는 두 부류는 당시 유대 사회에서 매우 대조적인 신분과 지위에 있었다. 서기관들은 사람들에게 존경을 받았으며, 과부는 멸시를 받았다. 그러나 예수님은 당시의 사회적 패러다임을 깨고 새로운 하나님 나라의 패러다임 공식으로 그들을 평가하셨다. 경건의 모양만 있고 하나님에 대한 신앙이 없는 서기관들은 책망하셨으나, 사회적 멸시를 받지만 믿음으로 나아온 과부는 칭찬하셨다. 거기다 배신과 수난을 목전에 두고 예수님께서는 성전 뜰에서 제자들에게 성전의 과부와 같이 헌신적인 믿음으로 나아가기를 촉구하고 계셨다.

예수님 당시에 서기관들은 세마포로 된 통 옷과 백색으로 된 긴 두루마기를 입고 옷 끝에 넓은 옷 술을 달아 채색된 옷을 입고 다님으로써 일반 사람들과 구별하였다. 당시에 사람들은 서기관들을 대할 때 존경을 표하는 "랍비," "아버지," "선생"과 같은 칭호를 사용하였다. 그래서 서기관들은 사람들이 모여 정치와 종교에 대해 토론하는 시장에 나아가 자신들의 신분을 내세우고 사람들로부터 존경받기를 즐겼다(12:28).

그들은 또한 회당의 상좌와 잔치의 상석에 앉기를 좋아하였다(12:39). 여기서 "회당의 상좌"는 율법이 담긴 궤 바로 앞 좌석으로 성경을 해석하여 낭송하는 자가 앉는 자리였다. 이곳은 온 회중의 시선이 집중되는 자리로서 존경을 한몸에 받을 수 있는 위치였다. 또한 당시에 잔치가 배설되었을 때 가장 존경받는 자가 입구로부터 멀리 떨어진 상석에 앉았다. 곧 그곳은 잔치에 참석한 모든 자들이 우러러볼 수 있는 곳이었다. 원래 이 상석은 가장 연장자나 그 집의 부모들이 앉는 곳이었으나 당시 유대 사람들은 사회적으로 존경을 받는 서기관과 그의 제자들이 잔치에 참석하는 것을 자랑으로 생각하였기에 서기관을 초청하여 그 상석에 앉혔다. 그리고 제자들은 그의 좌석 좌우에 앉아 선생이 받는 존경의 일부를 누렸다. 세상적인 명예욕에 사로잡힌 예수님의 제자들 역시 이 상석에 앉고 싶어, 예수님께 그 자리의 좌우편을 요구하였던 적이 있었다

(10:37). 그러기에 예수님께서는 이런 상석에 앉기를 좋아하는 서기관들의 불신앙적 태도를 책망하시면서, 실제로 세상의 명예욕에 사로잡혀 예수님의 수난과 죽음의 의미를 깨닫지 못하고 있는 제자들을 책망하시는 것이다.

반대로 예수님께서는 여인의 뜰에 놓여 있는 연보궤에 참새 두 마리의 가격 정도에 불과한 아주 작은 가치의 두 렙돈을 바치는 가난한 과부의 태도를 통해 제자들에게 절대적인 믿음의 필요성을 교훈하셨다(12:43). 과부는 풍성한 가운데 일부를 의식에 따라 드린 부자(12:41)와 달리 자신의 모든 것, 즉 생활비 전부를 드렸다. 여기서 생활비란 하루의 생계를 유지하기 위해 필요한 돈이었다. 이 여인은 생계를 유지하기 위해 꼭 필요한 아주 귀한 돈을 바쳤다. 그녀는 당장 먹을 것을 살 수 없었지만 하나님께서 채워주실 것을 믿었다. 그러므로 여인이 보인 행동은 단순한 헌금의 의미를 넘어서 하나님을 전폭적으로 신뢰하는 행동이었다. 예수님을 따르던 제자들 역시 이 여인의 절대적 복종과 전적인 믿음이 필요했다.

제 13 장 종말론 강화

성전 파괴 예언과 말세의 징조(13:1-13)

일명 감람 산 강화로 알려진 본 장은 4장의 비유에 대한 강화와 더불어 마가가 기록하고 있는 예수님의 긴 강화 중 하나이다. 이 강화는 유대 종교 지도자들의 불신앙적인 논쟁과 예수님의 수난 사건(14장) 사이에서 교량 역할을 하고 있다. 예수님께서는 이 강화를 통해 불신앙적인 유대 종교 지도자들에게 임박한 하나님의 심판을 선포하고 계신다. 또한 무지한 예수님의 제자들은 성전의 화려함과 아름다움을 자랑하였으나 예수님께서는 그것이 파괴될 것을 예언하셨다(13:1-2). 그러자 제자들은 성전의 파괴를 세상 종말로 생각하고 그 시기와 징조에 대해 예수님께 물어보았다(13:3-4; 참고, 4:10; 9:28). 이에 예수님께서는 좀더 구체적으로 종말에 나타나게 될 징조들을 설명하시는 동시에, 제자들이 말세에 어떻게 세상을 살아가야 하는지에 대해서도 가르쳐주셨다(13:5-37).

13:1-2은 본 강화의 서론 부분이면서 11:1-12:44의 예루살렘 성전과 관련된 일련의 사건들에 대한 마무리 부분이기도 하다. 11:1-11에서 예

루살렘 성전에 입성하신 예수님께서는 성전을 청결케 하시는 상징적 행동을 통해 성전을 대표하는 제사장들의 불신앙을 책망하시면서 심판을 예고하신 바 있다(11:15-19). 또한 예수님께서는 불의한 소작농 비유를 통해 이 불신앙적인 성전 지도자들에 대한 심판을 다시 한 번 예고하셨다(12:1-12). 그럼에도 불구하고 성전 안에서 예수님을 함정에 빠트리기 위한 종교 지도자들의 모략은 끊이지 않고 계속되었다(12:13-44). 이제 13:2에서 이런 종교 지도자들의 온상인 예루살렘 성전의 멸망이 예고되고 있다. 과거 솔로몬 성전 파괴가 위선과 탐욕으로 가득찬 종교 지도자들에 대한 하나님의 심판이었던 것처럼(렘 7:11-14), 지금 예루살렘 성전의 멸망은 종교 지도자들의 불신앙에 대한 하나님의 심판인 것이다(11:15-19). 이것은 이미 예수님께서 상징적으로 행하신 성전청결 사건(11:15-17)과 무화과나무 사건(11:14, 20, 21)이 지니고 있는 심판적 의미와 일맥상통한다. 한편 성전 멸망에 대한 예수님의 예언은 주후 70년 로마의 디도 장군이 예루살렘을 공격하여 파괴함으로써 문자적으로 성취되었다.

13:1-2은 성전을 나서면서 야기된 상황이지만 13:3-4은 예루살렘 성의 북쪽 문을 통과하여 기드론 골짜기를 건너 감람 산으로 오른 상황에서 발생한 사건이다. 예루살렘 성전이 내려다 보이는 산 위에서 제자들은 예수님께 두 가지를 질문하였다. 첫째는 성전 멸망의 시기에 대한 질문이었고, 둘째는 그때에 일어날 징조에 대한 질문이었다. 그러나 예수님께서는 성전 멸망의 시기에 대해서는 정확하게 언급하지 않으시고 성부 하나님의 사역으로 위임하셨다(13:32). 대신에 제자들에게 종말에 일어날 징조들을 예고하시며 제자들이 취해야 할 태도를 경고하셨다.

여기서 우리는 감람 산 강화의 전개를 '원근화법'遠近話法으로 이해해야 한다. 인간들은 속히 다가올 미래조차 볼 수 없지만 하나님께서는 평면적 시간을 초월하시어 근시적近視的 사건과 원시적遠視的 사건을 동시에 보실 수 있다. 즉 산들이 겹쳐 서 있을 때 앞에 서 있는 사람은 눈 앞에 보이는 산만을 바라볼 수 있지만 비행기를 타고 공중에서 바라보는 사람들은 모든 산들을 동시에 볼 수 있는 것과 같다. 그래서 예수님께서는 앞으로 닥칠 자신의 죽음을 미리 보시고 제자들에게 그 순간을 준비시키셨다. 비록 제자들이 그 의미를 이해하지 못하고 영적으로 무지하여 세상에서 얻게 될 영광만을 계수하고 있었을지라도 말이다. 이런 맥락에서 하나님의 초월적 시각으로 예수님은 근접한 예루살렘의 멸망과 장차 임할 세상의 종말을 동시에 보시고 그것들을 동시에 묘사하고 계셨다. 그러므로 우리는 감람 산 강화의 사건들을 1차적으로 예루살렘의 멸망과 관련하여 이해할 뿐만 아니라 장차 도래할 세상의 종말과도 관련하여 이해해야 한다.

성도들의 삶에 대한 경고

13:5-13에서 예수님께서는 네 개의 반복적인 경고("주의하라"〔5절〕, "두려워 말라"〔7절〕, "조심하라"〔9절〕, "염려치 말라"〔11절〕)를 통해 예루살렘 멸망 직전에 직면한 성도들과 세상 끝 날을 맞이하게 될 성도들이 가져야 할 태도를 말씀하셨다. 이 네 가지 경고들은 전쟁, 지진과 기근(15:5-8), 그리고 박해(13:9-13)의 어려움들과 밀접하게 관련되어 있다. 13:5-8에 언급된 현상들은 예루살렘 멸망 직전에 야기될 현상으로 종말의 시대에 일어날 일들을 암시한다(참고, 계 6:1-8, 딤후 3:1-5). 또한 13:9-13에 언급되고 있는 고난과 박해는 초대교회 성도들이 당한 일이기도 하지만 종말에 선교적 사명을 수행하기 위해서 의로운 자들이 세상에서 받아야 할 고난이기도 하다(참고, 행 4:1-23; 5:17-42; 7:54-60; 12:1-5; 16:19-40; 18:12-

17; 22:30-23:10; 24:1-27; 25:1-12).

첫째로, 종말을 살아가는 성도들은 미혹을 받지 않도록 주의해야 한다(13:5). 여기서 첫 번째 경고 "주의하라"는 단순히 조심할 것을 당부하는 정도가 아니라 육체적 감각기관으로 볼 수 있는 것 너머에 있는 실체를 분별하라는 것이다. 제자들은 거짓 선지자들의 교훈을 분별하여 막아낼 수 있는 영적인 분별력이 필요했다. 종말의 시대에 거짓 선지자들이 "내가 그로다"라고 말하면서 많은 사람들을 미혹할 것이기 때문이다. 요한은 그의 복음에서 예수님의 신성을 나타낼 때 이 표현을 사용하였다(요 6:35; 8:12; 10:7, 11, 25; 13:19). 본문에서도 예수님께서는 자신의 신성을 드러내시기 위해 "내로다"라는 표현을 사용하셨다. 그러나 사람들은 그가 하나님인 것을 믿지 않았다. 오히려 사람들은 종말에 거짓 선지자들과 거짓 그리스도를 믿고 따를 것이다(13:21). 그리고 실제로 초대교회 내에서 거짓 그리스도가 출현하였다(행 5:36-37; 21:38). 마가복음이 쓰여질 당시, 즉 유대 전쟁과 예루살렘 멸망 전에도 팔레스타인 지역은 위기감이 고조되었고 사회적으로도 불안정하였다. 이때에 예루살렘에는 거짓 그리스도의 출현이 심했는데, 그 중에 하나가 시몬 마구스Simon Magus와 바르크호바Barcochba였다. 현대에도 거짓 선지자들과 적그리스도는 세계 도처에서 성도들을 미혹하여 하나님의 울타리를 벗어나도록 유혹하고 있다. 그러므로 이 시대는 세상의 일기를 분별하는 것 이상으로 진리와 비진리를 판별할 수 있는 영적인 분별력이 필요하다.

둘째로, 종말에 성도들은 전쟁과 재난의 소문들을 듣게 될 것이다. 그러나 성도들은 난리의 소식을 들었을 때에 가족의 안전 때문에 두려워할 필요가 없다(15:7). 이러한 전쟁이나 재난이 하나님의 섭리 가운데 일어나는 일이기 때문이다. 이러한 일들은 일어나야 하지만 이런 일들이 일어난다고 해서 세상이 끝난 것은 아니다. "이런 일이 (반드시) 일어나야 하되"("must come to pass" 13:7)라는 말은 이 세상의 모든 일을 하나님께서 주관하고 계신다는 유대의 묵시적 개념에서 유래한 말이다(단 2:28-29; 계 1:1; 4:1; 22:6). 종말에 전쟁은 반드시 일어날 것이다. 그러나 종말을 가져오는 요인이 아니라 단순히 종말의 징조일 뿐이다.

셋째로, 성도들은 종말에 예수님과 같이 큰 수난과 박해에 직면하게 될 것이다. 그러므로 성도들은 이러한 때에 자신의 신앙을 지키기 위해 주의를 기울여 조심해야 한다(13:9). 한편 "조심하라"는 말은 13:5에 이어 또 한번 반복되고 있는 미완료의 시제적(계속적) 경고로서, 성도들은 박해 가운데서도 계속적으로 신앙을 지켜야 함을 강조하는 표현이다.

넷째로, 성도들은 당국에 넘겨져도 무슨 말로 변호할지 걱정하지 말아야 한다(13:11). 왜냐하면 성령께서 그때에 그들에게 무엇을 말해야 할지 가르쳐주실 것이기 때문이다. 이러한 예수님의 보증은 바로 왕에게 말하기를 두려워하는 모세에게 주신 하나님의 약속을 상기시킨다(출 4:10-17; 참고, 렘 1:9).

13:13에서 예수님은 박해의 때에 끝까지 인내하고 믿음을 지키는 자들은 결국 구원을 받을 것이라고 하셨다. 곧 도망가지 않고 모든 환난을 통과하며 남아 있는 자들이 하나님의 종말론적 구원을 얻게 될 것이라는 말씀이다. 분명 이 메시지가 박해와 순교의 위협이 계속되고 있는 로마 교회의 성도들에게 예수님이 십자가를 지고 고난의 길을 가신 것처럼 그들도 끝까지 인내하며 신앙을 지키라는 격려의 말로 들렸음은 틀림없다.

대환난에 관한 예언(13:14-23)

13:1-13에서 종말에 일어날 징조들에 대해 예고하셨던 예수님께서 이제 종말에 있을 대환난에 관해 예고하신다. 본문에 예고되고 있는 대환난은 1차적으로 주후 70년에 야기될 예루살렘 멸망시에 이스라엘 백성들이 당하게 될 대환난을 가리키는 것과 동시에 최종적으로 세상 종말에 발생할 대환난을 가리키고 있다. 한편 본문은 대환난 가운데서도 긍휼과 은혜를 베푸시는 하나님의 구원하심을 나타내고 있다. 예수님의 종말론 강화 속에서 핵심적인 징조는 멸망의 가증한 것이 서지 못할 곳에 서는 것이다. 그리고 그것을 보고 예수님의 경고를 기억하고 깨달은 자들은 산으로 피해야 할 것이다(13:14).

멸망의 가증한 것의 의미

한편 "멸망의 가증한 것"이라는 표현은 다니엘서에 네 번 예언되고 있다(단 8:13; 9:27; 11:31; 12:11). 그 중에 단 11:31은 시리아 왕 안티오쿠스 에피파네스 4세Antiochus Epiphanes에 의해 1차적으로 성취되었다. 그는 주전 168년에 유대인들의 민족주의를 말살하려는 의도에서 유대인들의 중심지인 성전의 번제단에 제우스 신상을 세워 유대인들이 혐오하는 돼지를 제물로 바쳤다.

그러나 이제 예수님께서는 다니엘서의 예언을 다시 인용하시면서 앞으로 발생할 미래의 종말론적인 사건을 예언하고 계신다. 유대주의와 이스라엘 민족을 위협해오던 그 위기적 상황이 한번 더 예수님을 따르는 자들에게 닥칠 것이라는 예언이었다. 물론 마가와 그의 독자들은 "멸망의 가증한 것"이 무엇을 지칭하는 것인지 이해하였을 것이다. 그러나 오늘날 우리들이 그것의 의미를 이해하기는 쉽지 않다. 단지 우리는 종말에 대해 언급하고 있는 다른 성경들(살전 4-5; 살후 2장)을 통해서 예수님이 경고하신 "멸망의 가증한 것"이 적그리스도임을 이해할 뿐이다. 바울은 살후 2:4에서 똑같은 다니엘의 표현을 사용하여 적그리스도의 출현을 예고하고 있다. 종말에 적그리스도는 그가 서 있을 수 없는 참 그리스도의 위치에 서서 하나님의 사역을 대적할 것이다.

예수님께서는 제자들에게 멸망의 가증한 것이 서는 것을 보면, 신속하게 피할 것을 경고하셨다. 왜냐하면 심판적 재앙이 임박하였기 때문이었다. 그러기에 성전에서 예배를 드릴 수 없게 신성모독적인 상황이 벌어지는 것을 보면, 제자들은 이때가 산으로 피해야 할 때임을 인식해야 한다(13:14). 그동안 유대인들과 종교지도자들은 예루살렘과 성전을 그들의 피난처로 삼아왔다. 왜냐하면 성전에 하나님께서 좌정하고 계시기에 자신들을 안전하게 보호하실 것으로 믿었기 때문이었다. 그러나 그들은 인간의 몸을 입고 오신 하나님이신 예수님을 믿지 않고 배척하였다. 그런 그들에게 이미 성전청결 사건을(11장) 통해서 패역한 종교 지도자들의 온상인 예루살렘 성전의 멸망을 예고하셨던 예수님께서 지금 또 한번 예루살렘의 멸망을 예고하시는 것이다. 그때에는 예루살렘 성과 성전이 모독을 받을 것이요, 결코 예루살렘 성과 성전은 피난처가 되지 못할 것을 경고하신다. 그러므로 예수님을 따르는 자들은 예루살렘을 떠나 산으로 피해야 한다. 실제로 주후 66년 세스티우스 갤러스Cestius Gallus가 예루살렘 성을 공격하였을 때 예수님을 따르는 자들은 예수님의 말씀을 기억하고 요단 강 계곡의 펠라Pella 지역으로 피신하여 4년 후에 발생한 예루살렘 멸망의 참사를 모면할 수 있었다.

영적인 분별력과 집착에 대한 포기

13:15-18에서 예수님은 임박한 환난이 너무 급하기 때문에 시간을 지체할 수 없음을 교훈하고 있다. 그 환난이 매우 위급하기에 지붕 위에 있는 사람들이 귀중품을 챙기기 위해 집으로 들어가지 말고, 계단을 통해 즉시 도피하라고 하셨다. 유대 사회에서 평평하게 만들어진 지붕은 유대인들의 기도, 예배, 휴식, 잔치의 장소였다(렘 19:13; 행 10:9; 삼상 9:25; 느 8:16). 또한 외부의 계단이나 사닥다리는 사람들이 내부를 통하지 않고 바로 지붕으로부터 내려올 수 있는 통로였다. 그러므로 멸망의 가증한 것이 서는 것을 보면 환난이 임박한 것이기에 내부 계단을 통해 집 안으로 들어가 짐을 챙겨 떠나지 말고 바로 지붕에서 외부 계단을 통해 피하라는 말씀이다.

또한 예수님께서는 밖에서 옷을 벗어놓고 농사일을 하던 사람들에게 옷을 집어들려고 되돌아가지 말고 즉시 도망치라고 하셨다(13:16). 일교차가 큰 팔레스타인 지역에서 농부들이 더운 낮 동안 일을 할 때 겉옷을 입지 않고 집에 두는 것이 일반적이었다. 그러나 그 환난은 너무나 갑작스럽게 엄습하기에 추운 밤에 반드시 필요한 겉옷조차 가지러 갈 여유도 없이 도망하라는 것이다. 이것은 불이 난 빌딩에서 탈출하는 것과 같다. 13:15-16의 표현들은 소돔으로부터 도피하는 롯과 그의 아내의 모습을 연상시킨다.

예수님께서는 재난의 때에 임신한 여인과 아이들에게 그리고 젖먹이는 자들에게 화가 있을 것을 경고하셨다(13:17). 유대인들에게 있어서 잉태하거나 아이에게 젖을 먹이는 여인은 복된 자들이다(눅 11:27). 그러나 본문의 위기상황 속에서 임신한 여인과 젖먹이 어린아이를 키우는 여인들은 그 아이들로 인해 피할 시간도 없으며, 또 피하려다가 발각되어 적의 칼날에 죽임을 당할 것이다. 실제로 주후 70년 예루살렘이 정복 당할 때에 적들은 아이 밴 여인의 배를 칼로 갈랐으며, 저들에 의해 포위 당하여 먹을 것이 없었을 때에는 아이를 키우던 여인들이 자기 아기를 잡아 먹었다. 그래서 누가는 마지막 환난 때에 임신하지 못한 자와 젖먹이가 없는 자에게 복이 있다는 예수님의 말씀을 인용하고 있다(눅 23:28-29). 일반적으로 "화 있도다"는 선지서에서 저주의 선언으로 사용되었으나(사 3:11; 30:1; 31:1; 렘 4:13; 13:27; 겔 13:18; 호 7:13; 9:12 암 5:18) 본문에서는 위기상황 가운데 피하지 못하는 여인들을 동정하는 표현으로 "슬프도다"라는 의미로 쓰였다. 그러므로 임산부나 젖을 먹이는 여인들은 이 비극을 당하지 않기 위해서 누구보다도 영적으로 각성하고 있어야 할 것이다.

또한 종말에는 외부적인 환난만 있는 것이 아니라 적그리스도와 거짓 선지자들의 출현으로 발생하는 신앙의 어려움도 직면할 것이다(13:22-23). 이때 믿는 자들은 대환난으로 멸망할 세상의 원리에 집착하지 말고 하나님 나라를 우선에 두고 살아가야 할 것이다. 만약 믿는 자들이 멸망의 가증한 것이 세워질 때 롯의 아내처럼 세상에 대한 미련을 포기하지 못하고 믿음을 저버린다면(창 19:17), 결코 하나님 나라를 기업으로 받지 못할 것이다.

우리들은 예루살렘 멸망 직전에 일어날 징조들이 세상 종말에 어떤 형태로 재현될지 정확히 알 수는 없고 다양한 학파의 견해를 참고하여 추측할 뿐이다. 예수님의 재림이 천년왕국 전에 있을 것으로 해석하는 자들은 종말론 강화와 요한계시록에 언급된 현상들을 거의 문자 그대로 이해하여 세상 종말에 동일한 징조들이 발생할 것이라고 주장한다. 그러나 천년왕국 자체를 상징적으로 이해하는 자들은 그 징조들이 오늘날 일어나는 사건들을 상징적으로 표현한 것이라고 주장한다. 이 중 어느 것이 맞다고 단정할 수는 없지만 분명한 사실은 그 징조들은 1차적으로 예루살렘 멸망과 관련이 있다는 것이고 종말의 시대를 살아가고 있는 오늘 우리 시대의 모습을 문자적 혹은 상징적으로 암시하고 있다는 것이다. 뿐만 아니라 그 징조들은 마지막 예수님의 재림 직전에 있을 여러 상황들을 문자적 혹은 상징적으로 예고하고 있다.

그리스도의 재림(13:24-27)

13:1-23에서 종말 시대의 징조들과 대환난에 대해 말씀하신 예수님께서 이제 자신의 영광스런 재림에 대해 예언하시면서 제자들로 하여금 항상 깨어서 영적인 분별력을 갖고 살아가도록 교훈하고 계신다. 예수님께서 다시 오실 때에 사람들은 해와 달, 그리고 별과 우주가 흔들리는 이상 징후를 보게 될 것이다(13:24-25). 이것에 대해 일부 학자들은 세상 끝 날에 해와 달과 별들의 질서가 무너지고 어두움이 휩싸이는 것에 대한 예언을 문자적으로 해석하여 종말에 일어날 우주적 혼란으로 이해한다. 그러나 우리는 "하늘의 권능들"이라는 영적인 존재를 표현하는(참고, 롬 8:38; 엡 1:21) 어휘와 관련하여 생각할 때 앞 절의 광명체들을 문자 그대로 보기는 어려울 듯싶다. 실제로 선지서들은 이방 통치자들의 멸망을 발광체의 추락으로 묘사하고 있다(사 13:9-10; 34:4; 겔 32:7-8; 암 8:9). 그렇다면 광명체의 추락은 1차적으로 예루살렘 멸망과 함께 도래할 패역한 종교 지도자들의 패망을 예고하는 것으로 볼 수 있을 것이다. 그렇지만 예수님의 죽음 직후, 온 땅에 어둠이 임했던 현상을 고려할 때(15:33)

예수님의 재림 때에 일어날 대격변을 배제할 수는 없다. 그러므로 우리들에게는 문자적 혹은 상징적 이해 모두를 향해 가능성을 열어놓는 통합적 태도가 필요하다.

그때에 사람들은 인자가 구름을 타고 큰 "권능과 영광"의 모습으로 오시는 것을 볼 것이다(13:26). 먼저 이 현상을 상징적으로 해석하는 자들은 단 7:13을 반영하고 있는 "인자"와 "구름"이라는 용어들을 이 땅에 오실 존귀한 그리스도의 신분을 강조하는 상징적 표현들로 이해하였다. 여기서 예수님의 파루시아Parousia를 나타내는 헬라어 "엘코마이"(ερχομαι)는 '오심'의 의미를 갖고 있다. 그러기에 그들은 또한 이 현상을 1차적으로 주후 70년 예루살렘 심판을 위한 예수님의 오심으로 이해하였다.

그러나 행 1:9에서 예수님은 실제로 구름을 타고 하늘로 올라가신 것처럼 동일한 모습으로 다시 오실 것을 예언하셨다. 그리고 '권능과 영광'은 예수님께서 이 땅에 처음 오셨을 때 가지셨던 인간의 몸을 벗어나 신적인 존재로서 영광스러운 속성을 갖고 재림하심을 나타낸다(살후 1:7-10; 2:8). 그날에 사람들은 분명히 그분이 하나님의 아들이라는 것을 알게 될 것이다. 평행 구절에서 마태는 "그때에 땅의 모든 족속들이 통곡하며 인자가 오는 것을 볼 것이라"고 예언하였다(마 24:30). 분명 예수님께서는 세상에 있는 모든 사람들이 동시에 볼 수 있는 형태로 세상에 오실 것이다. 그리고 예수님을 믿지 않았던 사람들은 하나님의 심판을 받게 될 것이다.

그때에 예수님께서는 천사들을 보내어 택한 사람들을 불러모으실 것이다. 이것은 구약에서 하나님이 자신의 언약 백성을 불어모으시는 행동과 일치한다(신 30:3; 시 50:3-5; 사 45:6; 66:18-21; 렘 32:37; 겔 34:11-16; 슥 2:6-10). 구약의 예언서들은 하나님의 영광이 명백히 드러나는 마지막 날에 흩어졌던 백성들이 하나님 곁으로 모여들 것을 예언한 바 있다. 본문은 이러한 예언이 예수 그리스도의 재림과 함께 성취될 것을 나타내고 있다.

이상을 종합할 때 우리는 예수 그리스도의 파루시아를 통합적으로 이해해야 할 필요가 있다. 물론 1차적으로 파루시아는 심판을 위해 오신 오순절 성령 강림(행 2:19-20) 혹은 주후 70년 예루살렘 심판을 위한 예수님의 오심으로 해석할 수 있다. 그러나 위에서 살펴본 신약의 다른 본문들을 참고해볼 때 세상 종말에 구원과 심판을 위해 오실 예수 그리스도의 재림으로 보는 것 또한 배제할 수 없다.

두 종류의 비유(13:28-37)

13:28-35에서 두 종류의 비유(13:28-29, 34-35)가 누구도 종말의 때를 알 수 없다는 예수님의 선언(13:30-35)을 감싸고 있다. 첫 번째 비유는 임박한 종말을 깨닫게 될 것을 말씀하시면서 끝나고(13:29), 두 번째 비유는 그 누구도 종말의 때를 알 수 없다는 예수님의 선언으로 끝을 맺는다(13:35). 첫 번째 비유에 등장하는 무화과나무는 계절 변화에 민감한 나무로서 봄이면 잎이 나오기 시작하는데 봄이 짧은 이스라엘에서는 이때가 되면 여름이 멀지 않았다는 것을 알 수 있다.

13:30에서 예수님은 제자들에게 이 세대가 지나가기 전에 이 일들이 모두 이루어질 것이라고 예고하셨다. 1차적으로 예수님께서 말씀하신 "이 세대"는 마가복음에서 예수님과 함께 살던 사람들의 악한 시대를 말한다(8:12; 38; 9:19). 그러므로 이 세대는 심판받기에 충분한 악한 세대이

다. 이 악한 세대의 멸망은 예루살렘의 파괴와 함께 성취되었다(주후 70년). 2차적으로 이 세대는 세상 종말 당시의 악한 세대로 볼 수 있다. 예수님의 종말에 대한 예언이 1차적으로 예루살렘 멸망을 통해 성취된 것처럼 마지막 세상 끝 날의 심판도 완전히 성취될 것이다. 특히 13:29의 "이것들"(복수)은 13:5-23에 언급된 모든 것을 가리킨다. 반면에 13:30의 "이것들"은 29절에 묘사되고 있는 주님의 재림까지를 포함한다.

먼저 13:30은 주님과 함께 살던 악한 시대가 지나기 전에 예수님의 파루시아를 포함한 13:5-29까지의 모든 일들이 성취될 것을 말한다. 예수님께서는 하늘과 땅은 없어져도 이 말은 없어지지 않고 반드시 성취될 것이라고 하셨다(13:31). 그러므로 제자들은 성전 파괴의 징조를 잘 분별하여 그 시기를 지혜롭게 대처할 수 있도록 영적으로 깨어 있어야 했다(13:33).

한편 13:30은 "모든 일들이 성취되기까지 이 (악한) 세대는 사라지지(멸망) 않을 것이다"(disappear 혹은 perish, 파르엘코마이, παρερχομαι 참고, 마 5:18)로 번역하여 이해할 수도 있다. 다시 말해서 계속되는 종말적 불신앙의 악한 세대는 예수 그리스도의 최종적 재림 이후에야 그 자태姿態를 감추게 될 것이다. 그렇다면 13:30 역시 예수님의 최종적 파루시아를 암시한다고 볼 수 있다. 이런 맥락에서 예수님의 파루시아(강림, 재림)는 통합적으로 예루살렘 성전 멸망을 위한 강림과 악한 세대를 최종적으로 심판하기 위해 오시는 강림 모두를 내포하고 있다.

문지기에 관한 두 번째 비유(13:33-35)는 예수님의 재림과 그 재림 시기를 아무도 알 수 없다는 예수님의 선언을 설명하고 있다. 여기서 핵심 요소는 문지기가 주인으로부터 돌아올 시기에 대해 어떤 지시도 받지 않았으며, 오직 주의를 기울이고 깨어 있으라는 당부만 받았다는 것이다.

13장은 실제로 "보다"[1]라는 동사로 시작하여(13:5) "깨다"라는 동사로 마치고 있다(13:37). 13:33에 "주의하라"는 헬라어 동사 '블레포' (βλεπω)는 실제로 '보다' 라는 의미를 갖고 있으며, 마가복음에서 '보다' 는 단지 육체적으로 보는 것만이 아닌 영적인 분별력과 지각을 나타내는 단어로 사용되었다(8:17-19). 종말에 대한 교훈 속에서 이 단어가 네 번 반복적으로 사용되고 있는 것은 종말에 가장 필요한 것은 바로 영적인 분별력임을 강조하고 있는 것이다(13:5, 9, 23, 33).

문지기 비유에서 등장하고 있는 "깨어 있으라"는 동사(13:33-34)는 14장에 등장하는 실패한 제자들의 이야기 속에서도 사용된다(14:34, 37, 38). 곧 비유 속에 등장하는 문지기의 태도는 수난의 시기를 살아가야 할 제자들의 태도를 교훈하고 있다. 그러나 문지기 비유를 통한 예수님의 경고에도 불구하고 제자들은 깨어 기도하지 않고 잠에 빠져 있었다(14:37, 40-41). 이러한 제자들의 실패는 독자들에게 종말에 영적인 무지에서 벗어나 영적으로 깨어 세상을 분별하고 자신의 정체성을 확립하며 예수님의 제자에 걸 맞는 삶을 살도록 촉구하고 있다.

제 14 장 제자들의 배신과 회복

배척과 헌신(무지와 지각, 14:1-11)

마가는 대제사장들과 서기관들의 사악한 음모와(14:1-2) 유다의 배신에 대한 예고(14:10-11) 사이에 한 여인의 참된 헌신의 이야기를 삽입하고 있다(14:3-9). 여인의 헌신된 모습이 불신앙적 음모를 꾸미고 있는 종교 지도자들, 배반의 역모를 갖고 있는 가룟 유다와 대조를 이루고 있다. 불신앙적 인물들의 음모와 배반이 사사기의 어두운 시대와 유사하다면 이 여인의 헌신은 그 어두운 시대에 소망의 빛을 던져준 룻기와 유사하다. 가룟 유다가 예수님을 팔아넘길 기회를 찾고 있을 때에, 이 여인은 예수님께 자기의 모든 것을 드리기 위해 준비하고 기회를 기다리고 있었다. 이 두 사건의 분명한 대조는 박해를 경험하고 있는 마가의 공동체에게 배교보다는 헌신의 모습으로 나아가기를 촉구한다.

유다의 배신에 대한 예고(14:12-25)

예수님께서는 유월절 만찬에서 제자들 중에 한 사람이 자신을 팔아넘길 것을 예고하시며, 배신자는 다름 아닌 그릇을 함께 사용할 정도로 가까운 사람이라고 하셨다(14:20). 이것은 시 41:9 - "나의 신뢰하는 바 내 떡을 먹던 나의 가까운 친구도 나를 대적하여 그 발꿈치를 들었나이다" - 에 대한 신약적 성취로서 시 41장은 다윗이 한 식탁에서 식사를 하던 모사 아히도벨이 자신을 배반하고 압살롬의 편이 되었을 때의 고통스러운 심정을 묘사한 시이다.

여기서 '그릇'은 당시 생과일 식초를 담는 그릇으로 이 그릇은 이삼인에 하나씩 식탁에 배치되었다. 유대인들은 식사 때 빵을 포크로 찍어 먹지 않고 손으로 떼어 그릇의 식초에 빵을 찍어 먹었다. 따라서 분명 그 배신자는 예수님 곁에서 그 그릇을 함께 사용하던 자였다. 한편 요 13:23-26에서는 예수님께서 떡 한 조각을 찍어 가룟 유다에게 줌으로써 유다가 배신자임을 간접적으로 지적하셨다. 그러면서 그에게 회개할 기회를 주셨으나 유다는 끝내 회개치 아니하고 예수님을 배반하였다. 이처럼 예수님의 뒤를 좇아 선생 되기를 원하는 자들은 자신이 가장 아끼던 제자들에게 배신 당할 수 있음을 예상하고 각오해야 한다.

유월절 만찬 때 한 가정의 가장은 네 번에 걸쳐 포도주 잔을 들고 하나님께 기도를 한다. 그는 먼저 첫 번째 포도주 잔을 들고 가족들에게 애굽에서 구원해주신 날, 유월절을 지키게 하심에 대해 감사기도를 드린다. 그리고 두 번째 포도주 잔을 들고 자녀들에게 유월절의 의미를 설명해준다. 그러고 나서 누룩 없는 떡과 양고기를 식구들에게 나눠 주었다. 예수님께서는 이때에 축사하시고 제자들에게 떡을 떼어 주셨다(14:22). 다음으로 가장은 세 번째 포도주 잔을 들고 죽음의 사자로부터 구원해주신 하나님께 감사기도를 드린다. 이때에 예수님께서는 잔을 들어 "많은 사람을 위하여 흘리는 바 나의 피, 곧 언약의 피니라"고 선언하셨다(14:24). 마지막으로 네 번째 포도주 잔을 들고 가장은 하나님께서 백성 삼아주신 것을 찬송했다. 이때에 예수님과 제자들은 찬미하고 감람 산으로 나아갔다(14:30).

예수님께서는 이때에 어린양과 누룩 없는 떡을 모든 사람들을 위해 희생할 자신의 몸으로 해석하셨다. 하나님께서 보내신 죽음의 사자로부터 희생된 어린양은 바로 모든 사람을 죄와 사망으로부터 구원하기 위해 희생된 예수님의 몸인 것이었다. 또한 14:23의 포도주 잔은 유월절 의식 가운데 세 번째 포도주를 나누는 잔이었다. 예수님께서는 이 잔의 보다 깊은 의미로 "이것은 많은 사람을 대신하여 흘리는 바 나의 피, 곧 언약의 피니라"(14:24)고 말씀하셨다.

유월절 의식의 세 번째 잔은 죽음의 사자로부터 구하기 위해 문설주에 발랐던 어린양의 피를 숙고하기 위해 마시는 잔이었다. 이스라엘을 구원하기 위해 유월절에 어린양의 피가 흘려져야 했듯이 예수님께서도 많은 사람들을 위해 피를 흘려야 하셨다. 예수님께서는 이 피를 "언약의 피"라고 말씀하셨다. 병행 구절인 눅 22:20에서는 이를 "새 언약"으로 묘사함으로써 분명 하나님과 새로운 영적 이스라엘 간에 언약 갱신이 성립되고 있음을 보여주고 있다. 구약에서는 짐승을 잡아 피를 뿌림으로 하나님과 이스라엘 간에 언약을 맺었다. 이때에 뿌려진 피로 하나님은 이스라엘의 하나님이 되시고 이스라엘은 하나님의 백성이 되었다. 하나님께서는 이스라엘이 언약법을 지켜 행하기만 하면 그들이 세상의 제사장 나라가 되고 거룩한 당신의 백성이 될 것을 약속하셨다. 그러나 이스라엘은 하나님의 법을 멀리하고 우상 숭배에 빠져 하나님과의 언약을 파기하였다. 이런 이스라엘에게 하나님께서는 선지자들을 보내 그들의 죄악을 지적하고 회개를 촉구하셨지만 그들은 오히려 하나님의 보내신 자를 때리고 잡아 죽였다(참고, 12:1-12). 이로 인해 이스라엘은 이방 국가들의 침략을 통해 망하였다.

그러나 하나님께서는 렘 31:31-40에서 불순종으로 하나님과의 언약을 파기해버린 이스라엘에게 새 언약을 주셨다. 사랑과 은혜로 그들의 죄를 사하시고 다시금 언약을 새롭게 하시기 위해 그리스도의 피가 예표하고 있는 새 언약을 주신 것이다. 하나님께서는 자기 백성의 죄를 용서하시고, 그들로 하여금 말씀을 따라 행하는 백성이 되게 하실 것이다. 이렇듯 하나님께서 이스라엘을 대표하고 있는 열두 지파와 함께 언약을 맺으신 것처럼, 예수님께서는 영적인 새 이스라엘을 대표하는 열두 명의 제자들과 함께 자신의 피로 새 언약을 맺으셨다.

갈릴리의 약속(14:26-31)

본문에서 우리는 또 한번 마가의 샌드위치 기법을 엿볼 수 있다. 그는 제자들의 도망에 대한 예고(14:27-31)와 성취(14:43-52) 사이에 겟세마네 기도 사건을 삽입하고 있다(14:32-42). 여기서 마가는 죽음을 통해 많은 사람들을 구원해야 할 자신의 분명한 사역을 깨닫고 기도로 준비하시는 예수님의 모습과 인자의 구속적 사역을 깨닫지 못하고 도망치기에 급급한 제자들의 모습을 극적으로 대조하고 있다. 특별히 "먼저 갈릴리로 가리라"는 예수님의 약속의 말씀이 새 언약을 맺는 일에 실패한 제자들의 모습을 다루는 문맥 속에서 묘사되고 있다. 곧 예수님께서는 자신이 체포되어 수난을 당할 때 제자들이 언약을 깨고 흩어질 것을 아셨으나 자신이 부활한 후에 흩어진 제자들을 갈릴리에서 다시 회집하여 성만찬의 언약을 다시 한 번 갱신할 것을 예고하고 계신다(14:27-28).

예수님의 수난과 제자들의 배신은 스가랴 선지자의 말씀을 성취한 것이었다. "만군의 여호와가 말하노라. 칼아 깨어서 내 목자, 내 짝 된 자를 치라. 목자를 치면 양이 흩어지려니와 작은 자들 위에는 내가 내 손을 드리우리라"(슥 13:7). 목자가 쓰러질 때 양들이 고통 중에 흩어지듯이 예수님이 죽임을 당할 때도, 제자들은 그를 포기하고 흩어질 것이다(14:27). 그러나 선지자는 바로 이어서 자신의 죄를 애통하며 남아 있는 자에 대한 회복을 예언하고 있다(슥 13:8-9). 이와 유사하게 예수님께서도 14:28에서 실패한 제자들의 회복을 예고하고 있다.

제자들이 예수님을 버리고 떠날 것이라는 예언과 관련하여, 14:28은 그들이 목자이신 예수님에 의해 다시 규합될 것을 예언한다. "그러나 내가 살아난 후에 너희보다 먼저 갈릴리로 가리라. 여기서 '먼저 가다'에 해당하는 헬라어 '프로아고'(προαγω)는 '앞서 가다'라는 의미뿐만 아니라 '앞에서 인도하다'라는 의미도 지닌다. 그리고 전치사 '…으로'에 해당하는 헬라어 "에이스"(εις)는 '…안에서'를 의미하기도 한다(참고, 1:21, 39; 2:1). 따라서 본 절은 예수님께서 부활하신 후에 제자들보다 먼저 갈릴리에 도착해 계시겠다는 의미보다는, 10:32에서 예루살렘으로 올라가는 길에 예수님께서 제자들 앞에 서서 인도하신(프로아고, προαγω) 것처럼 갈릴리에서도 제자들 앞에 서서 그들을 인도하실 것을 의미한다.

제자들의 배반에 대한 예수님의 예고에 베드로는 동의하지 않았다. 왜냐하면 다른 제자들이 예수님을 버린다고 해도 자기만은 주님을 버리지 않을 것을 확신했기 때문이었다(14:29). 그러나 예수님께서는 이미 자신이 체포될 것과 제자들이 자신을 버리고 흩어질 것을 알고 계셨기 때문에 베드로에게 이렇게 대답하셨다. "내가 진실로 네게 이르노니 오늘 밤 닭이 두 번 울기 전에 네가 세 번 나를 부인하리라"(14:30).

베드로가 예수님을 세 번씩이나 부인했다는 것은 완전한 부인과 배신을 의미한다. 처음에 베드로는 예수님을 단순히 부인만 했지만 차후에는 저주하면서 예수님을 부정했다(14:72). 베드로의 결심을 듣고 있던 다른 제자들 역시 예수님과 함께 죽임을 당해도 절대로 주님을 배반하지 않을 것이라고 다짐했다(14:29-31). 그러나 겟세마네 동산에서 깨어 기도하지 못한 제자들은(14:32-42) 얼마 지나지 않아 예수님을 부인하고 도망치고 말았다(14:43-72).

겟세마네 기도(14:32-42)

마가는 겟세마네 동산의 기도를 제자들의 배신에 대한 예고(14:27-31)와 그 예고가 실제로 일어난 사건(14:43-50) 사이에 삽입하고 있다. 마가는 수난과 십자가를 앞에 두고 애통하며 나아가는 예수님과 여전히 사태의 심각성을 깨닫지 못하고 영적 무지에 빠져 있는 제자들을 대조하고 있다. 육신의 고난과 죽음을 바로 눈 앞에 두고 고통스러워하신 예수님께서는 그 애통의 기도 자리에 베드로, 야고보, 요한을 동참시키시길 원했지만 그들은 전혀 예수님의 기도에 협력하지 못했다(14:33). 베드로는 다른 제자들이 예수님을 버린다 할지라도 자신은 결코 그를 버리지 않겠다고 맹세하던 자였다(14:29). 야고보와 요한도 예수님께서 마시는 수난의 잔을 마시겠다고 다짐하던 자들이었다. 그러므로 그들은 기도로 예수님의 애통에 동참해야 했다. 또한 예수님께서 장차 당하실 고난으로 말미암아 그들이 시험에 빠지지 않도록 기도해야 했다. 그러나 그들은 근심으로 인해 잠들어 있었다. 결국 그들은 예수님이 수난 당하실 때에 예수님과 함께하지 못하고 그를 버리고 도망가고 말았다. 예수님께서는 제자들과 계속적으로 "함께"하셨는데(3:14), 그들은 죽음의 두려움 앞에서 주님과 "함께"하기를 포기하였던 것이다.

예수님께서는 세 제자들을 뒤에 남겨두고 앞으로 나아가 땅에 엎드려 기도하셨다. 당시에는 하늘을 향해 손을 들고 서서 큰 소리로 기도하는 것이 일반적이었으나 특별한 고뇌에 빠져 있을 때는 얼굴을 땅에 대고 엎드려 애통의 기도를 하기도 했다(참고, 삼하 12:16). 예수님께서 땅에 엎드려 잠시 자신의 뜻을 요청하는 기도를 하나님께 올려드린 것은(14:36) 반항적 혹은 불신앙적인 이유가 아니었다. 하나님을 신뢰하고 그분이 기도를 듣고 계심에 대한 확신적 태도에서 나온 것이라고 볼 수 있다.

이런 신뢰적 관계는 하나님에 대한 "아바 아버지"라는 호칭 속에서도 드러난다. 당시 유대 사회에서 하나님을 아버지라 부르는 것은 아주 불경스러운 언사였다. 그러나 예수님께서는 하나님의 아들이셨기 때문에 이 호칭을 사용하는 것이 당연하였다. 그리고 이제 하나님의 아들이신 예수님을 믿는 우리에게도 하나님의 자녀로서 하나님을 아버지로 부를 수 있는 특권이 주어졌다(참고, 롬 8:15; 갈 4:6).[1]

예수님께서 앞에 놓인 수난과 죽음의 고통을 넘어서기 위해 기도하고 계시는 동안 제자들은 육체적인 피곤과 슬픔으로 인해, "깨어 있으라"는 예수님의 충고에도 불구하고 잠들어 있었다. 제자들이 풍랑을 만났을 때에 예수님께서는 편히 잠들어 계셨다. 제자들은 풍랑으로 인해 죽음의 위기에 처해 있었지만 예수님의 관점에서 풍랑은 실제적인 위기가 아니었다. 그런데 지금 실제적인 위기인 십자가 앞에서 예수님은 간절히 기도하며 나아가고 있는데 제자들은 잠들어 있다. 실질적인 위기의 순간에 제자들이 자고 있다는 것은 십자가의 죽음이 내포한 진정한 의미를 깨닫지 못한 제자들의 영적인 무지 때문이었다.

지금까지 "곧," "즉시"라는 부사와 함께 숨차게 달려왔던 이야기가 14:43부터는 십자가의 정점을 향하여 일주일 단위로, 그리고 십자가 죽음 앞에서는 시간 단위로 서서히 진행된다. 이전에 예수님께서는 성전이 강도의 굴혈이 된 것을 참담히 여기시고 당시 유대인의 중심이었던 성전을 비난하셨던 적이 있었다(11:17). 그런데 이제 성전 지도자들이 예수님을 마치 강도를 붙잡듯이 체포하고 있다. 그들은 이미 예수님의 가르침과 신적인 행동으로 인해 사회적인 입지가 실추되었다. 그러므로 그들은 3:6에서 시작한 예수님을 죽이려던 음모를 실제화시키고 있다.

가룟 유다의 입맞춤에 의한 예수님의 체포는 수난과 죽음이 시작되는 중요한 시점이다. 일반적으로 사람들은 존경의 표시로 상대방에게 입맞춤을 하였으나(눅 7:45) 유다는 입맞춤으로 스승을 내주었다. 여기서 마가가 사용한 '입맞춤'에 해당하는 헬라어 "카테필래센"(κατεφιλησεν)은 열정적인 입맞춤을 의미하는 단어로[2] 눅 15:20에서 아버지가 돌아온 탕자에게 입맞춤할 때 사용되었고, 행 20:37에서 에베소 장로들이 떠나는 바울에게 입맞춤할 때 사용되었다. 이런 열정적인 입맞춤의 행위를 유다는 자신의 배신을 철저히 감추기 위해 사용하였다.

산헤드린 공회에서의 심문(14:53-65)

무리들은 예수님을 체포하여 그를 대제사장 가야바의 집으로 끌고갔다. 그리고 예수님의 체포 소식을 들은 산헤드린 공회의 회원들은 예수님을 심문하기 위해 밤중에 가야바의 집으로 모여들었다(14:53). 당시 산헤드린은 이스라엘의 최고 법정기관으로 모세의 70장로 재판 제도를 받아들여 70명의 회원을 두었으며, 대제사장이 의장직을 맡았다. 중대한 사건인 경우에는 70명 전원이 출석하였지만 보통 사건에는 23명만 출석해도 열릴 수 있었다. 재판은 보통 월요일과 목요일에 열렸으나 유월절 같은 대축제일은 피하였다. 종종 밤에도 중요한 사건이 다뤄졌지만 사형을 언도할 수는 없었다.[3] 그러나 예수님의 재판은 공의회 원칙을 따르지 않았다. 예수님의 재판은 대축제일인 유월절에 행해졌으며, 그것도 사형을 언도하기 위해 밤에, 공개적인 장소가 아닌 대제사장의 집에서 은밀히 행해졌다. 그들은 정직하게 재판을 진행하지 않았다. 밤에 은밀하게 모여서 재빨리 판결을 내리므로 불법 재판을 하였다. 여기서 우리는 예수님을 죽이기 위한 종교 지도자들의 음모를 또 한번 볼 수 있다.

마가는 의도적으로 예수님의 모습과 베드로의 모습을 대조하고 있다(14:54). 예수님께서는 수많은 대적들에게 둘러쌓여 심문 당하고 있으나 두려움에 위축된 베드로는 안전한 거리를 두고 멀찍이 예수님을 따라 뜰 안으로 들어가서 불을 쬐고 있었다. 그러면 우리는 하나님 나라를 위한 수난의 행보를 시작할 때 어디에 서 있을 것인가? 당당히 그분과 함께할 것인가? 아니면 구경꾼으로 머물 것인가? 진정한 제자라면 분명 전자의 길을 걸을 것이다.

대제사장과 공회는 그들이 이용할 수 있는 거짓 증거들과 증인들을 내세웠지만 아무것도 얻지 못했다(14:55-56). 그러나 그때 다른 사람들이 "손으로 지은 이 성전을 내가(예수) 헐고 손으로 짓지 않은 다른 성전을 사흘 만에 지을 것이라"고 말했다고 거짓 증거를 하였다. 예수님께서는 당신 자신이 직접 성전을 헐겠다고 말씀하시지 않았다(요 2:19). 예수님께서는 단지 너희가 헐면 다시 일으키리라 말씀하셨을 뿐이다. 13:2은 성전이 하나님에 의해 파괴될 것을 예고하고 있다. 분명 그들의 증거는 거짓이었다. 그럼에도 불구하고 이사야서의 고난받는 종처럼 또한 고난받는 시편의 의인처럼, 예수님께서는 거짓 증인과 종교 지도자들 앞에서 침묵하시며 수난받으셨다(시 38:12-15; 39:9; 사 53:7).[4]

대제사장은 예수님께 신성모독죄를 뒤집어씌워서 사형을 언도하기 위해 단도직입적인 질문을 하였다. "네가 찬송받을 자의 아들 그리스도냐?"(14:61) 지금까지 예수님께서는 자신의 정체를 드러내지 않으셨다. 그러나 지금 예수님께서는 대제사장에게 "내가 바로 그 사람이다"라고 분명하게 드러내신다. 공개적인 법정에서 침묵을 지키면 자신이 하나님의 아들이며, 그리스도라는 사실을 부정하는 것이 된다는 것을 아셨기에 그는 죽음을 앞에 두고 분명하게 진실을 증언하신 것이다. 1:1에서 핵심어로 선포된 예수님에 대한 이 호칭들은 지금까지 귀신들(3:11; 5:7)과 하늘의 소리(1:11; 9:7)에 의해서만 언급되었으나 이제 예수님께서는 공개적으로 자신의 정체를 종교 지도자 앞에서 드러내셨다.

이에 대해 종교 지도자들은 예수님의 대답을 신성모독으로 정죄하고 자신의 옷을 찢었다(14:63). 사실 이 행동은 슬픔과 고통의 표시였으며(삼하 1:11; 왕하 18:37; 사 37:1; 렘 36:24)[5] 하나님의 백성으로 하나님의 이름을 욕되게 하는 말을 들었을 때 의분을 표시하는 행동이었다(왕하 19:1). 그러나 이들은 오히려 자신들이 하나님의 아들이신 예수님을 욕보이고 이같은 행동을 취하였다. 이제 그들은 예수님께 신성모독죄를 뒤집어씌웠기에 예수님을 죽음에 넘기기 위한 더 이상의 증거가 필요 없었다. 결국 공회는 예수님의 사형을 만장일치로 결정하였다(14:63-64). 공회 사람들 가운데 일부는 자기의 분노를 표현하기 위해 예수님께 침을 뱉고 그의 얼굴을 가리우고 주먹으로 치기까지 하였다(14:65).[6] 그러나 예수님께서는 모욕을 당하시면서도 끝까지 침묵하셨다. 예수님께서 이와 같이 하신 것은 14:32-42의 기도를 통해서 수난과 죽음을 통해 사람들을 죄에서 구원하시는 것이 하나님의 뜻이라는 것을 다시 한 번 분명하게 인식하셨기 때문이었다.

베드로의 부인(14:66-72)

여기서 우리는 마가의 샌드위치 기법을 또 엿볼 수 있다. 마가는 공회에서 심문 당하시는 예수님에 대한 기사 사이에(14:53-65; 15:1-15) 베드로의 부인 사건을 삽입하고 있다. 마가는 예수님을 죽음으로 몰아가고 있는 공회 앞에서 두려워 떠는 무기력한 베드로의 모습을 강조하려 했던 것이다. 두려움으로 인해 흔들리는 베드로의 모습은 고난과 박해 앞에서 믿음 없는 모습을 보이고 있는 당시의 성도들을 반영하고 있다.

베드로의 세 번에 걸친 부인은 겟세마네 동산에서 깨어 있으라는 예수님의 경고를 저버린 세 번의 실패와 일치한다. 베드로의 실패는 4장의 씨 뿌리는 비유에 등장하는 돌 밭에 뿌려진 씨와 같다. 그는 말씀을 받을 때 기쁨으로 받았으나 그 속에 뿌리가 없어 환난이나 핍박이 올 때는 넘어지는 자였다(4:16-17). 베드로는 예수님께서 수난받는 동안 그분과 "함께" 있어야 했으나(14:67) 불을 쬐면서 무리들과 "함께" 하였다. 비록 베드로는 예수님을 부인하면서 군중들과 연합하기를 원했지만, 그들은 그를 거절하고 예수님과 "함께" 한 자로 고소하였다.

본문은 죄를 대속하기 위해 죽음을 불사한 예수님과 죽는 것이 두려워 여종 앞에서 예수님을 부인하는 베드로의 모습이 대조를 이루고 있다.[7] 베드로는 예수님이 고난을 당하는 동안 시험에 실패하였고 자신의 신앙과 스승을 부인하였다. 베드로는 여종의 말을 완전히 부인하며 "나는 네 말하는 것이 무엇인지 알지도 못하고 깨닫지도 못하겠노라" 고 대답하였다(14:68). 베드로의 말은 '이해와 깨달음' 이 마가복음에서 제자의 도와 관련하여 매우 중요한 주제임을 암시한다(4:12-13; 6:52; 8:17-18; 9:32). 반복적으로 예수님의 정체를 깨닫고 이해하는 데 실패한 제자들의 불신앙적 태도는 베드로의 불신앙적 부인 가운데서 정점을 이룬다.

베드로가 예수님과 함께하였던 사실을 부인하자, 그 여종은 주변의 사람을 향해 베드로가 예수당의 일원임을 알렸다. 그러자 베드로는 그 사실을 쉬지 않고 계속적(미완료시제를 사용)으로 부인하였다(14:69). 이제는 주변의 사람들이 베드로가 갈릴리 사람이며 예수당이었음을 고소하자 그는 저주하며 "나는 너희가 말하는 이 사람을 알지 못하노라" 고 맹세하였다(16:71).

1세기 지중해 연안에서 로마 군사들은 종종 기독교인들로 의심되는 사람들에게 생명을 위협하면서 "네가 기독교인이냐?" 는 질문을 세 번 반복하였다. 그리고 그 사람들은 자신이 기독교인이 아님을 증거하기 위해 예수님을 저주하며 부인하였다.[8] 그러므로 기독교인들이 예수님을 저주하는 것은 자신이 기독교인이기를 포기하는 것이었다. 베드로도 두려움 때문에 더 이상 예수님의 제자이기를 포기하였다. 시험 앞에서 두려워하고 신앙을 저버리는 것은 예수님에 대한 정확한 이해가 없기 때문이다. 이와 같이 베드로도 예수님께서 하나님의 아들이심을 깨닫지 못했기에 두려워하여 예수님을 부인하였던 것이다.[9]

제 15 장 십자가를 향한 불신앙적 조롱

15장에서는 시간 단위로 예수님의 수난과 죽음을 상세히 묘사하고 있다. 이것은 마가복음의 핵심이 바로 예수님의 수난과 죽음에 있음을 시사하는 것이며, 그 수난과 죽음이 참 제자들에게 요청되는 삶임을 강조하는 것이다(참고, 8:34).

예수님의 수난과 관련하여 15장은 믿음을 대표하는 두 명의 보조인물(구레네 시몬과 백부장)과 불신앙적인 네 부류의 사람들(무리들, 로마 군병들, 지나가는 자들, 종교 지도자들)이 나온다. 마가는 이 두 개의 대조군을 소개함으로써 독자들에게 올바른 영적 분별력을 가지고 신앙을 고백하며 십자가를 지고 예수님을 따라가기를 촉구하고 있다.

네 부류의 불신앙적 조롱

예수님의 수난 기사 속에는 네 부류의 사람들이 불신앙적 모습을 보인다.

1) 무리들(15:13)

1:21-28에서 예수님의 신적인 가르침과 이적에도 불구하고 무리들은 불신앙적 놀라움만 가졌을 뿐 예수님을 하나님의 아들로 믿고 신뢰하지 않았다. 그리고 계속되는 예수님의 이적을 보고 하나님을 향해서는 찬양했지만 예수님을 향해서는 믿음의 반응을 보이지 않았다. 그들은 예수님을 엘리야와 모세와 같은 선지자 혹은 정치적 메시아로 오해하였다. 이런 오해를 가지고 11:9에서 예수님을 왕으로 모셔 들였으나 자신들의 기대와 어긋나자 무리들은 예수님을 십자가에 못 박으라고 외치는 배척의 무리로 돌변하였다(15:13).

2) 로마 군병들(15:19)

로마 군병들은 예수님께서 십자가에 달리시기 전에 갈대로 그의 머리를 치고 침을 뱉었으며 예수님을 조롱하기 위해 무릎을 꿇어 절하였다. 원래 꿇어 절하며 손에 입맞추는 행동은 최고의 존경의 표시였다. 그러나 14:44-45에서 동일한 존경의 표시로 예수님께 다가간 가룟 유다의 행동은 실제로 불신앙적 배반을 내포하고 있었던 것처럼 군병들이 보인 꿇어 절한 행동 역시 존경의 표시가 아닌 불신앙적 조롱이었다(15:20).

3) 행인들(15:29-30)

행인들은 십자가에 달린 예수님을 향해 "너를 구원하여 십자가에서 내려오라!"고 조롱하였다. 고대 사회에서는 어떤 진리를 주장할 경우 반드시 행동을 통해 진실 여부를 증명해야 했다. 유대인의 관점에서 만일 예수님이 성전을 헐고 사흘에 다시 세울 수 있는 메시아라면(15:29; 참고, 14:58) 충분히 자신을 죽음에서 구원할 수 있어야 했다. 그러나 실제로 이 요청은 예수님을 십자가에 죽지 못하게 하려는 사탄의 유혹이었다. 8:32에서 베드로를 통해 예수님의 죽음을 만류하려다가 실패한 사탄은 지금 유대인들을 통해 또 다시 유혹하고 있는 것이다. 그러나 예수님께서는 8:35에서 "자기 목숨을 구원하고자 하면 잃게 되고, 복음을 위해 자기 목숨을 잃으면 살리라"는 하나님 나라의 원리를 가르치셨고 자신이 직접 실천하셨다.

4) 종교 지도자들(15:31-32)

앞에서 행인들의 불신앙적 조롱이 "자신을 구원하라"와 함께 끝난 반면에, 지금 종교 지도자들의 조롱은 "그가 자신을 구원할 수 없다"로 시작한다. 그리고 두 부류의 조롱하는 자들 모두 "십자가에서 내려오라"고 외친다. 종교 지도자들에는 자신을 구원할 수 없는 예수님이 남을 구원한다는 것이 불가능하게 보였다. 그들은 예수님이 십자가에서 내려오지 않고 죽음을 택하는 것이 모든 사람들을 위한 구원의 길이라는 사실을 깨닫지 못했던 것이다(참고, 8:31; 10:45).

두 종류의 신앙적 모습

누구보다도 성경에 정통해 있던 유대인들은 예수님의 정체성을 깨닫지 못하고 십자가에 달린 예수님을 조롱하였다. 그러나 기대하지 않았던 이방인 백부장은 예수님에 대해 참된 신앙을 고백하였다(15:39). 예수님의 죽으심 속에서 모든 사람들은 백부장과 같이 고백했어야만 했다. 그러나 보기는 보아도 깨닫지 못하는 영적인 소경들은 예수님을 믿고 신앙을 고백하지 못하고 조롱하며 배척하였다.

마가는 수난 기사 속에서 구레네 사람 시몬을 부각시키고 있다(15:21).

다른 복음서 저자들은 이 인물을 단순히 구레네 시몬이라 묘사한 반면에 마가는 그를 알렉산더와 루포의 아비로 소개한다. 아마도 마가의 독자들 사이에 이 두 인물은 잘 알려진 사람들로 바울도 로마에 있는 교인들에게 문안하면서 루포와 그의 어미를 주 안에서 택함 받은 신실한 자들로 소개하고 있다(롬 16:13). 로마서가 바울이 로마 교회에 보낸 서신서인 것과 마가복음이 마가가 로마 교인들에게 낭송한 복음서인 것을 고려할 때 우리는 롬 16:13과 막 15:21의 루포가 동일 인물이었을 것이라고 짐작할 수 있다. 그렇다면 이들이 어떻게 로마 교회의 신실한 그리스도인이 되었을까? 당시의 유대인들은 아버지가 개종하면 그 아들 역시 동일한 종교를 택했기에 우리는 알렉산더와 루포가 신실한 그리스도인이 된 것이 아버지의 영향이었을 것이라고 추측한다. 그렇다면 그 아비 시몬의 개종은 분명히 십자가를 대신 지고 예수님과 함께 올라가는 현장 속에서 일어났을 것이다. 마가가 당시 신실한 두 그리스도인의 이름을 언급한 것은 구레네 시몬의 회개와 믿음을 투영하기 위해서였을 것이다.

마가는 믿음과 불신앙의 사람들을 대조하면서 환난 가운데 있는 독자들에게 백부장처럼 신앙을 고백하고, 처음에는 억지로 짊어졌지만 나중에는 진실한 마음으로 십자가를 지고 올라간 구레네 시몬처럼 기쁨으로 십자가를 지고 예수님을 따르기를 촉구한다.

제 16 장 예수님 부활과 제자들의 회복

대부분의 학자들은 16:9-20은 마가복음 원문의 일부가 아니라고 주장한다. 왜냐하면 믿을 만한 초기 사본들(바티칸 사본, 시내산 사본)이 16:9-20을 포함하지 않고 있을 뿐 아니라 마가의 문학적 스타일과 거리가 멀고 8절과 9절 사이가 매끄럽지 않으며 불일치를 보이고 있기 때문이다. 그러나 우리는 오랜 세월 동안 그 부분이 마가복음의 결론으로 알려져왔다는 사실을 간과해서는 안 될 것이다.

16:9-20이 마가복음 원문의 일부라는 증거는 제자들의 믿음 없음을 지적하기 위한 마가의 독특한 표현인 "마음의 완악함"이란 어구가 사용되고 있다는 점이다(6:14). 다른 복음서 기자들과 대조적으로 마가는 독특하게 '마음의 완악함' 이란 표현을 제자들에게 적용하고 있다(6:52; 8:17). 만약 이 본문이 훗날 다른 사람들에 의해 쓰인 것이라면 그들은 왜 마가의 독특한 표현인 '제자들의 마음의 완악함' 이란 표현을 사용했겠는가? 또한 18절과 9절 사이의 모순적 불일치는 문학적 기법으로 설명할 수 있다. 즉 마가는 예수님의 부활에 대한 두 종류의 대조적 반응(여인들의 불신앙 반응과 마리아의 신앙적 반응)을 통해 독자들이 두려워하지 않고 믿음

으로 담대하게 부활의 메시지를 전하도록 촉구하려던 것이었다. 그러므로 우리는 16:9-20이 마가복음의 원문이라는 결론을 내릴 수 있다.

16:7에서 다시 한 번 제자들의 회복이 약속된다. 16:7에서 흰 옷을 입은 한 청년이 부활하신 예수님께서 갈릴리에서 제자들을 다시 모으실 것을 선포한다. 예수님의 재규합은 제자들의 신앙 회복과 관련이 있다. 이 청년의 메시지는 14:27-28을 회상케 만든다. 그 청년은 "그가 말씀하신 대로"라는 표현을 포함시키고 있는 바, 이것은 14:28의 예수님의 약속을 언급하고 있음이 분명하다. 부활하신 예수님과의 상봉을 통해 제자들은 믿음이 새롭게 되고 성만찬을 통해 행해진 언약이 갱신되며, 선교적 사명이 회복될 것이었다. 한편 14:28에서 동사 "앞에서 인도하다"(프로악소, προαξω)는 미래시제로 사용된 반면에 16:7에서는 현재시제(프로아게이, προαγει)로 사용되고 있다. 이것은 예수님께서 지금 갈릴리로 가는 길목에 계심을 암시한다. 이 동사는 예수님께서 제자들보다 미리 갈릴리에 가 계신다는 의미보다는, 갈릴리로 가는 길 위에서 제자들의 선봉先鋒에 서서 가고 계심을 의미한다. 동사 '프로아게이'(προαγει)는 예수님과 제자들과 관련하여 예수님이 앞서 가시고 제자들은 그 뒤를 따를 때 사용된 바 있다(10:32; 참고, 1:17, 20; 8:34). 이처럼 16:15-20은 14:28에서 약속되고 16:7에서 확인된 제자들의 회복이 성취되었음을 암시한다.

그 청년(천사)은 제자들에게 "너희가 거기서 예수님을 볼 것이다"라는 메시지를 전달했다. 특별히 '제자들의 영적 소경'이라는 주제와 관련하여 숙고할 때 단어 '보다'(옵세스데, οψεσθε)는 육체적인 눈으로 예수님을 볼 것이라는 의미지만, 더 나아가 회복된 영적인 눈으로 하나님의 아들이신 예수님의 정체성을 이해할 것을 의미한다. 마가복음 도처에서 눈이 어두웠던 제자들은 예수님의 죽음과 부활을 이해도 못하고 믿지도 않았다. 그러나 이제 그들은 부활하신 예수님을 볼 것이며, 그분의 정체성을 바로 깨닫고, 사람 낚는 어부로서 그들의 종말론적 사명을 완수할 것이다(막 1:17; 참고, 요 21장).

16:8에서 천사는 여인들에게 예수님의 부활과 약속에 관한 메시지를 제자들에게 전달할 것을 명령했지만, 여인들은 두려워하여(에포분토, εφοβουντο) 아무에게도 전하지 못했다. "두려움"이라는 단어는 여인들의 불신앙을 암시한다. 마가복음에서 이 단어는 제자들의 불신앙적 행동들과 관련이 있다. 예수님께서 풍랑을 잔잔케 하시며 신적 권위를 보이셨을 때 제자들은 예수님을 경배하기보다 두려워 떨었으며(4:41), 물 위를 걸어오시고 산에서 변형하신 예수님을 보았을 때도 두려워하였다(6:50; 9:6). 예루살렘으로 가는 길에서 보인 그들의 두려움은 불신앙과 무지의 상징이었다(9:32; 10:32). 두려운 나머지 예수님을 버리고 부인하고 배반한 제자들처럼 이제 여인들은 무덤으로부터 도망하고 아무에게도 부활의 소식을 전하지 못했다.

16:9에서 언급되는 막달라 마리아가 16:1에서 제시되는 믿음 없는 막달라 마리아와 동일 인물이라면, 분명 8절과 9절 사이에 어떤 변화가 있었을 것이다. 16:9에서 마리아는 앞 절에 언급된 여인들과 대조적으로 예수님의 메시지를 제자들에게 전달하였다. 그러나 마리아로부터 메시지를 들은 제자들은 믿지 않는다. 왜냐하면 그들의 마음이 완악했기 때문이었다(16:14). 6:52과 8:17에서 보인 제자들의 완악한 마음은 16장까지 지속된다. 제자들은 예수님을 고난의 메시아로 이해하기를 거부하였고(8:27-30), 많은 사람들 앞에서 그를 부인하였다(14:66-72). 그들 중 가룟 유다는 그를 배반하고 종교 지도자들의 손에 넘겨주고 말았다(14:41-51). 그런 그들은 마음의 완악함으로 인해 부활하신 예수님을 끝까지 믿지 못

했다(16:14).

그러나 16:15은 14절에 나타난 제자들의 완악한 마음에 대한 묘사를 뒤로하고 그들의 지상명령 수행을 묘사하고 있다. 제자들의 마음의 완악함과 불신앙에 대해 책망하시던 예수님께서 이제 "너희는 온 천하에 다니며 만민에게 복음을 전파하라"고 명령하셨다. 6:15은 예수님의 책망과 교훈이 예수님의 부활을 믿지 못했던 제자들을 치유하시고 회복하셨음을 암시한다.

14:24에서 마가는 예수님께서 제자들에게 베푼 성만찬을 언약 의식으로 묘사하고 있다. 즉 예수님께서는 제자들과 새 언약을 갱신하셨다. 그러나 예수님께서는 이 언약 의식에 동참하여 충성된 삶을 결단했던 제자들이 언약적 삶을 포기하고 배신할 것과 그 배신에도 불구하고 갈릴리 회집을 통해 언약을 갱신하실 것을 예고하셨다(14:28). 그리고 부활 후 천사들에 의해 명령된 첫 번째 메시지 역시 갈릴리에서 제자들의 언약적 삶의 회복이었다. 이런 맥락에서 우리는 부활의 승리를 선포함과 동시에 언약관계 속에서 주어진 하나님의 자녀라는 우리의 신분에 확신을 가지고 삶의 실천을 선포해야 할 것이다.

마가복음을 마무리하며

마가복음에서 교훈하는 참된 제자의 삶의 가장 적절한 비유는 아마도 연어salmon의 삶일 것이다. 사람들은 연어의 특성 때문에 종종 그 삶을 그리스도인의 삶에 비유한다. 연어는 숱한 고비와 어려움을 극복하면서 하나의 목표만을 향해 강물을 거슬러 올라가는데 그 목표는 다름 아닌 알을 낳고 죽는 것이다. 죽기 위해서 어려움을 물리치며 강물을 거슬러 힘들게 올라간다는 사실이 인간의 가치관으로는 매우 생소한 것이다. 그러나 만일 그 중에 몇몇 연어들이 힘들다고 강물을 거슬러 올라가기를 포기하고 강물의 흐름에 몸을 맡긴다면 그들은 강가로 흘러가 얕은 웅덩이에 안주하며 머물게 될 것이다. 그러나 그것은 평안이 아니라 더 비참한 죽음의 시작이다. 왜냐하면 곧 새들의 먹이가 되어 썩은 냄새를 풍기며 비참한 모습으로 죽어갈 것이기 때문이다. 그들은 어떤 형태로든 결국은 죽는다. 자신의 소망을 다하고 알을 낳고 멋지게 죽느냐, 아니면 새의 먹이가 되어 비참하게 죽느냐의 차이일 뿐이다.

우리는 연어처럼 알을 낳고 죽기 위해 고생을 하며 살고 싶어하지 않는다. 하지만 연어를 다시 생각해봤을 때 생각은 달라질 수 있다. 그들은 삶의 목표를 가지고 달려가고 있기 때문이다. 물론 그들은 알을 낳으면 죽음의 문턱으로 가야만 한다. 하지만 그들이 남긴 이 알들로 인해 그들은 슬프지 않다. 왜냐하면 세상에서 가장 아름다운 삶을 살아갈 후손을 만들었기 때문이다. 우리는 세상의 강물에 우리의 삶을 의탁하며 흘러갈 것인지 아니면 그 강물을 거슬러 올라갈 것인지에 대해 매 순간 결단의 기로에 서 있다. 그러나 어느 것을 택하든지 그 종국은 죽음이다. 우리 모두는 죽음을 향해 가고 있다. 단지 차이가 있다면 제자들을 세우고 죽을 것인지 아니면 부패한 냄새를 주변에 풍기고 죽을 것인지 그 차이만 있을 뿐이다.

우리가 말씀에 반응하며 사는 것이 힘들기에 잠시 세상의 강물에 자신을 맡긴다면 그것은 브레이크 없는 자동차를 몰고 언덕을 올라가다가 가속페달에서 발을 떼고 팔짱을 끼고 있는 것과 같다. 우리에게는 선택의 여지가 없다. 단지 자동차의 가속페달을 계속 밟고 마지막 목표까지 올라가는 것이다. 그 목표는 이 땅에 그루터기와 같은 예수님의 제자들을 만들어 그들이 우리의 뒤를 이어 하나님 나라의 도래를 확장하도록 하는 것이다. 연어들이 알을 낳고 죽기 위해 세찬 강물을 거슬러 올라가는 것처럼 우리도 세상에서의 행복한 삶을 위해서가 아니라 멋있게 죽기 위해서, 그리고 많은 것을 품기 위해서가 아니라 아름다운 영적인 알인 예수님의 참된 제자를 만들어내기 위해서 살아야 할 것이다.

부록

Articles

Chisholm Jr, R. B. "Divine Hardening in the Old Testament." *Bibliotheca Sacra* 153 (1996), 410-34

Danove, P. "The Narrative Rhetoric of Mark' s Ambiguous Characterization of the Disciples." JSNT 70 (1998), 21-38.

Dewey, J. "The Literary Structure of the Controversy Stories in Mark 2:1-3:6," *JBL 92* (1973), 394-401.

———. "Mark as Interwoven Tapestry: Forecasts and Echoes for Listening Audience." *CBQ 53* (1991), 221-236.

Edwards, J. R. "Markan Sandwiches. The Significance of Interpolations in Markan Narrative." *NovT 31* (1989), 193-216.

Johnson, E. S. "Mark viii. 22-26: The Blind Man from Bethsaida," *NTS 25* (1979), 370-383.

Malbon, E. S. "Echoes and Foreshadowing in Mark 4-8 Reading and Rereading." *JBL* (1993), 211-230.

Tannehill, R. C. "The Gospel of Mark as Narrative Christology." *Semeia 16* (1979), 57-95.

Tolbert, M. A. "How the Gospel of Mark Builds Character." *Interpretation47* (1993), 347-357.

General Books

Allison, D. C. *The Intertextual Jesus. Scripture in Q.* Harrisburg: Trinity Press International, 2000.

Beavis, M. A. *Mark' s Audience. The Literary and Social Setting of Mark 4:11-12.* Sheffield: Sheffield Academic Press, 1989.

Best, E. *Following Jesus, Discipleship in the Gospel of Mark.* Sheffield: JOST, 1981.

Chatmann, S. *Story and Discourse: Narrative Structure in Fiction and Film.* Ithaca: Cornell University Press, 1978.

Cope, O. L. *Matthew: A Scribe Trained for the Kingdom of Heaven*. Washington: Catholic Biblical Association, 1976.

Dewey, J. *Markan Public Debate: Literary Technique, Concentric Structure, and Theology in Mark 2:1-3:6*. Chico: Scholars Press, 1980.

Donahue, J. R. *Are You the Christ? The Trial Narrative in the Gospel of Mark*. Missoula: Society of Biblical Literature, 1973.

Fowler, R. M. *Let the Reader Understand: Reader-Response Criticism and the Gospel of Mark*. Minneapolis: Fortress Press, 1991.

Heil, J. P. *Jesus Walking on the Sea: Meaning and Gospel Function of Matt 14:22-33, Mark 6:45-52, and John 6:15b-21*, Analecta Biblica 87.Rome: Biblical Institute, 1981.

Hooker, M. D. *Not Ashamed of the Gospel: New Testament Interpretations of the Death of Christ*. Grand Rapids: Eerdmans, 1995.

Marcus, J. *The Way of the Lord: Christological Exegesis of the Old Testament in the Gospel of Mark*. Louisville: Westminster, 1992.

Marshall, C. D. *Faith as a Theme in Mark' s Narrative*. New York: Cambridge University, 1989.

Marxsen, W. *Mark the Evangelist. Studies on the Redaction History of the Gospel*. New York: Abingdon, 1969. .

Reicke, Bo. *The New Testament Era*: The world of the Bible from 500 B.C. to A.D. 100. Philadelphia: Fortress, 1975.

Rhoads, D. & Michie, D. *Mark as Story: An Introduction to the Narrative of a Gospel*. Philadelphia: Fortress Press, 1982.

Robbins, V. K. *Jesus the Teacher: A Socio-Rhetorical interpretation of Mark*. Philadelphia: Fortress, 1984.

Robinson, J. A. T. *St Paul' s Epistle to the Ephesians*. London: Macmillan & Co, Limited, 1903.

Schneck, R. *Isaiah in the Gospel of Mark I-VIII*. Vallejo: Bibal Press, 1994.

Tacitus, *The Annals, XIII-XVI*, trans. By John Jackson. Cambridge: Harvard University Press, 1937.

Telford, W. R. *The Barren Temple and the Withered Tree*. Sheffield: JOST, 1980.

Tolbert, M. A. *Sowing the Gospel: Mark' s World in Literary-Historical Perspective*.

Minneapolis: Fortress Press, 1989.
Via, D. O. *The Ethics of Mark' s Gospel: In the Middle of Time*. Philadelphia: Fortress Press, 1985.
Watts, P. E. *Isaiah' s New Exodus and Mark*. Tbingen: Mohr Siebeck, 1997.

Commentaries

Edwards, J. R. *The Gospel according to Mark*. Grand Rapids: Eerdmans, 2001.
Evans, C. A. *Mark 8:27-16:20*, WBC 34b. Nashville: Thomas Nelson Publishers, 2001.
France, R. T. *The Gospel of Mark. A Commentary on the Greek Text*.Grand Rapids: Eerdmans, 2002.
Garland, D. E. *Mark*. The NIV Application Commentary. Grand Rapids: Zondervan Publishing House, 1996.
Guelich, R. A. *Mark 1-8:26*, WBC 34 A. Dallas: Word Books Publisher, 1989.
Gundry, R. H. *Mark: A Commentary on His Apology for the Cross*. Grand Rapids: Eerdmans, 1993.
Hooker, M. D. *The Gospel According to Saint Mark*. London: A & C Black, 1991.
Hurtado, L. W. *Mark*. Peabody: Hendrickson Publisher, 1989.
Juel, D. *Mark*. Minneapolis: Augsburg, 1990.
Lane, W. L. *The Gospel of Mark*. Grand Rapids: Eerdmans, 1974.
Malina, B. J. and Rohrbaugh, R. L. *Social-Science Commentary on the Synoptic Gospels*. Minneapolis: Fortress Press, 1992.
Marcus, J. *Mark 1-8*.Doubleday: The Anchor Bible, 2000.
Painter, J. *Mark' s Gospel*. London: Routledge, 1997.
Schweizer, E. *The Good New according to Mark*. Atlanta: John Knox, 1970.
Witherington III, Ben. *The Gospel of Mark: A Socio-Rhetorical Commentary*. Grand Rapids: Eerdmans, 2001.

마가복음 이해를 위한 역사적 산책

1. Reicke, *The New Testament Era*, 242,
2. Tacitus, *The Annals, XIII-XVI*, 282.

제 1 장 마가복음 서언

1. Marxsen, *Mark the Evangelist*, 131-33.
2. Lane, *The Gospel According to Mar*, 45. 참고, 「Exodus Rabba」 23:20 이 유대문헌이 사실을 증거하고 있다.
3. Watts, *Isaiah' s New Exodus and Mark*, 68.
4. Marcus, *The Way of the Lord*, 46.
5. Marcus, *Mark 1-8*,154.
6. Garland, *Mark*, 48.
7. 헬라어는 σχιζομενους(스키조메누스: 찢어지다)
8. Hooker, *Not Ashamed of the Gospel*, 49.
9. Marcus, *Mark 1-8*, 180-81.
10. 구약에서 이 명칭은 하나님 자신을 지칭하는 데 사용되었다(사 57:15).

제 2 장 종교 지도자들의 불신앙적 배척

1. Lane, *The Gospel of Mark*, 75.
2. 그러기에 선지자들은 그들의 그릇된 금식에 대한 잘못을 여러 번 지적하였다. 선지자들은 하나님이 기뻐하시는 금식은 음식을 중단하는 것이 아니라 개인적, 국가적인 죄를 고백하는 것이라고 선포하였다(참고, 슥 7:5).
3. 당시에 유대인들은 종교성을 자랑하기 위해 금식, 구제, 기도의 세 영역에서 허세를 부렸다. 마태복음 6장에서 예수님은 그들의 이런 허세를 지적하고 계신다. 마태복음 5장이 빛과 소금으로 드러내야 하는 삶을 말하고 있는 반면에, 마태복음 6장은 드러내지 않을 때 가치가 있는 세 가지(금식, 구제 그리고 기도)를 언급하고 있다. 그래서 금식하는 자들은 기름을 바르고 티를 내지 말아야 하며, 구제하는 자들은 오른손이 하는 일을 왼손이 모르게 해야 하며, 기도하는 자는 시장 어귀에서 손을 들고 하기보다는 골방에서 은밀한 중에 해야 한다고 말씀한다.

4. Marcus, *Mark 1-8*, 236.

5. Garland, *Mark*. 107

제 3 장 예수의 참된 가족

1. Dewey, "Literary Structure of the Controversy Stories in Mark 2:1-3:6," 394-401.
2. Marcus, *Mark 1-8*, 214.
3. Marcus, *Mark 1-8*, 252.
4. Robinson, *St Paul' s Epistle to the Ephesians*, 267-74.
5. Chisholm, "Divine Hardening in the Old Testament," 411-12.

제 4 장 토양, 등불, 그리고 겨자씨 비유

1. 한글에 "비유"로 번역된 헬라어 "파라볼레"(παραβολη)는 또한 '수수께끼' (riddle)로 도 번역된다.
2. Tolbert, "How the Gospel of Mark Builds Character," 367.
3. Guelich, *Mark*, 266; France, *The Gospel of Mark*, 224.
4. 참고, Cope, *Matthew: A Scribe Trained for the Kingdom of Heaven*, 96-97.
5. France, *The Gospel of Mark*, 224.
6. Juel, *Mark*, 78.
7. Tolbert, "How the Gospel of Mark Builds Character," 78.

제 5 장 예수님의 치유와 신앙적 반응

1. Garland, *Mark*, 206.
2. Marshall, *Faith as a Theme*, 97.
3. Marcus, *Mark 1-8*, 362.
4. Marcus, *Mark 1-8*, 363.
5. Garland, *Mark*, 223.

제 6 장 복음 선포와 불신앙적 배척

1. Schweizer, *The Good New according to Mark*, 122.
2. Marshall, *Faith as a Theme*, 179.
3. Marlina & Rohrbaugh, *Social-Science Commentary*, 212.
4. 참고, Gundry, *Mark*, 290-92.

5. Guelich, *Mark*, 309.
6. 세베대의 아들 야고보와 요한, 디매오의 아들 바디메오
7. Garland, *Mark*, 241.
8. Marcus, *Mark 1-8*, 406. 이 문서는 사해 주변 첫 번째 동굴에서 발견된 공동체를 위한 훈련도감이다.
9. 1:35의 예수님의 기도에 대한 부분의 설명을 참고하라.
10. Heil, *Jesus Walking on the Sea*, 68.
11. Garland, *Mark*, 263.

제 7 장 바리새인의 외식과 이방 여인의 믿음

1. Marcus, *Mark 1-8*, 468.
2. Garland, *Mark*, 289.
3. Marcus, *Mark 1-8*, 479.
4. Garland, *Mark*, 299.

제 8 장 제자들의 영적인 무지와 오해

1. Schneck, *Isaiah in the Gospel of Mark I-VIII*, 206.
2. Hooker, *Mark*, 199.
3. Johnson, "Mark viii. 22-26," 376.
4. 4:35-41이 욘 1장과 상호 연관성을 갖고 있는 것을 고려할 때 유대인들은 풍랑을 잠잠케 하신 예수님을 요나와 같은 선지자로 오해했을 가능성도 있다. 그래서 마태는 예수님을 요나 선지자보다 더 큰 이로 묘사한다(마 12:41).
5. Painter, *Mark*, 124.

제 9 장 제자들의 불신앙과 무능력

1. Painter, *Mark*, 132.
2. Allison, *The Intertextual Jesus*, 59.
3. Robbins, *Jesus The Teacher*, 159.

제 10 장 외형적 제자와 참된 제자의 삶

1. Evans, *Mark 8:27-16:20*, 132.
2. Tolbert, *Sowing the Gospel*, 141.

제 11장 예루살렘 입성

1. Witherington, *Mark*, 312.
2. Evans, *Mark 8:27-16:20*, 158.
3. Telford, *The Barren Temple*, 195-96.
4. France, *The Gospel of Mark*, 445.

제 12 장 불신앙적 배척과 신앙적 헌신

1. Hurtado, *Mark*, 191.
2. Garland, *Mark*, 452.
3. Donahue & Harrington, *The Gospel of Mark*, 339.

제 13 장 종말론 강화

1. 실제로 개역성경에는 "주의하다" 로 번역되어 있다.

제 14 장 제자들의 배신과 회복

1. 참고, Garland, *Mark*, 540.
2. Garland, *Mark*, 545.
3. Hooker, *Mark*, 356-57.
4. Witherington, *The Gospel of Mark*, 385.
5. Garland, *Mark*, 563.
6. 얼굴에 침을 뱉고 때리는 행위는 가장 심한 경멸의 표시였다(참고, 미 12:14; 신 25:9; 욥 30:10).
7. Schweizer, *Mark*, 332.
8. Garland, *Mark*, 567.
9. 베드로의 부인은 독자들로 하여금 8:38 "누구든지 나와 내 말을 부끄러워하면 인자도 아버지의 영광으로 거룩한 천사들과 함께 올 때에 그 사람을 부끄러워하리라" 는 말씀을 상기시킨다. 또한 베드로의 부인은 초대교회 속에서 신앙을 저버리는 자에 대한 경고로 사용되었다(참고, 행 3:14; 딤후 2:12; 벧후 2:1; 요일 2:23; 유 4; 계 3:8).